感谢北京大学雅虎－方正荣誉法学教授席位基金的支持

第22卷
Volume 22

北京大学 知识产权学院 互联网法律中心 /主办

Peking University Intellectual Property School
Peking University Institute for Internet Law

网络法律评论

Internet Law Review

主编/张 平

Chief Editor Zhang Ping

知识产权出版社
全国百佳图书出版单位
—北 京—

图书在版编目（CIP）数据

网络法律评论. 第 22 卷/张平主编. —北京：知识产权出版社，2020.10
ISBN 978 - 7 - 5130 - 7187 - 1

Ⅰ.①网… Ⅱ.①张… Ⅲ.①计算机网络—科学技术管理法规—研究—中国 Ⅳ.①D922.174

中国版本图书馆 CIP 数据核字（2020）第 179447 号

内容提要

《网络法律评论（第 22 卷）》由专题链接、学术 BBS、信息窗口和案例收藏夹 4 个部分共 13 篇文章组成。书中既有关于网络环境下垄断与不正当竞争问题的专题研究，也有针对人工智能创作物的法权化的探索，还有关于数字经济时代背景下互联网信息监管、群组管理者责任、电商平台经营者侵权责任认定等方面的讨论，从不同角度展现了网络法律领域近期新的研究成果和发展趋势。本书可为读者了解我国网络法律领域热点问题的研究成果提供一定的参考。

责任编辑：王祝兰	责任校对：王　岩
执行编辑：周　也	责任印制：刘译文
封面设计：博华创意·张冀	

网络法律评论（第 22 卷）
张　平　主编

出版发行：**知识产权出版社** 有限责任公司	网　　址：http：//www.ipph.cn
社　　址：北京市海淀区气象路 50 号院	邮　　编：100081
责编电话：010 - 82000860 转 8555	责编邮箱：wzl_ipph@163.com
发行电话：010 - 82000860 转 8101/8102	发行传真：010 - 82000893/82005070/82000270
印　　刷：北京建宏印刷有限公司	经　　销：各大网上书店、新华书店及相关专业书店
开　　本：787mm×1092mm　1/16	印　　张：17
版　　次：2020 年 10 月第 1 版	印　　次：2020 年 10 月第 1 次印刷
字　　数：300 千字	定　　价：88.00 元

ISBN 978 - 7 - 5130 - 7187 - 1

本卷编委会

邓　辉　　芮晨宸　　黄宇宸　　邓卓行

邱遥塑　　金飞艳　　徐美玲　　朱艺浩

执 行 编 辑

朱艺浩

2004 年序

郑成思

当火星车 SPIRIT 与 OPPORTUNITY 发出的信号把火星上的信息清晰地传递给地球时，地球上中国这一隅的人们正在做些什么呢？

时间已经进入了 21 世纪。遥想秦砖汉瓦流传至今仍不失其实用价值；罗马法学代代承接，在现世依然光彩耀人。"不了解历史等于失去了一只眼睛；仅了解历史却等于失去了两只眼睛"，这句 20 世纪出自 "IP World" 上的话，我感到很有哲理。"王母桃花千遍红，彭祖巫咸几回死"，古人尚知历史不是停滞的，何况今人。

有幸的是，中国始终有一批人是睁着两只眼睛做事的。其结果是中国的载人卫星也冲出了大气层，这虽然离登月及登火星还有差距，但毕竟在缩小着这个差距。同时，中国的互联网终端用户数量已列世界第二位，与 20 世纪 90 年代中、后期相比，我们的差距缩小得更快。

信息技术在中国的快速发展推动了相应的立法与法学研究。不断呈现给读者的《网络法律评论》，正是在这一领域耕耘的人们着眼于现实、着眼于应用、着眼于对策而作出的成果。无论闭上两眼或只睁一眼，均很难在这一领域有像样的成果出来。

早在 20 世纪 90 年代末，以国家名义发表的《俄罗斯信息安全学说》就把"信息财产"作为当代最重要的财产提出，并号召国人更充分地利用（主要指处理及传递）信息财产。但俄罗斯的"学说"只停留在了纸面上，因其并无实际能力充分利用信息财产，故其"学说"的影响并不很大。21 世纪初日本在《知识产权战略大纲》中重提该"学说"中的上述理论，影响则"响"到了全世界都能听到。原因是日本的"大纲"绝非停留在纸面上，它实实在在地正付诸实施，从而必然影响其他国家，尤其是其贸易竞争对手和近邻中国。

作为知识产权保护客体的信息，对其利益的所有（ownership）与持有（hold），对其本身的处理（包括复制、改编、翻译等），是知识产权法早就在规范的。只是在信息技术（今天主要指信息处理技术与信息传递技术）发展到数字网络时代的今天，早就存在的知识产权不得不"与时俱进"。同时，信息技术（尤其是网络）带来的新的法律问题，已远远不限于知识产权范围。不过由于世界知识产权组织"顽固地"坚持把一大批与知识产权无关或无直接关系的网络法律问题（如电子商务中的 CA 认证之类）纳入它的规则之中；又由于欧盟"奇特地"始终把一大批仅仅与数字网络有关的立法问题（如"合同之债与非合同之债规范指令"等）纳入其"知识产权"立法范围，因此在国际学术界中，知识产权与网络总有难解之缘。北大及其他教研单位的中国学者，将网络法结合知识产权，又不限于知识产权进行研究，与世界知识产权组织及欧盟的做法，似乎是"不谋而合"的。

国际组织（包括欧盟之类地区性国际组织）的网络立法及研究结果对我们的影响，外国（如美国、日本、印度、俄罗斯等）立法及国家学说对我们的影响，我们均应研究。此外，几个外国如果联手，将对我们产生何种影响，我们更应当研究。例如，美日欧国家在技术专利方面"标准化"发展曾给并正给我们的产品出口带来不利，如果美日（或再加上几个其他发达国家）在商业方法专利上也向"标准化"发展，会给我国进入国际金融市场带来何种影响，也十分值得研究。对这些方面作出较深入的研究，有助于我们拿出对策，"趋利避害"。

愿《网络法律评论》在这些方面不断作出贡献。

《网络法律评论》一读者

郑成思

二〇〇四年春节

十六度春秋，少年已长成

张　平

《网络法律评论》（以下简称《评论》）自 2001 年始至今已经走过了十六度春秋。对于一个人来说，十六岁意味着花季少年，青春荡漾，充满活力。而对于一本集刊来说，坚持十六年本身就是一个成就。从当年对互联网法律的懵懂到清晰观察，《评论》见证了互联网法律研究"成长的烦恼"，撇去初创的青涩，如今的《评论》已风华正茂、意气飞扬。就在 2017 年春，本书被南京大学 CSS-CI（2017~2018）收录到集刊目录中，也旁证了"我家少年已长成"。

2001 年，研究网络法律的图书还很少，关注网络法律问题的学者也不多，《评论》前期汇编的论文多以在校硕士生和博士生的研究成果为主。之后，北京大学法学院互联网法律中心设立了互联网法律研究基金，资助青年学者专项研究互联网法律新问题，资助对象遍布全国高校，本书的稿源质量大幅度提升。随着互联网立法、司法的深入以及产业发展的快速增长，网络法律问题越来越复杂，旧的问题还没有完全厘清，新的问题又扑面而来。而编辑部的小伙伴们一路孜孜不倦，耕耘着互联网法律这片沃土。

十六年的时间在人类的长河中不过是一瞬，但在互联网的发展史上已是两重天地。

十六年前，手机还没有这么智能，移动互联网还在初创之中，人们对网络的认识还基于台式机、笔记本、路由器、宽带账号……而今，人们只需要手机流量，就可以任性地进入所有信息时空，处理着公、私事务，办公室已然成为一个符号，无处不在的移动互联网让人们随时随地分享他人的信息，在精准的个性化服务中保护知识产权更是难上加难，开源技术与安卓系统的普及也在转变传统知识产权保护的理念。

十六年前，还没有"互联网＋"，人们还在区分着互联网产业和传统产业，而今，共享经济将两者的界限彻底打开，它们就像孪生兄弟一样难舍难分。人们享受着各种信息互联之后的便利，也开始担心信息泄露、骚扰、犯罪……是否有一天信息的无穷分裂会有原子弹爆炸那样的威力和危害？而在侵权发生时，已经无法寻找到准确的侵权主体，互联网平台承载了一切，平台责任也成为一种新型的法律责任类型。平台越来越大，人们也在探讨：平台是否会成为互联网社会的统治者？对互联网平台如何进行法律的约束？

十六年前，大数据产业还没有诞生，海量信息还藏在经营者自家的服务器上；而今，数据云连成一片，共享经济让大数据身价倍增，成为继土地、矿产、人力之后的又一财富源泉。而对于大数据应用的政策与法律规定则是各执一词。国家政策在鼓励大数据产业的发展，鼓励开放政府数据用之于民，在 2015 年国务院《促进大数据发展行动纲要》中提出"大力推动政府信息系统和公共数据互联开放共享，加快政府信息平台整合，消除信息孤岛，推进数据资源向社会开放，增强政府公信力，引导社会发展，服务公众企业；以企业为主体，营造宽松公平环境，加大大数据关键技术研发、产业发展和人才培养力度，着力推进数据汇集和发掘，深化大数据在各行业创新应用，促进大数据产业健康发展；完善法规制度和标准体系，科学规范利用大数据，切实保障数据安全。通过促进大数据发展，加快建设数据强国，释放技术红利、制度红利和创新红利，提升政府治理能力，推动经济转型升级"。在这一政策导向下，整个社会开始了数据宝藏的挖掘，贵州成为大数据省，建立了数据交易中心。这是否意味着，大数据可以像知识产权那样被广泛应用、鼓励盈利？而纵观世界各国的法律，对于数据的应用持有非常慎重的政策，多数以限制应用为主。我国在 2017 年 6 月 1 日正式实施的《网络安全法》中，对以个人信息为主形成的大数据的应用也给予了严格限制。大数据应用的立法天平究竟是向个人权利倾斜还是向产业发展倾斜？经济学家认为大数据是一场商业革命，它正以几何级数提升财富的积累。社会学家认为，电子信息无时无处不准确记录人们的行为轨迹，带给人们的是记忆的烦恼和不能被遗忘的担忧。法学家则形成两类观点：一种认为大数据时代个人信息的利用应该受到严格的控制，除传统的隐私保护外，互联网环境下人们更需要一种"不被打扰的权利"；另一种则认为大数据的开发和利用是互联网经济的必然趋势，过多限制数据的利用会错失发展机会。大数据的应用使得个人信息保护问题日趋复杂，产业利益表象背后，是国家安全、信息安全、经济安全等诸多深层问题。正是在这样的背景下，大数据下个人信息保护的国际化进程如此艰难，每个国家都站在本国立场上进行着立法选择。人们感受到大数据产业势不可挡的蓬勃发展。

十六年前，人工智能仅停留在技术层面；而今，大数据开辟了人工智能的新时代，大数据成为人工智能之魂。在大数据的支撑下，人们在担心人工智能形成新的智能群体，成为人类最后的发明。法律能约束机器的自我学习吗？人类制定怎样的规则才能控制机器人的社会秩序？

互联网带来的是一次深刻的社会变革，它正沿着自己的规律向前发展，就像宇宙中浩渺的星河，看似无序，却无不遵循着固定的轨迹。自然之美，乃自然内部规律使然。社会亦是如此，顺势而为，自会形成和谐秩序。互联网法律的研究者们也当溯流寻势，构建互联网之美。

感谢全体编辑同学，有你们的付出，才有《评论》的茁壮成长。

感谢全体论文作者，有你们的智慧，才有《评论》的十六岁花季。

十六载，正当年，意气风发，大步向前。

张　平

2017 年 8 月 8 日

2001 年序言节录*

在中国，开网络法律课程，出版网络法方面的系列论文集，有必要，而且有益处。这有助于唤起学术界及立法界对这方面的注意。实际上司法界已早就不得不注意了。如果我国学术界、立法界再不重视起这方面的问题，我们肯定要落后。不仅是必然落在发达国家后面，还可能落在经济实力本来不及我们的发展中国家后面。正如北大的王选教授说过的：我们可能会错过一个时机，但我们不应错过一个时代（大意）。

这第一部《网络法律评论》，肯定会有一些带幼稚、初步特征的缺点。这不奇怪，也不要紧。关键是它在学术界打破了这一领域的相对沉寂。如果将来中国法学界会在这一领域活跃起来，那么就应当说这部集子"功不可没"了。

愿张平和她的研究生们把这个评论越办越好，为中国虚拟世界的规范不断作出新的贡献。

——郑成思

也许是由于历史的原因，也许是由于每个人的精力有限，我们的学科体系划分得实在是太细。这种纯"树"形的结构太过理想化，它没有给交叉学科留下任何空间，更为致命的是各分科之间老死不相往来，隔门如隔山。

我们从事的学科正好是交叉学科，是自然科学与社会科学的跨大学科交叉，要克服学科结构性的障碍又困难重重。研究软件保护最好能了解软件的系统分

---

* 节选自三位教授为《网络法律评论》第一卷所作序言，成文于 2001 年七八月间，全文请参见《网络法律评论》第一卷。

析与编程，研究电子签章法最好能理解电子签章时的密钥，研究网络传输或链接所涉及的版权问题最好能明白网络传输的基本原理，这种有信息技术背景的法律人才是社会的客观需要。张平老师开设的网络法律问题研究课程就是在为培养这种交叉学科人才所做的一种尝试，《网络法律评论》的出版也是同学们为此交出的一份答案，是优是劣，任世人评说。但不管结局如何，我始终认为他们的探索是有意义的。

——郑胜利

法学研究工作者有一个特点，他们一旦开始关心一个问题，开始观察它时，他们就会长时间地关注着，以个冷静的心态来谈论它。有关网络的法律问题，就属于这类问题。

在我们社会里，只能是出现媒体的多元化生存和多元化发展。所以，北大课堂上的网络法律评论，不仅在网络媒体上存在，同样，还需要在纸质和铅字的媒体中存在与发展。

法学家对新问题，对真实问题，对客观存在的问题表现出来的极大兴趣，是法学理论发展的一个标志。参与讨论网络法有关问题的学者们已经不满足于对概念问题，对体系问题，对经典渊源的考据问题，对经典法学家个人社会背景和著作的研究了。他们面临大量的新问题，社会等待着他们研究，提供解决方案。参加网络法律讨论的大都是青年学者，他们对于这些新问题的研究过程，也是他们（包括本人在内）认识到新一代法学家自己的使命的过程。

——吴志攀

本卷导读

2018年6月起，腾讯公司与字节跳动公司之间此起彼伏的诉讼在中国互联网产业界引发了一场规模不小的地震，其影响力堪比2010年的奇虎360与腾讯QQ之间的"3Q大战"。这场被人们戏称为"头腾大战"的诉讼战争在吸引人们关注的同时，也引发了大家对互联网时代垄断和不正当竞争行为的探讨。鉴于网络环境下垄断和不正当竞争问题所引发的广泛讨论，本卷"专题链接"专栏特将主题设置为"网络环境下的垄断与不正当竞争问题"。其中，李海敏老师主要关注大数据时代数据权利的本质、属性以及数据本身在民法上的定位问题，为未来细化数据的利用和收益规则提供了指引；李展硕博士则从互联网经济中存在的混合市场力量现象出发，分析了该现象在法经济学方面的意义并从反不正当竞争法的角度提出了规制建议。

本卷的"学术BBS"专栏收录了7篇来自不同专业领域和视角的文章。罗施福教授从私法角度探讨了人工智能创作物的法权化模式，认为赋予人工智能创作物以邻接权不仅能够给予人工智能创作物较低程度的保护，也能够避免损害人类创作的积极性。丁鹏和郁静慧检视了互联网信息监管行政约谈制度中存在的诸如基本原则缺失、程序规制欠缺等问题，主张从明确行政约谈基本原则、完善程序规制、改进权利保障等方面进行完善。徐伟等人从实证主义角度出发对网络诈骗被害预防展开调查分析，认为应当防止损害后果升级、建立国家补偿制度和畅通司法救济途径，避免被害人转化为加害人。徐美玲博士以人工智能技术为切入点，深入探讨了技术理性与知识产权制度回应等问题。张文斐博士关注新出台的《电子商务法》对数字经济时代电商平台经营者的侵权责任的影响，提出将电商平台责任进行类型化分类认定的主张。蒋都都和冯泽华从《互联网群组信息服务管理规定》相关条款出发，探讨了互联网群组管理者管理权责的法律性质和制度完善问题。金光耀同学则比较关注智能商业时代有关个人主体声音权益的法律保护问题。

本卷"信息窗口"专栏的3篇文章分别展示了不同地区和国家的法治研究动态。韩新华老师在深入研究英国对互联网淫秽色情内容规制的前提下，提炼出相关规制方法和处理规则，为我国治理相关内容提供了启示和指引。蒋丽华博士则关注我国失信被执行人名单制度问题，并与德国、韩国的类似制度进行比较分析，为我国相关制度的完善提供了有益建议。陈可欣博士以欧盟《数字化单一市场版权指令》为切入点，探讨欧盟网络内容服务提供商的法律责任相关问题。

本卷"案例收藏夹"专栏为读者带来1篇文章。贾引狮老师关注网络环境下地理标志合理使用制度受到的挑战，提出应当确定互联网环境下地理标志构成合理使用的构成要件、谨慎适用初始兴趣混淆标准等主张。

目　录

信息窗口

案例收藏夹

编者手记

告别语

Contents

专题链接——

网络环境下的垄断与不正当竞争问题

数据的本质、属性及其民法定位

——基于数据与信息的关系辨析[*]

李海敏[**]

摘要： 数据脱胎于"数"，成就于"大数据"，是人类观察和记录世界的产物。在知识的金字塔体系中，数据是信息的载体，信息是数据的内涵；数据必须依附于实物媒介存在，而信息则与人类的意识和观念相关。计算机和网络的出现，重塑了数据与信息的关系，使得数据成为电子环境下信息载体的载体，因此，相比信息，数据具有技术上的可控性和客观存在的独立性，是网络空间中的"实在物"，可成为法律关系的客体。作为客体，数据与有体物一样，承载着诸多不同性质的利益，可接受不同权利制度的调整；这些利益互不排斥，但有价值优先次序，如合法数据持有者基于对数据的控制和前期投入，对数据的经济利益可享有财产性权利，但该权利的行使应受到用户人格利益和公共利益的限制。

关键词： 数据本质　数据属性　信息　数据的法律定位

[*] 本文受清华大学自主科研项目"大数据技术的法律规治：原理、立法与实施"资助。

[**] 李海敏，华北电力大学马克思主义学院讲师。

The Nature，Attributes and Civil Status of Data：

Discrimination of the Relationship between Data and Information

Abstract：Data originates from "number" and becomes "big data", which is the product of human observing and recording the world. In the pyramid system of knowledge, data is the carrier of information and information is the connotation of data; data must be attached to the existence of physical media, while information is related to human consciousness and concept. The emergence of computer and network reshapes the relationship between data and information, making data the carrier of information in electronic environment. Therefore, compared with information, data is technically controllable and objectively independent, and is the "real thing" in cyberspace, which makes it become the object of legal relationship. As an object, data, like physical objects, carries many interests of different nature and can be adjusted by different rights systems. These interests are not mutually exclusive, but have valuable priorities. For example, the legal data holders can enjoy property rights for the economic interests of data based on the control of data and early input, but the exercise of this right should be restricted by the user's personality interests and public interests.

Key word：Data Essence；Data Attributes；Information；Legal Positioning of Data

　　法学研究以特定对象为基础对具体问题展开讨论，因此，研究对象的本质与属性就成为相关研究体系确立的逻辑起点。所谓"本质"是指某一事物区别于其他事物的基本特质，能够决定事物的性质和发展趋势。世界上的任何事物都是本质和现象的对立统一，透过现象把握本质是科学的基本任务之一。而"属性"则是人类对于某一事物抽象方面的刻画，关涉其与另一事物的相同或相异。事物都是有属性的，通过比较相似或相关事物间的关系，可以有效揭示事物的属性。

　　数据是法学界近些年来关注的一大热点，但现有研究多从具体的实践问题出发讨论相关主体的数据权利或数据行为规制，较少涉及数据的本质和属性，甚至将数据与信息等同，这无疑不利于在法律上准确把握数据的定位及其调整规律。

严格来说，数据和信息并非现代社会的特有产物，只是人类进入信息社会后其重要性才愈渐凸显；信息通信和信息哲学领域较早将这二者纳入研究视野。对同一事物，虽然不同领域的研究方法和关注重点大不相同，但基本指向一致，正如一栋房屋在物理学意义上的意象与在法律上的是一样的，都指一栋客观存在的建筑，这主要由法律的功能特性——对现有社会关系的确认和规范——决定。因此，法学研究必须在源生学科相关理论和知识的基础上进行概念移植与原理分析，唯此才能打通其与各领域之间的话语障碍，在同一平台上展开对话。

一、数据的内涵与发展

"数据"的产生与"数"的概念有着密不可分的联系。原始人类在进行采集和狩猎等生产活动时，通过对不同事物的比较，逐渐认识到存在某种共通的特征，即在同类事物中存在最小事物个体，即事物的单位性；同时，意识到非同类事物之间数量的其他共同特点，如数量上相互间可以构成一一对应的关系。这种非同类事物所共有的数量的抽象性质，就是"数"❶，而这种对数的知觉则为"数觉"。在数觉之外，人类又形成了另一项"计数"的技能，即数事物个数的过程，俗称"数数"。❷ 计数的发展包括"记数系统"和"数的运算"两部分，前者主要包括数字的出现，其使得记数更简洁、准确和统一；后者则涉及数与数的关系以及与数相关的另一重要概念——"量"。"量"是指事物存在的规模、等级、发展的程度以及内部各要素的排列结构，是事物所固有的一种规定性。测"量"即可获得量的大小，量的大小由数字来表征。而"数据"就是在"量"的基础上进一步发展而来——针对特定场合，表示某一种"量"的"数"为"数据"。

❶ 刘红，胡新和. 数据革命：从数到大数据的历史考察 [J]. 自然辩证法通讯，2013 (6)：33 - 39.

❷ 丹齐克. 数：科学的语言 [M]. 苏仲湘，译. 北京：商务印书馆，1985：1.

英文中表示"数据"的"data"一词源自拉丁语,❶ 其出现要追溯至 16 世纪,❷ 有"给予"(given)的含义。❸ 欧洲的 16 世纪恰恰是文艺复兴的鼎盛时期,科学技术开始萌芽。从培根创立以观察和实验为基础的归纳法到笛卡尔主张以数学为基础的演绎法,从伽利略倡导实验科学应以数学为工具到开普勒运用数学分析发现天体运动规律等,这些主张和经验使得收集与使用数据被提升到了科学方法论的地位。于是,数据成为近代科学研究范式——归纳、演绎和验证——的基础,而数值计算则是该范式的重要组成部分。❹ 因此,在前计算机时代,数据与文字一样,是人类在观察和量度外部世界时,对其中客观事物的数量、属性、位置及其相关关系和运动过程进行记录的抽象表示,是对客观事物信息的表达。

伴随着计算机的诞生,数据也具有了"传输和存储电脑信息"之意。时至今日,数据与计算机的关系越来越紧密,以至于当人们提起"数据",已特指狭义上计算机环境下的"电子数据"(electronic data),即以二进制信息单元 0 和 1 表示、以比特为单位、只能被计算机等电子设备读取和识别的一种数据形式。❺ 与传统环境中的数据相比,电子数据的存储、呈现与复制方式发生了改变,实现了数据的自动处理,属于数据形式的进化。这为"大数据"的产生提供了物质条件和技术基础,促使数据由传统环境下的"小数据"向计算机网络环境下

---

❶ data 的词根来源详见:Oxford English Dictionary [EB/OL]. 2nd ed. [2018 – 12 – 20]. http://www. oed. com/view/Entry/296948? redirectedFrom = data#eid.

❷ 在谷歌图书(Google Books)的全球书籍词频统计器 Ngram Viewer 中,语料库选择英语(English Corpus),时间跨度选择 1300 ~ 2017 年,输入关键词"data"搜索,结果显示"data"一词于 1504 年首次在文献中出现。参见:[EB/OL]. [2018 – 12 – 20]. https://books. google. com/ngrams/graph? content = data&year_start = 1300&year_end = 2017&corpus = 15&smoothing = 3&share = &direct_url = t1%3B%2Cdata% 3B%2Cc0.

❸ 英国学者维克托·迈尔·舍恩伯格和肯尼斯·库克耶认为数据具有"已知"的含义,也可理解为"事实",参见:迈尔 - 舍恩伯格,库克耶. 大数据时代:生活、工作与思维的大变革 [M]. 盛杨燕,周涛,译. 杭州:浙江人民出版社,2013:64.

❹ 刘红,胡新和. 数据哲学建构的初步探析 [J]. 哲学动态,2012(12):83 – 89.

❺ 其实这种表述不甚准确,电子数据既包括数字数据(digital data),也包括模拟数据(analog data)。模拟数据是指在某个区间产生的连续值,如声音、图像、温度、压力等,而数字数据是指取值范围是离散的变量或数值。这两者都可体现为电子形式,并可以相互转化,但数字技术可以将大量数据通过压缩技术存储在很小的媒介上,实现大体量、高速度的信息传输,因此,数字技术比模拟技术的应用更为普遍,数字数据也更为典型。在计算机等采用二进制的电子设备中,只存在数字数据,不包含模拟数据。本研究此处之所以使用"电子数据"一词,是遵循通俗说法,重点指数字数据——这也是"电子数据"和"数据"最为大众知悉的一般含义。参见:Electronic data [EB/OL]. (2006 – 07 – 24)[2018 – 12 – 25]. https://en. wikipedia. org/wiki/Electronic_data.

的"大数据"转变。

有人尝试对"大数据"下一个准确的定义，但事实证明，这种努力是徒劳的。"大数据"本身就不是一个严格的、有明确边界限定的技术词汇或商业词汇，因此，理解其内涵远比呆板的词句定义更为重要。大数据并非仅仅是数据"量"的叠加，还有很多"质"的提升，其除了众所周知的"4V"特征❶外，还有通过技术整合、挖掘和分析发现新知识，创造新价值，带来大知识、大科技、大利润、大发展的意义。❷ 可见，大数据在传统数据记录和反映世界的内涵之外，又具有了创造价值和改造世界的内涵。

二、数据的本质

在一些语境下，数据往往与信息相伴出现，甚至不分彼此、互相混同，因此，探索数据的本质，需要从数据与信息的关系辨析说起。

（一）"信息"的内涵

"信息"（information）一词，本意是关于某个特定主题的知识表达、交流。❸ 20 世纪 40 年代前后，一些工程师们开始用其来表示一些技术性概念，如信息的数量、信息的测量等，"信息"开始像"质量""能量""运动"等词一样，在科学领域被提炼和赋予特定含义。❹ 信息论❺奠基人香农（Shannon）首先提出"信息是用来消除随机不确定性的东西"。❻ 我国信息学专家钟义信教授则综合其他人的学说提出了信息的定义体系：在最高层次的"本体论层次"中，信息被定义为"事物运动的状态及其变化方式的自我表达"，即任何事物都会自发地发出信息表述自身的运动状态及变化方式，而不管有没有人来接收其信息；而在将参与者纳入考虑的"认识论层次"中，信息被定义为"主体所感知（或

---

❶ 4V 特征是指数量（volume）庞大、来源类型（variety）多样、处理快速（velocity）、蕴含价值（value），也有学者主张应有真实（veracity）。参见：黄欣荣. 大数据的语义、特征与本质 [J]. 长沙理工大学学报（社会科学版），2015（6）：5–11.

❷ 徐子沛. 大数据 [M]. 桂林：广西师范大学出版社，2012：321.

❸ Oxford English Dictionary [EB/OL]. [2018–12–25]. http：//www. etymonline. com/index. php? allowed_in_frame=0&search=Information.

❹ 格雷克. 信息简史 [M]. 高博，译. 北京：人民邮电出版社，2013：4–5.

❺ "信息论"是 20 世纪 40 年代后期从长期通信实践中总结出来的一门学科，是专门研究信息的有效处理和可靠传输的一般规律的科学，而由于现代通信技术飞速发展和其他学科的交叉渗透，信息论的研究已经从香农当年仅限于通信系统的数学理论的狭义范围扩展开来，成为现在称之为"信息科学"的庞大体系。

❻ 格雷克. 信息简史 [M]. 高博，译. 北京：人民邮电出版社，2013：4–5.

所表达）的关于该事物的运动状态及其变化方式，包括这种状态或方式的形式、含义和效用"，即认识的主体具有感觉能力、理解能力和目的性。❶ 换言之，各种事物每时每刻都在自发生成各样信息，但对人类而言，这些信息本身没有任何实际意义，只有被人类捕捉、理解并进一步利用，信息才能体现出其应有价值。正如信息论学家海因茨·冯·福尔斯特（Heinz von Foerster）所说："信息论研究的其实仅是哔哔声，只有当这些信号在人的大脑中被理解之后，信息才算诞生——总之，信息不在哔哔声里。"❷ 可见，信息虽反映客观世界，却受制于人的感觉和意识，其认识论影响、制约着本体论，是本体论的一个重要条件。❸

从物质与意识的角度来看，若把物质比作信源的话，那么意识就是信宿，❹"物质（信源）以被动的方式发出信息，而意识（信宿）则能动地接受信息"，意识对接收到的信息进行处理，"在摒弃无用信息的基础上形成概念化的科学体系，并运用知识化的信息来认识世界、改造世界……信息是联系物质与意识的中介。"❺

（二）"数据"与"信息"的关系

从香农开始，"比特"成为信息量的最基本单位，但正如前文所述，电子数据也以比特为度量单位。这种情形下，与其说数据与信息共用同一度量单位，不如说，在数据的性质与作用还未被充分认识之前，数据与信息相互混用，人们表述的其实是同一事物。针对信息的研究要早于针对数据的研究——在以信息为研究对象的"信息论"已经发展为一门涵盖不同领域的"信息科学"之后，对数据的研究才开始逐渐起步。这一点也可以从早些年法学领域学者们热衷于对"信息权""信息产权"的讨论，而近几年则逐渐转移到对"数据权""数据产权"的讨论这一事实中略窥端倪。数据与信息之间具有紧密的关系，不可割裂来看，也不可不作区分地混用。

关于数据与信息的关系，学界已有多种学说，其中最广为人知的是美国管理

---

❶ 钟义信. 信息科学原理 [M]. 北京：北京邮电大学出版社，2002：49 – 51.

❷ 格雷克. 信息简史 [M]. 高博，译. 北京：人民邮电出版社，2013：4 – 5.

❸ 黄小寒. 从不同领域信息学的比较研究再论信息的本质 [J]. 自然辩证法研究，2005（12）：87 – 90.

❹ 信宿是相对于信源而言的，是指信息动态运行一个周期的最终环节，是信息的接受物，其作用是将复原（解码）的原始信号转换成相应的消息，参见：钟义信. 信息科学原理 [M]. 北京：北京邮电大学出版社，2002：152.

❺ 刘怡. 从哲学的角度看信息的本质 [J]. 图书与情报，2008（4）：80 – 84.

思想家罗素·艾可夫（Russell Ackoff）提出的 DIKW 体系（Data – Information – Knowledge – Wisdom）。DIKW 体系把人类的知识体系分为四个不同层级：数据、信息、知识和智慧，这四者以逐级上升的形式分布在一个金字塔形的层次体系中。❶ 具体而言：数据产生于最原始的观察和量度行为中，是人类对客观世界事物的数量、属性、位置及其相关关系和运动过程观察记录的抽象表示，数量巨大，关系不明；而通过对数据进行加工等操作所获得的具有逻辑的、能对客观世界产生影响的、有意义的数据则为信息；在行动中有效地运用信息，对信息进行归纳、总结、提炼，可得到知识；智慧则是在知识的基础上，通过经验积累逐渐形成对事物的深刻认识、远见，最终以精准的判断力体现出来。

可见，从数据到信息附加了很多人工操作，信息来源于数据又高于数据，数据通过信息体现其含义和内在逻辑关系，信息依附于数据而存在；如果说数据是"原材料"，那么信息就是"产品"，❷ 两者是形与质、而非包含与被包含的关系。

（三）电子环境下"数据"与"信息"的相互转换

传统媒介环境下，数据与文字、图像、声音一样，只是众多信息载体的一种形式，需进一步依附于实物媒介，如纸张或电子设备（详见图1）。但随着信息技术的发展，信息的载体也发生了革命性变化。在新兴的电子通信环境下，包括文字、图像、音频、视频等在内的所有信息载体最终都需要借助电子数据实现传输、存储和显示。文字、图像、音频、视频等承载了信息，而数据又承载了它们，数据从信息的大量载体中独立出来，成为"信息系统细胞层次"❸ 的存在——电子环境下所有信息载体的唯一基础载体（详见图2）。

图1　传统媒介环境下信息与载体、媒介的关系示意

❶ ACKOFF R. From data to wisdom [J]. Journal of Applies Systems Analysis, 1989 (16)：3 – 9.

❷ 苏强，梁冰. 信息质量及其评价指标 [J]. 计算机系统应用，2000 (7)：63 – 65.

❸ 吴永忠. 技术创新的信息过程论 [M]. 沈阳：东北大学出版社，2002：34.

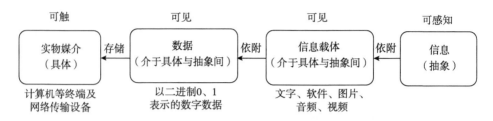

图 2　电子环境下信息与载体、媒介的关系示意

电子环境下，实现信息传输需要经历复杂的转换过程。首先，从人类大脑能够感知的信息到只能被计算机识别的数据，需要通过编码系统转换，如使用ASCII❶编码来表示 26 个英文字母、10 个数字和一些常用标点符号；从只能被计算机识别的数据过渡到抽象信息，则需经过解码系统，最终以人类能够识别的文字、图片、音频、视频等方式呈现。"这种人（信息）→机（数据）→人（信息）的转换链条，实现了信息在发送方及接收方间的无缝对接。"❷ 而通过大数据技术，这种从数据到信息的转换则体现为数据价值实现的过程，即对原始数据进行加工，使其"关系化"，并在加工结果衍生数据的基础上提取符合特定使用目的的信息。

有学者曾根据互联网的分层结构将信息区分为语义层面的信息、符号层面的信息以及结构层面的信息，❸ 这一主张仍是学界早期对信息与数据不加区分的结果。事实上，这里用数据代替信息更为合适，即数据可分为语义层面的数据、代码或符号层面的数据、结构层面的数据。其中，语义层面的数据是指数据的内容，即信息；而结构层面的数据则指数据的物理载体，即比特流。这二者都不属于严格意义上的数据。只有代码或符号层面的数据才是法学应真正关注的对象。值得一提的是，个人数据本属于代码层面的数据，对个人数据进行处理可获得个人信息，进而可能涉及个人隐私等人格利益。保护个人数据的目的是保护个人信息，而保护个人信息则需通过保护个人数据实现。因此，在外观上，个人数据与个人信息发生了混同，代码层面的个人数据貌似具有了意义而成为语义层面的个人信息。也正是出于这个原因，很多人认为数据与信息无法区分，

---

❶ American Standard Code for Information Interchange（美国信息交换标准代码）。

❷ 张阳. 数据的权利化困境与契约式规制［J］. 科技与法律，2016（6）：1096 – 1119.

❸ ZECH H. Information as property［J］. Journal of Intellectual Property, Information Technology and Electronic Commerce，2015（6）：194 – 197.

且没有必要区分——显然这一认识是片面的。

（四）数据的本质

奥地利哲学家卡尔·波普尔（Karl Popper）曾在其《客观知识》一书中将世界划分为三个世界。❶ 其中，"世界1"是指由物质客体如自然界中有生命的动植物、无生命的矿藏以及物质能量等构成的物质世界；"世界2"是指人类作为主体主观感受到的精神世界，如喜怒哀乐、伦理道德观等；"世界3"是指人类精神对客观世界认识、反馈所生成的客观知识世界，如宗教艺术、科学、法律制度、语言文字、诗歌等。如果说"世界1"是物质的话，那么"世界2"就是意识的，而"世界3"则是连接物质与意识的抽象存在，兼具客观与主观的双重属性。

近代科学兴起之前，人类收集、处理数据和认识世界的能力相对较低，后来科学仪器及硬件设备逐步进化、发展，成为人体功能的必要延伸，增强了人类处理数据、认识世界的能力，但这并没有改变数据行为是在人类意志指导下进行的本质。"电脑"需绝对服从于"人脑"。即便是大数据时代下的人工智能，也是在人类已经设定好的算法和各种规则下运行。这说明人类的意识和精神对数据的实践行为具有主观能动性。同时，数据又是对客观的记录，"是事物现象的表征，只有通过数据才能获知事物的现象"。❷ 在这一点上，数据与信息相似，兼具客观性与主观性，二者同属于波普尔"三个世界"理论中的"世界3"范畴。虽然作为认识结果，数据不等同于严格意义上"世界3"的"客观知识"，但却是构成知识金字塔系统的强大底座，是获得信息、知识、智慧的必要原料，也是"世界1"客观世界在"世界2"人类精神上投射的产物，其沉淀或存储在人类控制的各种媒介设备中，成为一种客观存在。相较而言，信息则更多地体现为主观性。

综上，计算机技术和互联网架构重塑了信息与数据的关系，使得数据成为所有信息载体的载体。数据本质上是一种因人的认识活动而附随生成的人造"物"，凝结了人类的劳动和资本投入，具有认识世界的功能与价值，属于波普

---

❶ 1967年，波普尔发表了题为"没有认识主体的认识论"演说，提出了"三个世界"的理论，参见：波普尔. 客观知识：一个进化论的研究 [M]. 舒炜光，卓如飞，周柏乔，等译. 上海：上海译文出版社，1987：164 - 165.

❷ BOGEN J, WOODWARD J. Saving the phenomena [J]. Philosophical Review, 1988, 97 (3)：303 - 352. 转引自：刘红，胡新和. 数据革命：从数到大数据的历史考察 [J]. 自然辩证法通讯，2013 (6)：33 - 39.

尔"三个世界"理论中的"客观知识世界"范畴。数据的认识价值会转化成使用价值，在生产实践中发挥作用，也会在商务实践中以商品的形式体现为交换价值。总而言之，数据是一种区别于物质和能量、具有独立意义的客观存在，这是其与信息的本质区别。

三、数据的属性

数据的属性由其本质决定。作为信息技术和网络商业模式创新驱动下诞生的新型人造"物"，数据的自然属性表现为依赖硬件设备等媒介存在，受技术控制，可无限复制、反复使用；社会属性则表现为能够反映和预测人类活动的规律和趋势，比以往任何时候的工具都更能揭示马克思所谓的"人是社会关系的总和"这一事实。具体而言，数据有以下三种典型属性。

（一）数据的价值性

大数据发展至今，其价值性已毋庸置疑。各国政府现已广泛认识到数据作为"未来石油"的巨大潜力，纷纷出台相关政策以支持数据产业发展。2012 年瑞士达沃斯世界经济论坛更是将大数据作为主题之一并发布报告《大数据，大影响》（*Big Data*，*Big Impact*），宣称数据已成为一种与传统货币和黄金一样的新经济资产类别。

如前文所述，数据既是人类认识世界的产物，又是认识过程中必不可少的工具。因此，数据的价值性首先体现为通过对数据间"相关性"的挖掘，提炼出对人类有意义的信息，从而释放出巨大的潜在价值。而随着大数据技术在社会生活和生产中的广泛应用，数据已经从早期的工具性、附属性角色提升至直接参与生产过程、蕴含大量待开发能量的资源性地位。

数据的价值性同时还体现为具有稀缺性。"万物皆可数据化"的畅想可能会让人产生数据像空气和阳光一样充裕的错觉，但事实上，数据与其他资源一样，并非任何人都可以随意享有或使用。虽然网络上每时每刻都在产生大量数据，但这些数据只由特定主体控制，因为其是基于特定场景、特定目的收集的，如基于网上购物收集的电商交易数据、基于地图导航的交通数据，以及基于信息检索的搜索数据等。这些数据大部分都集中在少数网络巨头手中。对于新进入市场的初创者而言，数据无疑是稀缺而珍贵的。

（二）数据的可控性

主体对客体的控制表现在两方面。一种是物理意义上的占有，即通过人力或工具对物或利益实施控制和支配——这并不要求主体实时把持，而是一种事实上的圈占和观念上的认定。判断是否构成有效控制是"根据社会观念和斟酌外部可以认识的空间关系与时间关系",其中空间关系是指主体与物已存在场所上的结合关系,时间关系则指这种结合关系已持续有相当时长❶;其他人因缺乏相应的权限或能力而不能或不敢擅自改变该控制状态。另一种则是法律上的拟制,即通过法律规定及其强制执行力人为地划定某一利益的归属,典型代表为知识产权——这类客体因具有无形性,主体不能像对有体物一样通过占有而实现对它的排他利用,因此由法律强制介入,并对违反相关规定的人给予惩戒。

数据在未获得法律的确认之前,相关主体就是通过第一种方式——技术和硬件——实现对它的实际控制。如前文所述,数据必须依赖电子硬件设备等媒介而存在。这一特性使得人类可通过特定的存储位置、接口权限以及代码指令等将其特定化,进而实现对它的控制和调用。在大数据时代,信息技术更是呈现出对数据前所未有的控制——数据需依靠代码实现存储、流动和信息传递,离开技术,数据就不具有独立的使用价值。美国学者劳伦斯·莱斯格认为网络空间主要依靠社会规范、法律、市场和架构(即代码)这四种方式来进行规制,其中法律、社会规范和市场与现实世界中的作用机制类似,而网络空间中的架构则完全依赖代码发挥作用——人类控制了代码,就控制了数据;选择什么样的代码就选择成就什么样的网络生活方式;代码构筑、形塑了整个网络空间,因此,代码即为网络空间中的法律。❷ 这一洞见深刻地揭示了数据与技术的关系,也更好地说明了主体对数据的掌控到了无以复加的程度,尤其是拥有强大技术能力的主体在网络中就拥有了技术赋予的"强权",甚至可能导致技术"丛林主义"。

因此,数据不但非一些学者所谓的不可控、不能确定化,相反,在技术的统领下,数据可严格在事先设定好的框架和边界内活动;没有相应的技术能力,任何人都无法调动或改变数据的存在状态。从这个意义上来看,人类对数据的控制与对传统有体物的控制并无二致。

(三)数据的独立性

数据与技术的关系如此密切,以至于有学者认为"数据天然受代码控制,不服从任何脱离代码的人为干涉,即使法律宣布数据的归属权,权利人也无法

❶ 梁慧星,陈华彬. 物权法 [M]. 北京:法律出版社,2003:372 - 373.
❷ 莱斯格. 代码2.0:网络空间中的法律 [M]. 李旭,沈伟伟,译. 北京:清华大学出版社,2009:94,98.

脱离代码将之置于可能的控制之下"，"所有法律对数据秩序的权利设计或利益分配，都需要合适的代码来实现"，若没有网络服务提供者的技术支持，数据与其承载的信息都将失去存在的意义，其他人即便控制了数据，因缺乏合适的解码程序，也无法解读出相应的信息，从而释放出数据的隐匿价值，因此，数据不具有独立的经济价值。❶ 简言之，数据因严重与技术绑定而丧失独立性。

笔者对这一观点持有异议。数据对技术的依赖毋庸置疑，但法律不可能直接去调整技术本身——上述观点也承认这一点。法律对技术体系的调整在于可直接通过规范技术使用人的行为而达到对技术控制的目的，如规定技术标准、技术归属以及规避技术风险等。就数据而言，算法和代码只是配合使用的工具。从某种意义上来说，任何资源（原材料）都需要依赖工具才能最终发挥其应有作用，离开工具和技术去独立地谈论资源的价值是没有意义的。整个人类开发利用资源的历史本身即伴随着技术的变革和进步。

数据的独立性并不表现在独立于技术而存在，而是表现在独立于人类主体而存在。如前文所述，数据是人类知识金字塔体系的基础，属于波普尔的"客观知识世界"范畴——这一点已在与信息的比较中进行了详细论述。信息与人的意识、观念相关，同一组数据对不同人的意义不一样，同一个人因不同时间内所掌握的知识、技能和方法不同，获得的信息也不相同，因此，信息无法与主体分离，不具有独立性；而数据则具有客观确定性，不因人的意识而改变或转移。

四、数据的法律定位

法律的发展总是保守的，这样有利于维持其稳定并发挥预见性功能。因此，在面对新事物时，法学研究者们总是尽可能地在已有的法律体系中寻找解决方案。

（一）数据代替信息成为法律关系的客体

传统民法学理论认为，法律在调整社会关系的过程中形成法律关系，法律关系由主体、客体和内容三大要素构成，其中，客体是法律关系产生和存在的前提，是法律关系主体之间权利义务所指向的对象。法理学者张文显曾指出，判断某一事物可否成为法律关系的客体须满足三个基本特征：第一，它是对主体的"有用之物"，因围绕它可能发生利益冲突，故需要作出利益界定，明确其归属，即权利与义务的分界；第二，它是人类能控制或部分控制的"为我之物"——只有能控制才适宜由法律调整，成为权利义务作用的对象；第三，在

---

❶ 梅夏英. 数据的法律属性及其民法定位 [J]. 中国社会科学，2016 (9)：164-183.

认识上，它是可以与主体分离、独立于主体的"自在之物"。● 而通过前文对数据本质和属性分析的情况可知，数据作为人类的认识活动的产物，天然具有参与生产的价值性、通过技术的可控性以及客观存在的独立性等特有属性，分别对应上述关于"有用之物""为我之物"和"自在之物"的要求，得以成为法律关系调整的客体。

在图 2 抽象出来的"实物媒介→数据→信息载体→信息"的关系链条中，实物媒介现实可"触"，主要由传统物权法调整；信息载体具体可"见"，如文字、图像、音频、视频等，可由知识产权法来处理；"数据"以 0、1 的电子形式存在，可被机器识别，作为新兴事物刚进入法学研究视野；而信息却不可"触""见"，只能被人类抽象感知，因不具有可控性和独立性而无法成为法律关系调整的客体。明确这一点的意义在于，数据应与信息相分离并取代其获得法律上评价的地位。法学界此前讨论热烈的"信息权"或"信息产权"只是一个伪命题——这主要是由特定阶段内对信息与数据的本质以及二者关系的认识局限导致，而这必将随着对数据研究的深入逐渐改善。

我国于 2012 年修正的《民事诉讼法》《刑事诉讼法》以及 2014 年修正的《行政诉讼法》已正式将"电子数据"规定为法定证据种类，但关于电子数据的内涵和外延却众说纷纭，● 学界和立法上也一度将其与"计算机数据""电子证据""网络数据""数据电文"等词语混同使用，如我国的《电子签名法》中就规定："本法所称数据电文，是指以电子、光学、磁或者类似手段生成、发送、接收或者储存的信息。"在证据法专家看来，"所谓电子数据，即电子形式的数据信息，强调的是记录数据的方式而非内容。"● 笔者认为，诉讼法中的证据应该是具有逻辑意义、能够根据其所反映的内容体现证明能力的事实依据，因此，这里用"电子信息"要比用"电子数据"更为准确：数据只是信息的载体，本身不具有任何证明能力，就像书证的载体之于书证本身一样，我们可以称某一具体的证据为"合同"或"借条"，却不会称"纸张若干"。然而，立法采用

● 基于这三个标准，张文显认为国家权力、人身人格、行为、法人、物、精神产品、信息等七类利益或利益载体可以构成法律关系的客体。参见：张文显. 法哲学范畴研究[M]. 修订版. 北京：中国政法大学出版社，2001：107.

● 大部分的讨论都是立足于证据角度对"电子数据"进行定义，如中国政法大学樊崇义教授总结的，目前国内较具代表性的观点有：计算机证据说、数字证据说、电子材料说。参见：樊崇义，李思远. 论电子证据时代的到来[J]. 苏州大学学报（哲学社会科学版），2016（2）：99－106.

● 樊崇义，戴莹. 专家解读新刑诉法：电子证据运用方式需创新[EB/OL]. （2012－05－18）[2019－01－31]. http：//news. jcrb. com/jxsw/201205/t20120518_865721. html.

"电子数据"的表述明显与"视听资料"的逻辑是一致的，即从强调证据形式的可确定性出发。"当事人陈述"或"证人证言"等证据形式的命名重在内容的直观性和可再现性，因此，载体并不重要；而电子信息由电子数据承载，随时有灭失的可能且不能被人类直接感知，相关主体只能通过保全电子数据进而读取电子信息。这一立法事实进一步佐证了本文关于数据比信息更具有确定性、可获得法律评价和认可的结论。

（二）数据上承载着不同性质的利益、对应着不同权利

利益是主体追求的目的所在，是自由意志的初始动机和最终归宿。以德国法学家耶林为代表的利益法学派认为权利即来源于利益要求，"每一既定社会的经济关系首先表现为利益"，因此利益在本质上属于社会关系范畴，若要在法律上进行评价则需要具体化；而客体就是权利所保护的利益的具体化，是"权利这一概念工具的生活事实基础，这不仅因为客体是利益的源泉从而产生创设权利的必要，更因为客体是利益的载体从而决定了权利的内容"。❶ 同一客体上可能承载有多种不同性质的利益，从而对应不同的权利。以一本书为例，首先，其具有经济利益，属于所有权人的财产，由物权来调整；其次，还可能涉及相关著作权人的利益（如擅自复制并传播）；再次，若书中有关于特定人的隐私内容，还可能涉及其人格利益，由隐私权或其他人格权调整；最后，若书中记载了关键的情报信息或技术方案，则还可能涉及公共利益，物权人的所有权行使要因此受到一定限制。

数据同样如此，概括而言，其上也承载有一定的经济利益、人格利益以及社会公众的公共利益，分别对应相关主体的财产性权利、人格权以及因公共利益而产生的对数据持有者的权利限制。

与有体物相似，数据的经济利益首先体现并最为凸显。相关数据持有者可以基于对数据的控制实现占有、使用、收益、处分等类似所有权的权能，但显然数据只是一种新型的"抽象物"，而非物权法所要求的有体物，❷ 因此，不能

---

❶ 朱谢群，郑成思. 也论知识产权 [J]. 科技与法律，2003（2）：23 - 25.

❷ 我国《物权法》第2条规定："本法所称物，包括不动产和动产。法律规定权利作为物权客体的，依照其规定。本法所称物权，是指权利人依法对特定的物享有直接支配和排他的权利，包括所有权、用益物权和担保物权。"笔者认为，虽然《物权法》规定了权利可以作为物权客体，但此处的权利应仅限于物权中的用益物权和担保物权。这主要是由我国的《物权法》及相关理论承袭自《德国民法典》这一事实决定的——在《德国民法典》中，即将物限定为"有体物"（第90条），也仅谈及"有体物"的所有权（第903条）。

由物权制度来调整该经济利益。至于该财产性权利应如何界定，限于篇幅，本文无法展开详述。毋庸置疑的是，数据一旦融入商品的生产环节，就意味着其必然会进入商品的流通交换环节，而一旦完成这一过程，数据的商品化改造即告完成。数据的商品属性必然会要求原有的财产权制度将其纳入调整范围，具体的权利规则只是对现有商业秩序的确认。商业资本是数据产业蓬勃发展的主要驱动力，作为回报，数据的经济利益也必然由商业资本所享有，这决定了数据运营者或数据投资人会成为最主要的数据财产权利人。

数据上的人格利益是由相关用户的人格派生，其存在的基础是主体的人格而非独立于主体的数据。一切与主体相关的"物"只是在一定程度上体现出人格利益，如订婚戒指、书信、照片等个人物品承载有相关主体的特定人格利益，"人格权的特殊之处即在于其仅针对主体的人身如姓名、身体等个人要素，而不存在主体本身之外的其他客体。"● 换言之，涉及具体个人的数据如同书信、日记本等有体物，是独立于主体的外在物，而非反映主体精神、意志等与主体不可分离的内在物，● 其上既承载有相关权利人的财产利益，又承载有其他人的人格利益，二者并不排斥。可见，人格权的客体并非个人数据，而是个人数据之上的人格利益。● 学界关于用户基于个人数据上的人格利益而主张对个人数据享有控制权的主张有失偏颇。只是在价值取向上，人格利益优先于经济利益，因此，当附着有他人人格利益的物公开交易或流动时，不能对相关人格利益主体造成损害，如在广受关注的"钱钟书书信拍卖案"中，委托人的所有权就受到了限制。● 就数据而言，当数据持有者对其所控制的数据进行利用和交换时，由于受限于用户的人格利益，其需要遵循一系列严格的行为规则要求，如需对数据进行脱敏处理、建立数据集合等，尽量防止对用户造成损害或有损害之可能。

● 王利明. 人格权法研究 [M]. 北京：中国人民大学出版社，2005：9.

● 学者刘德良基于黑格尔的财产权理论认为，反映主体身份特征的个人信息并非主体的身体、意志、精神等内在于主体的内在物，而应属于外在物范畴，因此，主体可以通过自己的意志体现在其个人信息之中而主张财产权，进而对个人信息的商业性使用价值进行充分的使用和转让。详见：刘德良. 个人信息的财产权保护 [J]. 法学研究，2007（3）：80－91. 显然，与个人信息相比，个人数据更具有外在物的特性，但上述观点并未对数据与信息进行区分。

● 学者方新军即认为人格权的客体是人格利益，这些利益是人所以为人的必备要素，但并非所有的人格要素上都相应地存在一个人格权。详见：方新军. 权利客体的概念及层次 [J]. 法学研究，2010（2）：36－58.

● 师文静. 钱钟书书信拍卖最终取消 [N/OL]. （2013－06－07）[2019－02－12]. http：//epaper. qlwb. com. cn/qlwb/content/20130607/ArticelA18002FM. htm.

数据上的公共利益应从其认识世界的工具性角度来认识。正如著作权保护表达而不保护思想、专利权保护发明却不保护发现一样，知识发现是全人类共同的财富，数据当然也不可能绝对私有化。这一点在科研型数据上体现得尤为明显。研究人员在公布研究成果时，需同时公布其所依据的实证数据，以供同行检验和评价。但与任何知识产品一样，数据需依靠数据运营者的资本投入，公众才有机会消费和接触；若不加区别地一味强调其公共性，就会导致"搭便车"行为盛行，严重影响投资积极性。数据运营者对数据的财产权利行使应在可能侵害到公共利益时受到限制，如滥用市场支配地位的数据垄断。

综上，数据脱胎于"数"而成就于"大数据"，是人类观察和记录世界的产物，烙刻着人类积极认识和改造世界的印记。在知识的金字塔体系中，数据是信息的载体，信息是数据的内涵，数据必须依附于实物媒介存在，而信息则可跳出纸面或硬件等媒介的束缚直接进入人类的大脑意识，穿梭于物理世界与抽象观念之间。计算机和互联网的出现，改变了传统环境下数据与信息的关系，更改变了数据在信息传递系统中的地位，使其成为电子环境下信息载体的基础载体。因此，相对信息，数据具有技术上的可控性和客观存在的独立性，是网络空间中的"实在物"，可取代信息成为法律上评价的客体；而作为客体，数据与有体物一样，其上承载着诸多不同性质的利益，可接受不同权利制度的调整。这些利益互不排斥，但有价值优先次序，如合法数据持有者基于对数据的控制和前期投入，对数据上的经济利益可享有财产性权利，但该权利的行使应受到相关人格利益和公共利益的限制。探究数据的本质与属性是定位数据的法律地位的前提，也是展开数据法律关系话语体系的必由之路，对于回答其他数据理论问题具有非常重要的意义。

（责任编辑：许有为）

网络经济中的混合市场力量：经济分析、法律推定和滥用行为规制

李展硕[*]

摘要：在网络经济中，拥有市场力量的经营者可在多个线上市场扩张、占据巨大的市场份额并形成更强的网络效应，已经在经验上得以证实。这种市场力量的"混合"，在生成和维持上具有不同于传统经济中市场支配力量和相对市场力量的特征。这些特征决定了可以依据平台参与竞争的市场数量、平台的市场份额以及用户锁定效应的强度作出"混合市场力量"的法律推定。在网络经济条件下，滥用混合市场力量的行为通常表现为市场力量的传导行为，但并非所有的此类行为都是应受谴责的。在区分合理的跨市场竞争行为和排挤、限制竞争行为的基础上分析搭售和不兼容行为，可以发现网络经济条件下搭售的传导行为通常具有正当理由，而不兼容行为往往具有排挤、限制竞争的后果。对于后者而言，只有在推定混合市场力量的前提下才能够证明不兼容行为和排除、限制竞争后果之间的因果关系。

关键词：网络经济 混合市场力量 混合网络外部性 搭售 不兼容

---

* 李展硕，中国人民大学法学院博士研究生。

Mixed Market Power in Internet Economy:

Economic Foundation, Legal Presumption and Regulation of Abuse Acts

Abstract: In the internet economy, it is experimentally true that undertakings with certain market power expand in many online markets, take a high market share and achieve stronger and stronger network effects. This "hybrid mix" of market power has different characteristics in formation and maintenance from market dominance and relative market power. It is these characteristics that determine the presumption of "mixed market power" based on the number of markets a platforms operator participates in, market share each platform takes, and strength of customer locking. Generally speaking, abuses of mixed market power in internet economy are acts transferring market power. However, not all these actions are blamed. Distinguishing reasonable cross-market competitive acts from anti-competitive acts, tying in internet economy is generally reasonable and incompatibility is generally anti-competitive. For the latter, only presumption of mixed market power can bring causality into existence.

Key words: Internet Economy; Mixed Market power; Mixed Network Externalities; Tying; Incompatibility

一、命题提出：混合市场力量的经验观察

网络经济的发展重塑了传统上许多相互独立的市场。从互联网销售平台和移动支付发展至今，线上的电影、电视、音乐、金融、旅游、约车、订餐等行业平台纷至沓来，人们的消费方式也由传统的线下购物转向线上消费。"互联网＋"为消费者带来了诸多便利，提高了消费者的福利。但是，"互联网＋"领域近年来呈现出明显的集聚效应——这不是体现在特定市场中的市场力量扩张，而是表现为跨行业的市场力量传导。在某个领域占据支配地位的互联网企业利用自身在某个领域的优势地位将市场力量传导至其他行业，由此占据了其他行业的主导地位。

这种跨市场之市场力量的存在，可以通过不同市场（包括网络文化娱乐市

场、线上餐饮市场、交通市场、线上旅游市场等）的市场结构和公司间的控制关系管窥一二。在线上电影票务市场，2016～2017 年，猫眼微影和淘票票分别占据市场份额的 63% 和 30%，合计超过 90%❶。其中，猫眼微影由原美团猫眼和腾讯微影合并而来，腾讯为该公司的第二大股东❷；淘票票则隶属于阿里巴巴集团旗下的阿里影业❸。与前面两大公司相比，其他线上电影平台公司（如万达影视、时光网等）则仅占据市场份额的 7%。❹ 在移动视频市场，腾讯视频、爱奇艺视频和优酷视频的用户规模占据全部网络用户的 89.6%❺，其中，爱奇艺公司的第一大股东是百度公司❻，腾讯视频和优酷视频则分别是腾讯公司和阿里巴巴公司旗下的移动视频平台。在流媒体音乐市场，2016 年腾讯旗下的 QQ 音乐与中国音乐集团宣布合并❼；至 2017 年，腾讯旗下的 QQ 音乐、酷狗音乐和酷我音乐三大音乐平台共同占据流媒体音乐市场份额的 70% 以上。在月活跃用户数上，腾讯音乐的三大平台也要高于其他同类的流媒体音乐平台（如网易云音乐、咪咕音乐、虾米音乐)❽。不仅网络文化娱乐产业，其他产业（如线上餐饮、交通、旅游等）亦然。截至 2018 年第一季度，携程和飞猪分别占在线旅游市场份额的 58.3% 和 16.1%，合计达 74.4%❾，其中，百度为携程的第一大股东，持

❶ 秋源俊二. 猫眼与淘票票的明天"死局"还是"垄断"［EB/OL］.（2018 - 09 - 18）［2019 - 02 - 15］. http：//www. ebrun. com/20180918/297891. shtml.

❷ 猫眼获腾讯 10 亿注资　加速布局泛文娱［EB/OL］.（2017 - 11 - 10）［2019 - 02 - 15］. http：//tech. qq. com/a/20171110/036011. htm.

❸ 智通财经网. 阿里影业旗下淘宝电影改名为"淘票票"与大麦网合作［EB/OL］.（2016 - 05 - 16）［2019 - 02 - 15］. http：//finance. sina. com. cn/stock/hkstock/ggscyd/2016 - 05 - 16/doc - ifxsenvn7221781. shtml.

❹ 秋源俊二. 猫眼与淘票票的明天"死局"还是"垄断"［EB/OL］.（2018 - 09 - 18）［2019 - 02 - 15］. http：//www. ebrun. com/20180918/297891. shtml.

❺ 每日经济新闻. 2018 年视频市场规模将超 2000 亿，资本更看中天使轮［EB/OL］.（2018 - 11 - 29）［2019 - 02 - 15］. http：//finance. ifeng. com/a/20181129/16594992_0. shtml.

❻ 周小白. 龚宇回应爱奇艺与百度关系：产生冲突的几率很小［EB/OL］.（2018 - 03 - 29）［2019 - 02 - 15］. http：//baijiahao. baidu. com/s? id = 1596272793724986945&wfr = spider&for = pc.

❼ 腾讯与中国音乐集团宣布合并音乐业务［EB/OL］.（2016 - 07 - 15）［2019 - 02 - 15］. https：//finance. qq. com/a/20160715/029259. htm.

❽ 2018 年中国在线音乐行业竞争格局：腾讯音乐占据流媒体市场份额的 70%［EB/OL］.（2018 - 07 - 12）［2019 - 02 - 18］. http：//www. gyii. cn/yanjiu/jingzhengtaishi/2018/0712/208820. html.

❾ 蒋平. 2018 年在线旅游产品市场分析，整体增速快速回落，竞争格局依然稳定［EB/OL］.（2018 - 07 - 19）［2019 - 02 - 18］. https：//www. qianzhan. com/analyst/detail/220/180719 - b2f9096c. html.

有 19.3% 的股权❶，飞猪则被阿里巴巴旗下的线上服务平台；美团和饿了么分别占在线外卖市场份额的 59% 和 36%，合计达 95%❷，其中，腾讯为美团的第一大股东，持股 20% 以上❸，饿了么则被阿里巴巴全资收购❹。更为人熟知的是交通行业中的共享单车市场和网约车市场。在共享单车市场，截至 2018 年 2 月，ofo 小黄车、摩拜单车和哈罗单车的市场覆盖率分别为 50.89%、49.14% 和 5.64%❺。其中，摩拜已经于 2018 年 4 月被美团全资收购，腾讯不仅为美团的第一大股东，而且还在这场收购中承担了"中间人"角色❻；ofo 没有同意阿里巴巴、滴滴等经营者的收购，如今陷入债务危机❼，或许最终仍然难免被阿里巴巴等互联网经营者收购。在网约车市场（包括专车、出租打车等细分市场），早在 2014 年第四季度（滴滴和快的 2015 年合并"前夕"），滴滴和快的的份额就分别达 43.3% 和 56.5%❽，其他打车软件仅占 0.2%，其中，滴滴和快的的主要投资人分别为腾讯和阿里巴巴❾。滴滴和优步中国于 2016 年 8 月宣布合并，合并后占据中国市场份额达 93% 以上❿。虽然如今的股权架构不得而知，但在二者合并之初，优步中国的原母公司 Uber 全球仅持有滴滴 5.89% 的股权⓫。

————————

❶ 环球旅讯. 携程最新股权结构：百度持股 19.3%　Booking 集团持股 8.5%［EB/OL］.（2018 - 05 - 24）［2019 - 02 - 18］. https：//www.meadin.com/info/154975.html.

❷ 中商情报网. 2018 年中国在线餐饮行业分析及预测：美团和饿了么市场份额占 95%［EB/OL］.（2018 - 09 - 18）［2019 - 02 - 18］. https：//baijiahao.baidu.com/s? id = 1611936435346569589&wfr = spider&for = pc.

❸ 界面新闻. 持股 1.48%：美团的股东名单，写着它与阿里腾讯的爱恨情仇［EB/OL］.（2018 - 06 - 26）［2019 - 02 - 18］. http：//baijiahao.baidu.com/s? id = 1604326113424573367&wfr = spider&for = pc.

❹ 95 亿美元　阿里将全资收购饿了么［EB/OL］.（2018 - 08 - 30）［2019 - 02 - 18］. http：//finance.ifeng.com/a/20180830/16489407_0.shtml.

❺ 易观发布最新共享单车行业报告：ofo 市场覆盖率稳居第一［EB/OL］.（2018 - 04 - 13）［2019 - 02 - 18］. https：//www.sohu.com/a/228155027_100136197.

❻ 翟继茹. 摩拜被收购　战场终究是属于巨头的［EB/OL］.（2018 - 04 - 04）［2019 - 02 - 18］. http：//www.sohu.com/a/227260014_100106801.

❼ 拒绝滴滴收购，又得罪阿里系，ofo 的失败早已埋下伏笔［EB/OL］.［2019 - 02 - 18］. http：//www.sohu.com/a/292777908_100237751.

❽ 高顿网校. 快的打车 14 年第 4 季度市场份额达 56.5%［EB/OL］.（2015 - 02 - 15）［2019 - 02 - 18］. https：//www.gaodun.com/caiwu/749622.html.

❾ 腾讯财经. 滴滴快的合并最快本周宣布［EB/OL］.（2015 - 02 - 13）［2019 - 02 - 18］. https：//new.qq.com/cmsn/20150213/20150213000105.

❿ 车谈大本营. Uber 与滴滴各自的优势　合并的目的是什么？［EB/OL］.（2016 - 08 - 02）［2019 - 02 - 18］. http：//www.sohu.com/a/108710387_404178.

⓫ 电商日记. 滴滴市场垄断存争议　与 Uber 中国合并案两年无结论［EB/OL］.（2018 - 08 - 31）［2019 - 02 - 18］. http：//www.ec.com.cn/article/otoo/201808/31875_1.html.

从上述跨行业的市场结构和公司间的控制关系中，可以发现"互联网＋"领域的跨行业、跨市场的市场力量普遍存在。在大部分的特定市场中，占据份额较大的平台主要为腾讯和阿里巴巴所控制，百度次之。在传统的反垄断分析中，对涉及跨市场的市场力量分析（如混合合并）并不作为重点予以关注，因为一个经营者在特定市场上的市场力量传导至另一个独立的市场需要具备特殊的条件，在无法证明市场力量的传导行为可能妨害竞争时，反垄断法的适用可能会受到限制。比如，在混合合并的审查中，反垄断机构首先需要考察参与合并的经营者所处的市场是否为相同或关联的市场，并且法院对涉及混合合并的诉讼可能会采取极其严格的证明标准。[1] 另一方面，即使有证据证明传导市场力量的行为可能产生排除、限制竞争的后果，传统反垄断法中对滥用市场支配地位的不合理搭售规制即可适用，至于市场力量传导之后在新市场形成的支配地位和滥用行为，"滥用市场支配地位"的条款亦可调整。因此，传统分析中无须另行考虑市场力量的"混合"所带来的垄断地位及其限制竞争的行为，不仅由于这种情形很难发生，而且因为"混合"本质上仅是特定几个市场力量的简单相加，不会产生"$1+1>2$"的妨害竞争后果。

虽然我国司法实践对互联网的传导效应以及市场力量的"混合"并未作出明确的表态，但是，在互联网领域拥有市场势力的经营者在多个线上市场（如影视、音乐、金融等）扩张、占据巨大的市场份额并形成更强的网络效应，是既定的事实。实践中这种形势也受到更多的关注，有人甚至提出了"平台跨界竞争的反垄断问题"。[2] 在这种情况下，传统反垄断法调整中难以成立的"混合市场力量"可能成为一个真正的命题，需要在反垄断法的框架下被认真对待并寻求分析、解决的路径。

二、混合市场力量的经济分析和法律推定

反垄断法的分析通常以市场力量的推定作为前提。所谓市场力量（又称市场势力），是指经营者能够在商品或服务的边际成本之上进行定价的能力，或者

---

[1] 霍温坎普. 联邦反托拉斯政策：竞争法律及其实践：第3版［M］. 许光耀，江山，王晨，译. 北京：法律出版社，2009：609－610，622－623.

[2] 陈永伟. 当杠杆遇到平台：平台跨界竞争的反垄断问题［N］. 经济观察报，2018－11－12（36）.

说是经营者能够通过减少产量将商品或服务的价格维持在竞争水平之上的能力❶；在我国《反垄断法》❷、欧盟竞争法（《欧盟运行条约》)❸ 中主要表现为对"市场支配地位""支配地位"的认定。《德国反限制竞争法》在"市场支配地位"的概念之外发展出了"相对或优势市场力量"的概念：如果中小企业或具有依赖关系的其他企业对某些经营者或经营者联合组织的依赖达到了不存在充分、合理的可能性转向其他经营者的程度，即认为构成"相对市场力量"（relative market power)。❹ 在不区分上述概念的国家（比如美国）中，则直接以市场力量的强弱作为认定标准。❺ 总体上，传统反垄断分析中关于市场力量的观点可以区分为绝对市场力量（或市场支配力量）和相对市场力量，相应地，市场地位则可以区分为市场支配地位和相对优势地位。但是，无论是绝对市场力量和市场支配地位，还是相对市场力量和相对优势地位，均以特定市场的市场力量作为分析对象，对于跨市场之市场力量（即"混合市场力量"）的推定同样缺乏具有解释力的分析框架。本部分意在从市场力量生成和维持的经济机制中寻找对混合市场力量的推定思路。

（一）市场支配地位的理论分析和适用困境

市场支配地位和市场支配力量的推定，关键在于对经营者在相关市场中市场份额的确定。我国《反垄断法》第 19 条详细规定了根据经营者的市场份额推定市场支配地位的方法。❻ 不仅如此，在经营者集中的审查中，参与集中的经营者以及相关市场中较大企业的市场份额（市场集中度）同样是审查的重要因素，它反映了参与集中的经营者及其竞争者在相关市场中的地位❼；甚至在判断横向垄断协议行为中的"其他协同行为"时，除了需要考量行为的一致性、意思联

❶ 萨缪尔森，诺德豪斯. 经济学：第十九版：上册 [M]. 萧琛，等译. 北京：商务印书馆，2016：288 - 294，300；克鲁格曼，韦尔斯，格雷迪. 克鲁格曼经济学原理：第二版 [M]. 黄卫平，赵英军，丁凯，等译. 北京：中国人民大学出版社，2013：214，217 - 221.

❷ 参见《反垄断法》第 17 ~ 19 条。

❸ Article 102 of Consolidated Version of The Treaty on The Functioning of The European Union [EB/OL]. [2019 - 03 - 05]. https：//eur - lex. europa. eu/eli/treaty/tfeu_2016/oj#PP3 Contents.

❹ Act against Restraints of Competition，§20 "Prohibited Conduct of Undertakings with Relative or Superior Market Power" [EB/OL]. [2019 - 03 - 05]. https：//www. gesetze - im - internet. de/englisch_gwb/englisch_gwb. html#p0024.

❺ 霍温坎普. 联邦反托拉斯政策：竞争法律及其实践：第 3 版 [M]. 许光耀，江山，王晨，译. 北京：法律出版社，2009：83 - 84.

❻ 参见《反垄断法》第 19 条。

❼ 参见《反垄断法》第 27 条，《关于评估经营者集中竞争影响的暂行规定》第 3 条、第 5 条、第 6 条。

络或信息交流等因素外，仍需考虑市场结构（包括市场份额）等状况❶，而且在国家市场监督管理总局公告的《禁止垄断协议行为的规定（征求意见稿）》中，市场份额可以作为某些垄断性协议是否存在排除、限制竞争效果的推定依据❷。在欧盟，欧盟委员会《适用欧共体条约第 82 条查处市场支配地位企业滥用性排他行为执法指南》同样将市场份额作为判断市场力量和支配地位的首要指标。❸在美国，自 Alcoa 案之后，界定相关市场的市场份额成为判定市场力量的要件之一。❹

但是，市场份额对认定市场力量和支配地位的作用不是绝对的，仍然需要综合其他因素（尤其是市场壁垒、相关市场的竞争状况等）。我国《反垄断法》第 18 条、《工商行政管理机关禁止滥用市场支配地位行为的规定》第 10 条、国家发展和改革委员会《反价格垄断规定》第 18 条以及商务部《关于评估经营者集中竞争影响的暂行规定》第 5 条均列举了其他因素对经营者取得或增加市场力量的影响。在奇虎与腾讯滥用市场支配地位纠纷上诉案中，最高人民法院认为互联网领域的市场支配地位认定不能单独以市场份额（有效使用时间、使用频度、活跃用户数等）为标准，还需要综合考量其他因素，包括相关市场的竞争状况、经营者控制上下游市场的能力、经营者的财力和技术条件、其他经营者对该经营者在交易上的依赖程度、其他经营者进入相关市场的难易程度。❺这就削弱了市场份额在互联网领域滥用市场支配地位案件审判中的作用。在其他法域亦同，如欧盟委员会《适用欧共体条约第 82 条查处市场支配地位企业滥用性排他行为执法指南》指出，在综合考量其他指标之前，欧盟委员会不会作出最终结论，并列举了"市场扩张和市场进入的壁垒""买方相对势力"两个因素的影响❻；美国在 Syufy Enters 等案中将市场进入壁垒作为认定市场力量有无的

---

❶ 参见《反价格垄断规定》第 6 条、《工商行政管理机关禁止垄断协议行为的规定》第 3 条。

❷ 参见《禁止垄断协议行为的规定（征求意见稿）》第 14 条。

❸ Guidance on The Commission's Enforcement Priorities in Applying Article 82 EC Treaty to Abusive Exclusionary Conduct by Dominant Undertakings [EB/OL]. [2019 - 03 - 05]. http：//ec. europa. eu/transparency/regdoc/rep/1/2008/EN/1 - 2008 - 832 - EN - F1 - 1. Pdf.

❹ 参见：United States v. Aluminum Co. of America（Alcoa），148 F. 2d 416，424（2d Cir. 1945）.

❺ 参见：北京奇虎科技有限公司与腾讯科技（深圳）有限公司、深圳市腾讯计算机系统有限公司滥用市场支配地位纠纷上诉案民事判决书［(2013) 民三终字第 4 号］。

❻ Guidance on the Commission's Enforcement Priorities in Applying Article 82 EC Treaty to Abusive Exclusionary Conduct by Dominant Undertakings [EB/OL]：7 - 8. （2008 - 08 - 23）[2019 - 03 - 05]. http：//ec. europa. eu/transparency/regdoc/rep/1/2008/EN/1 - 2008 - 832 - EN - F1 - 1. Pdf.

标准，而无论市场份额多寡❶。

反垄断法之所以将市场份额、市场壁垒等因素视为市场力量的关键性指标，是因为这些指标反映了相关市场的市场结构。传统的反垄断经济分析严格采取"结构—行为—绩效"（S－C－P）的范式，市场结构的确定是作为行为分析的前提而存在的。❷在经济学中，一个市场的市场结构是市场集中度、市场壁垒和产品差异化等因素综合作用的结果。根据市场集中度、产品差异度和市场壁垒等因素的不同，市场结构可以区分为完全竞争市场、垄断竞争市场、寡头垄断市场和完全垄断市场四种类型。❸可见，即使最高人民法院对奇虎和腾讯滥用市场支配地位纠纷案的判决有意识地弱化了市场份额的作用，突出了市场壁垒等其他因素的影响，实质上仍然是对特定市场的市场结构分析，并未摆脱 S－C－P 的分析范式。

为什么将市场结构作为分析市场力量的概念呢？在经济学上，这需要从市场力量的来源和维持进行解释。在传统经济学上，市场力量是供给和需求相互作用的结果，供给相对于需求的稀缺性程度决定了商品和要素的供给价格。❹因此，垄断者对市场价格控制并获取垄断利润的方式，根本在于维持供给相对于需求的产量，使之恒定在竞争性水平之上。这也可以解释为什么完全竞争的市场要求供给弹性和需求弹性无限大、没有任何一方可以控制市场的价格，而完全垄断的市场则是供给或需求的一方具有不可替代性、唯一性，因而可以控制市场的价格。但是，如果仅此，其他企业不会对垄断者获取垄断利润视而不见，它们会进入这个市场并打破这种局面，因而必然存在一些结构性因素维持垄断者的市场力量。这些因素就包括规模经济、市场壁垒、稀缺资源或关键要素的控制等。❺通常来说，规模经济与企业的市场份额直接相关。所谓规模经济，即规模收益递增，是指生产平均总成本随着生产规模的扩大而降低，也就是说，

---

❶ 参见：United States v. Syufy Enters. , 903 F. 2d 659, 664 – 669 (9th Cir. 1990).

❷ 霍温坎普. 联邦反托拉斯政策：竞争法律及其实践：第 3 版 [M]. 许光耀，江山，王晨，译. 北京：法律出版社，2009：49.

❸ 萨缪尔森，诺德豪斯. 经济学：第十九版：上册 [M]. 萧琛，等译. 北京：商务印书馆，2016：275；克鲁格曼，韦尔斯，格雷迪. 克鲁格曼经济学原理：第二版 [M]. 黄卫平，赵英军，丁凯，等译. 北京：中国人民大学出版社，2013：212 – 213.

❹ 马歇尔. 经济学原理：上[M]. 廉运洁，译. 北京：华夏出版社，2017：342.

❺ 萨缪尔森，诺德豪斯. 经济学：第十九版：上册 [M]. 萧琛，等译. 北京：商务印书馆，2016：303 – 304；克鲁格曼，韦尔斯，格雷迪. 克鲁格曼经济学原理：第二版 [M]. 黄卫平，赵英军，丁凯，等译. 北京：中国人民大学出版社，2013：215 – 217.

每多生产一单位产品，生产的平均总成本降低，因而产出增加，生产效率提高。企业的市场份额较大，通常意味着企业的生产能力较强，也就不可避免地在生产规模上占优势并获得规模经济效应。不仅如此，市场份额较大还可能意味着企业在销售渠道等方面的优势。市场壁垒（包括政策壁垒、技术壁垒等）通常与其他经营者进入相关市场的难易程度、经营者财力和技术条件等因素相关。稀缺资源或关键要素的控制则与经营者控制上下游市场的能力相关。

然而，在"互联网＋"领域跨市场竞争的状况下，局限于特定市场结构的分析显得过于严格僵化，反而更容易忽视跨行业的市场集中所带来的竞争妨碍效果。正如奇虎和腾讯滥用市场支配地位纠纷案所表现的，在市场支配地位需要综合考量市场份额和其他因素的情况下，很难提出强有力的证据来加以证明，结果导致垄断行为的发生前提（垄断结构）自始不存在，也就难以作出进一步的垄断行为判断。从现在的角度回顾这个案例，可以发现倘若仍然将滥用市场力量行为的分析局限在相关市场（中国的即时通信服务市场）范围内，更容易弱化（甚至忽视）跨行业的网络外部性所带来的加强"锁定"效应和市场力量传导。该案中，最高人民法院对经营者财力和技术状况、其他经营者对相对人的依赖程度等因素进行分析，进而得出结论认为"技术和财力对市场力量的影响并不显著"，"网络效应和客户黏性并没有显著提高用户对上诉人（奇虎公司）提供的即时通信服务的依赖性"，就是最好的证明。

（二）相对市场力量的理论分析和适用困境

"相对市场力量"（相对市场势力）、"相对优势地位"的提出是作为"绝对市场力量（市场支配力量）""市场支配地位"的替代性分析概念而存在的。所谓"相对市场力量"，是指不具有绝对市场支配地位的企业对交易相对人拥有支配性影响，而交易相对人在这种情况下没有充分、合理的可能性转而选择其他经营者。不同于市场支配地位的绝对支配力，这种市场力量的支配力是相对的，仅在特定流通领域的交易方之间存在。德国《反限制竞争法》于 1973 年第二次修订时引入了这一概念❶，从条文的规定可以发现，其目的在于防止优势地位的经营者或经营者联合组织对中小企业实施低价收购商品、高价销售商品等阻碍竞争行为。❷ 我国《反垄断法》中并无此规定。在《反不正当竞争法（修订草

---

❶ 王晓晔. 滥用"相对优势地位"的法律规制 [J]. 现代法学，2016（5）：81 - 82.

❷ Act against Restraints of Competition，§20，(3) [EB/OL]. [2019 - 03 - 06]. https：//www. ge-setze - im - internet. de/englisch_gwb/englisch_gwb. html#p0024.

案送审稿)》中曾纳入了"相对优势地位"的概念❶，但是为了区分反不正当竞争法和反垄断法的界限遂删除了这一规定。❷ 针对互联网领域的垄断和竞争，近年来越来越多的研究者诉诸"相对市场力量""相对优势地位"的概念来分析案例。比如，有人在分析苹果公司对打赏的抽成是否构成不法垄断时，认为对于依赖于其生存的开发者来说，苹果公司是具有足够的支配地位的❸；也有人在分析互联网领域的优势传导效应和反垄断规制时，亦采取了相对优势地位理论的分析❹。事实上，这个替代性主张的意义不仅在于某种程度上削弱了市场力量的证明力度，还在于将证明的关键由市场份额、经营者的财力和技术条件等市场结构性因素，转向了交易相对人对经营者的依赖等因素。

用经济理论分析市场力量，仍然可以从市场力量的来源和维持两个角度考察。作为对市场力量的一种概括，相对市场力量本质上仍然是指经营者通过控制商品的产量、销售量等供给量而将商品的价格维持在竞争性水平之上的能力。因此，供给相对于需求的稀缺性程度仍然是市场力量强弱的来源。但是，其他经营者之所以没有对拥有相对市场力量的经营者形成有效的替代，从而使相对市场力量得以维持，原因不在于市场结构性因素的影响，而在于交易相对人转向其他经营者的成本高于自身获得的收益。也就是说，如果在经营者获得垄断利润的情况下，交易相对人的收益仍然高于其选择其他经营者的成本，那么这种相对市场力量就会得以维持。因此，在相对市场力量的分析中，交易相对人对经营者的依赖程度是构成相对市场力量的关键。

相对市场优势地位的证明虽然在某种程度上削弱了市场力量的证明力度，缓解了证明市场支配地位的僵化设定。但是，将证明的关键转向交易相对人与经营者之间的依赖关系，仍然不可避免地局限于特定相关市场，并忽视了跨行业的市场集中所带来的竞争妨碍效果。事实上，相对优势地位提出的目的，本身就是对未能达到市场绝对支配力的经营者滥用行为进行规制，而非对跨市场力量的分析。适用相对市场地位理论分析拥有跨市场力量的经营者，既容易忽

---

❶ 《反不正当竞争法（修订草案送审稿）》第6条规定："本法所称的相对优势地位，是指在具体交易过程中，交易一方在资金、技术、市场准入、销售渠道、原材料采购等方面处于优势地位，交易相对方对该经营者具有依赖性，难以转向其他经营者。"

❷ 王晓晔. 反不正当竞争法修订中的几个热点问题 [EB/OL]. (2017–11–17) [2019–03–06]. http：//www. yidianzixun. com/article/0HiZpiZA？s = &appid = .

❸ 刘梦羽. 论苹果公司对"打赏"抽成构成不法垄断 [J]. 经济法学评论，2018，18（1）：66–73.

❹ 冯源. 互联网领域优势传导效应与反垄断规制：以双边市场为视角 [J]. 网络法律评论，2015（2）：186–187.

视对非经营者和相对人之间垄断行为（如掠夺性定价行为等）的考察，也更容易忽视滥用市场支配地位可能造成的整体经济损害（譬如，将分析局限在对交易相对人的损害上而忽视对潜在交易者的影响）。根据世界各国的立法对"相对优势地位"的规制，或者可以通过反垄断法中滥用市场支配地位的规定来规制，或者通过合同法或侵权法来调整，仅在特定领域出于保护某些经营者的特殊利益，才予以特别立法。❶ 事实上，相对优势地位在适用上更偏向于微观竞争中的反不正当竞争分析，而非宏观竞争中的反垄断审查。❷ 因此，用"相对优势地位"替代"市场支配地位"，在降低市场力量证明标准的同时，也极大地限缩了滥用市场力量的行为范围和竞争妨害效果的分析。

（三）网络新经济中混合市场力量的生成和维持

近年来新兴的网络经济，经济学理论上通常称之为"新经济"，因为这种经济形态具有不同于"传统经济"的特点。正因此，传统经济中供给相对于需求的稀缺性决定商品价格的表述，无法用来解释新经济的商品价值。

新经济的主要特点有二：（1）商品供给的边际成本几乎为零；（2）商品具有显著的"网络外部性"（即需求方规模经济），其价值随着需求方的规模而递增。❸ 网络新经济中，在不考虑网络平台的研发和推广等沉淀成本的情况下，平台的基础服务往往是免费的，也就不存在通过限制"产品"的供给来控制价格的可能性。此外，不仅平台基础服务的供给没有限制，随着接入平台的需求者越来越多，平台的使用价值将不断增加，这便是新经济所具有的"网络外部性"（或称"网络效应""需求方规模经济"）特征。在此，对比传统经济中供给和需求的相互作用，可以发现新经济中供给和需求的作用方向是一致的。如果用物理学上的"力"比喻，传统经济中的供给和需求是作用在同一物体上且方向相反的两个"力"，新经济中的供给和需求是作用在同一物体上且方向相同的两个"力"。因此，新经济中的市场力量是供给和需求叠加作用的结果，也可以称之为"网络外部性"作用的结果。

---

❶ 王晓晔. 论滥用"相对优势地位"的法律规制［J］. 现代法学，2016（5）：91.

❷ 龙俊. 滥用相对优势地位的反不正当竞争法规制的原理［J］. 法律科学（西北政法大学学报），2017，35（5）：52-56.

❸ 兰德斯，波斯纳. 知识产权法的经济结构［M］. 金海军，译. 北京：北京大学出版社，2005：495；萨缪尔森，诺德豪斯. 经济学：第十九版：上册［M］. 萧琛，等译. 北京：商务印书馆，2016：179-182；霍温坎普. 反垄断事业：原理与执行［M］. 吴绪亮，张兴，刘慷，等译. 大连：东北财经大学出版社，2011：280-306.

传统经济中市场力量的维持依赖于规模经济、市场进入壁垒、稀缺资源或关键要素的控制等市场结构性因素。然而，互联网新经济条件下，网络外部性本身就构成了上述市场结构因素。首先，网络外部性，或者说需求方规模经济本身就是规模经济的要求。随着用户规模的增加，平台的使用价值不断提高。从成本和收益的角度分析，这是有效率的。其次，网络外部性还是潜在竞争者进入市场的壁垒。也就是说，互联网平台的提供者进入特定市场的最大障碍不是在生产规模上的不足，而是需求规模的不足，在先进入者已经实现了用户先占的情况下，后进入者获取用户规模必然需要耗费极大的成本。最后，用户资源构成了网络经济中的稀缺性或关键性要素，网络外部性意味着平台经营者对用户资源的控制，这同样构成了维持市场力量的因素。

经济学界通常将网络外部性区分为直接网络外部性和间接网络外部性：前者是指产品（如电话服务网络等）对于使用者的价值随着使用者的数量增加而增加；后者是指在双边市场中，产品（如互联网销售平台等）对市场一边使用者的价值随着另一边使用者的数量增加而增加。❶但是，除了前述两种外部性特征之外，不同互联网平台的用户群体之间也可能存在网络外部性，或许可以称之为"混合网络外部性"。比如，受到支付宝用户数量增加的影响，淘票票的平台价值会增加，用户的数量可能会上升；反之亦然，淘票票的用户数量增加可能带动支付宝的使用价值上升和用户的增加。更重要的是，这种"混合网络外部性"的跨平台效应更可能形成相互之间的锁定。比如，支付宝的用户可以从支付宝的"第三方服务"栏发现淘票票、饿了么、天猫、淘宝、飞猪酒店等平台业务，并选择自己感兴趣的服务，进而加强相关平台的用户量；同样，用户在上述的任何一个平台中选择支付，均可以直接跳转到支付宝页面，进而加强支付宝的用户规模。同理，淘票票的用户在会员等级升级的过程中会获得各种"会员福利"，这些福利可能涉及虾米音乐15天会员体验、优酷1个月会员特权等阿里巴巴旗下的平台业务，用户选择自己感兴趣的平台（如虾米音乐）体验之后，可能选择成为该平台的会员。而在成为虾米音乐的会员之后，用户会发现自己可以获得淘票票8元观影券、优酷31天免广等"福利权益"，这反过来又进一步加强了用户的"锁定"。

上述分析表明，网络外部性的生成带来了跨市场的市场势力，而这种外部性本身又成为维持跨市场力量的壁垒。不仅如此，网络外部性还具有对交易相

---

❶ 黄纯纯. 网络产业组织理论的历史、发展和局限［J］. 经济研究，2011（4）：149 - 154.

对方直接锁定、交叉锁定和跨平台锁定的作用。可见，网络外部性叠加了传统经济分析中市场份额、市场壁垒等多种结构性因素，并且形成了跨市场的进入壁垒和锁定效应。这在裁判上应该作出"混合市场力量"的推定。这种"混合市场力量"区别于局限于特定市场的市场支配力量，也区别于相对于交易相对方的相对市场力量，它的存续依赖于跨市场的市场力量结合和相互锁定。

（四）混合市场力量推定的法律构造

传统经济学理论上，市场结构性因素是维持市场力量的关键。因此，市场支配地位和市场支配力量的推定首先需要考虑相关市场的市场份额，同时结合其他结构性因素（包括市场壁垒、经营者的财力和技术条件、经营者控制上下游市场的能力等）。上面的研究已经表明，在网络经济中，市场份额已经不仅仅是传统经济中维持市场力量的结构性因素，而且其带来的网络外部性成了市场力量的来源，随着经营者在一个市场的市场份额扩大，其市场力量会不断加强。同理，经营者在多个网络市场中的市场份额可以作为混合市场力量强弱的重要指标。随着经营者在多个市场中的份额扩大，市场力量会在多个网络市场中得到加强。在此基础上，再把市场份额带来的网络外部性作为一种市场结构性因素考量，可以发现，市场份额和市场壁垒、稀缺性或关键性要素的控制等结构性因素是结合在一起的。具体来说，首先，网络外部性是市场力量的来源；其次，网络外部性意味着平台的价值随着用户量的增加而提高，即需求方规模经济；再次，这种庞大的用户规模带来的网络外部性又构成了相关市场的进入壁垒，而为了形成网络效应的先期投入则构成了沉淀成本——这同样是一种市场壁垒；最后，网络外部性还意味着平台经营者对大量用户资源、数据的掌握——这又构成了对稀缺性或关键性资源的控制。在这种情况下，经营者拥有的各平台所能够参与竞争的市场数量以及各平台的市场份额，成为推定经营者拥有混合市场力量的必要因素。此外，网络外部性的概念不仅意味着庞大的用户规模，还意味着由于用户规模的增加而带来的锁定效应，这尤其表现在混合网络外部性带来的跨平台用户锁定。因此，用户的锁定效应应当作为混合市场力量推定的必要因素之一。

1. 平台参与竞争的市场数量

各平台参与竞争的市场数量之所以是必要的，原因在于混合市场力量需要经营者所经营的市场数量不少于两个。局限于特定单一市场的市场力量分析可以适用传统反垄断分析中的市场支配力量和相对市场力量的分析，无须采用"混合市场力量"作为分析概念。在此，对于"市场"的界定仍然需采纳传统反垄断法分析中的"相关市场"概念。根据《国务院反垄断委员会关于相关市场界定的指南》规定，相关市场包括相关商品市场、相关地域市场、相关时间市场和相关技术市场等，采用的分析方法主要包括需求替代分析、供给替代分析和假定垄断者测试。对于网络经济中相关市场的界定，学界已经研究颇多，观点不一。大多数学者实质上从互联网双边市场的特征出发，将双边市场区分为交易型双边市场和非交易型双边市场：前者的双边相互交易，平台可以从它们的交易中提取服务费、中介费，平台为双边用户提供服务的同质性决定了可以只界定一个相关市场；后者的双边相互之间不发生直接的交易，平台无法从交易中提取费用，只能提前获取预订费，因而需要分别界定双边的两个市场。❶ 在具体方法上，传统的 SSNIP（Small but Significant and Non – transitory Increase in Price）测试需要某种程度的改进，对于交易型双边市场可以将对双边收取的总费用作为价格上涨的标准，而对于非交易型双边市场，应当将两边市场分别测试。在界定两个相关市场时，有人认为对于存在免费基础服务的市场，可以用服务质量变量替代价格变量进行测试❷；也有人提出用临界损失分析（CLA）改进 SSNIP 测试❸；还有人认为双边市场的界定存在市场界定范围过于宽泛、没有很好地区分对待特殊类型双边市场等缺陷，因而主张回归单边市场的界定方法，将市场的双边视为市场的上下游经营者，基于产品（服务）的功能来界定相关市场❹。由于本文并非针对网络经济中相关市场界定的研究，在此不再赘述。

2. 平台的市场份额

传统反垄断分析中市场份额的确定一般以收入和产量为计算指标，在特殊情况下（比如存在规模经济的情况下），也可以将产能作为计算指标。但是，这种以收入、产量或产能衡量市场份额的方式，仍然是传统经济下对市场力量认

❶ FILISTRUCCHI L, GERADIN D, VAN DAMME E, et al. Market definition in two – sided markets: theory and practice [J]. Journal of Competiton Law and Economics, 2013, 10 (2): 296 – 299; WRIGHT J. One – sided Logic in Two – sided Markets [J]. Review of Network Economics, 2004, 3 (1): 62; 宁立志，王少南. 双边市场条件下相关市场界定的困境和出路 [J]. 政法论丛, 2016 (6): 127 – 128; 许光耀. 互联网产业中双边市场情形下支配地位滥用行为的反垄断法调整 [J]. 法学评论, 2018 (1): 110 – 112.

❷ 宁立志，王少南. 双边市场条件下相关市场界定的困境和出路 [J]. 政法论丛, 2016 (6): 129.

❸ EVANS D S, NOEL M D. The analysis of mergers that involve multisided platform businesses [J]. Journal of Competition Law & Economics, 2008, 4 (3): 663 – 695; FILISTRUCCHI L. A SSNIP Test for two – sided markets: the case of media [J]. NET Institute Working Paper, 2008, 34 (8): 16 – 22; FILISTRUCCHI L, GERADIN D, VAN DAMME E, et al. Market definition in two – sided markets: theory and practice [J]. Journal of Competiton Law and Economics, 2013, 10 (2): 332 – 333.

❹ 侯利阳，李剑. 免费模式下的互联网产业相关市场界定 [J]. 现代法学, 2014 (6): 69 – 76.

知的结果，即市场力量是经营者通过控制产量来提高价格的能力。在新经济条件下，网络外部性作为市场力量的来源，对市场份额的计算应当更加关注与用户规模有关的指标。这在我国司法实践中已经有所表现。在"奇虎和腾讯滥用市场支配地位纠纷上诉案"中，最高人民法院在裁判文书中指出互联网即时通信领域的竞争更多的是争夺用户注意力的竞争，因此，采纳用户的有效使用时间、使用频度、活跃用户数等作为考察市场份额的指标。❶ 这种以衡量用户注意力为目标的指标选择符合前述理论的要求，可以把这些指标作为计算市场份额的指标。

但是，需要注意的是，这里的市场份额并非要求达到《反垄断法》第 19 条的证明标准。因为混合市场力量的推定是平台参与竞争的市场数量、市场份额和（下文中提及的）用户锁定效应三方必要因素证明的结果，其中任何一种必要因素的证明可以对另外两种因素形成不完全替代。比如，在 2017 年 7 月，苹果公司的 iOS 系统占全球移动操作系统的市场份额仅为 33.09%，而其 macOS 操作系统占全球桌面操作系统的市场份额仅为 6.02%❷，这两个操作系统市场均很难认定为具有支配力量。然而，如果有证据可以证明苹果 iOS 系统用户与 macOS 系统用户的重合度非常高（即用户锁定效应非常强），那么即可以推定苹果公司具有混合市场力量。那么，苹果公司于 2017 年对应用程序的"打赏"抽成行为❸，就可能构成滥用混合市场力量的行为。因此，法律上需要明确的是三种因素所需要达到的证明标准，以及不同因素之间不完全替代的幅度范围。

3. 用户锁定效应

除了平台参与竞争的市场数量和市场份额之外，还需要考虑的是用户锁定效应。市场力量在多个网络市场中的存在和加强可能在相互之间形成跨平台的用户锁定效应，这同样构成了生成和维持"混合市场力量"的因素。在考虑跨平台的用户锁定效应时，可以将"用户重合度"作为考量的指标。如果用户重合度非常高，说明用户的多种需求均与一个经营者相关。在这种情况下，由于

---

❶ 参见：北京奇虎科技有限公司与腾讯科技（深圳）有限公司、深圳市腾讯计算系统有限公司滥用市场支配地位纠纷上诉案民事判决书 [（2013）民三终字第 4 号]。

❷ macOS/iOS 在七月的市场份额均有所下降 [EB/OL].（2017 - 08 - 03）[2019 - 03 - 09]. http：//www. feng. com/iPhone/news/2017 - 08 - 03/MacOSiOS - market - share - were - declined - in - July_687301. shtml.

❸ 苹果强推 IAP 机制涉嫌垄断 多家 APP 改变打赏规则 [EB/OL].（2017 - 05 - 31）[2019 - 03 - 09]. http：//economy. enorth. com. cn/system/2017/05/31/033117209. shtml.

消费习惯、转换成本等方面的原因，用户很难转而使用其他替代性的平台。即使其中的某个需求转向了其他平台，但总体的需求仍然为该经营者锁定，该经营者的混合市场力量仍然存在。反之，如果用户重合度非常低，甚至没有重合度，也就无所谓跨平台的锁定效应，此时（如果在单独市场上拥有支配力量）可以在每个独立的相关市场中适用传统的市场支配地位滥用行为的分析，无须考虑混合市场力量的分析。

4. 反证

我国《反垄断法》第 19 条规定："被推定具有市场支配地位的经营者，有证据证明不具有市场支配地位的，不应当认定其具有市场支配地位。"该条赋予被推定具有市场支配地位的经营者提出反证的权利。经营者可以通过《反垄断法》第 18 条规定的结构性因素来推翻市场支配地位的推定。但是，混合市场力量的推定一旦成立，很难通过上述大部分结构性因素（包括市场进入壁垒、经营者控制上下游市场的能力等）予以削弱、动摇。原因在于：一方面，任何一种结构性因素都是不可分的，单独消除某种因素的影响并不能抵消网络外部性带来的市场力量；另一方面，单独证明某一市场的结构性因素无法否认经营者跨平台市场力量（即混合市场力量）的强弱。

针对混合市场力量，如何才能构成有力的反证呢？或许可以通过证明需求的不稳定性来实现。如果需求不稳定，那么市场力量可能为其他经营者获取，这就削弱了市场力量推定的强度。衡量需求稳定与否可以通过用户对平台的依赖程度来考察：依赖度高的平台，会形成较稳定的需求，这就很难为其他平台经营者提供的服务完全替代；反之，则证明经营者的市场力量存在被其他平台经营者替代的可能性。这在传统反垄断分析中是作为市场支配地位的影响因素而存在的，即我国《反垄断法》第 18 条规定的"其他经营者对该经营者在交易上的依赖程度"，而且，这一因素并非经济学上的市场结构性因素。因此，理论上用户对平台的依赖程度可以作为网络外部性的反证提出。

三、滥用混合市场力量的行为

对混合市场力量的推定，本身并不意味着对其进行谴责。"反垄断法并不反'垄断'，它反的是损害竞争的行为"[1]，因此，需要谴责的是利用混合市场力量排挤、限制竞争的行为。这是本文接下来将要讨论的对象。

---

[1] 史际春. 反垄断反错了吗［J］. 经营者（汽车商业评论），2014（8）：97.

本文关注的不是经营者在特定相关市场的滥用行为，而是跨市场的竞争排除、限制行为。在网络经济时代，数据驱动的商业模式逐渐成为主流商业模式，客户资源、数据资源被视为盈利增长的来源。❶ 因此，拥有一定市场力量的经营者关注的不是如何以更低的成本从交易相对方处获取更多的利润，而是如何以更低的成本占有更多的客户、数据资源，并增加其他经营者获取数据资源的成本。这一趋势的必然结果是，传统反垄断分析中关注的行为，其目的在于榨取交易相对方剩余、获取垄断利润，而在网络新经济条件下，反垄断分析更应该集中于传导市场力量的行为——这类行为的目的在于获取更多的客户、数据资源。

但是，并非所有利用混合市场力量的传导行为都必然产生排除、限制竞争的后果，在反垄断分析中需要谨慎地区分合理的跨市场竞争行为和具有排除、限制竞争后果的滥用行为。为此，本文分别分析了经营者的搭售行为和不兼容行为，作为上述区分的对应行为。可以发现，在网络经济中，搭售行为并不必然是违法的，需要谴责的是利用搭售榨取消费者剩余、获取垄断利润的行为（如下文提及的携程搭售行为），而非以传导市场力量、占有客户资源为目的的搭售行为（如下文提及的微软搭售行为）。后者通常具有提高供给者和消费者效率的正当理由，只要不因强制捆绑销售而侵害消费者的选择权，通常不会受到反垄断法的谴责。然而，对于通过不兼容来传导市场力量的行为，则存在排挤、限制竞争的后果，这尤其表现在不兼容"第三方服务"和"潜在竞争者"的行为。而且，正如本文将要论证的，只有在推定存在混合市场力量的情况下，这种行为才可能构成反垄断法上的滥用行为。

（一）搭售行为

在传统反垄断分析中，与跨市场的竞争排除、限制行为相关的是所谓的"杠杆理论"，即具有市场支配地位者将市场力量从一个相关市场传导到另一个相关市场。在传统经济中，这种行为是通过搭售做出的。认定一个行为构成不合理搭售行为通常需要具备五个要件：（1）实施搭售行为者必须拥有市场支配力量；（2）搭售商品与被搭售商品是相互独立的两个商品——这需要判断两个商品的需求是否相互独立；（3）搭售违背了交易相对人的意愿，具有强制性；（4）搭售具有排除、限制竞争的效果，如增加了市场壁垒、构成价格歧视等；

---

❶ 施瓦布. 第四次工业革命：转型的力量 [M]. 李菁，译. 北京：中信出版社，2017：60-67.

（5）搭售的安排必须涉及市场上"并非少量"的商业。❶

对搭售行为存在截然不同的两种观点。在美国，早期的审查采纳本身违法原则，重点在于拥有市场力量的经营者实施搭售行为的可能性，一旦经营者可能或者已经实施了搭售行为，就被视为反竞争的。如"Motion Picture Patents 案"中，克拉克大法官认为搭售没有任何法律依据，是一种垄断力量传导的行为，构成本身违法。❷ 对于搭售行为适用本身违法原则，哈佛学派的学者表示赞成，认为经营者通过市场力量的传导可以在两个市场上同时获得垄断力量和垄断利润，因此应当被谴责；❸ 而芝加哥学派持批评态度，认为经营者在两个市场上获得垄断利润的总和是固定的，不可能获得额外的垄断利润。❹ 两种理论的焦点在于经营者垄断利润的获得上，即垄断者是获得双重垄断利润，还是获得单一固定的垄断利润。受到芝加哥学派的影响，搭售的行为分析逐渐为效果分析所取代，也就是说，搭售行为本身是否违法尚未可知，关键在于搭售行为是否具有排除、限制竞争的效果。在"微软案"中，美国哥伦比亚特区联邦巡回上诉法院认为微软将操作系统和浏览器搭售的行为应当适用合理原则进行分析，因为这种行为可能增进供给者和消费者的效率。❺ 不同于哈佛学派和芝加哥学派，后芝加哥学派则将论证重点从获取垄断利润转向增加竞争对手的成本之上，即通过增加对手的竞争成本，来维护自己的垄断地位。这一理论被称为"RRC"理论。❻

在我国，传统反垄断经济分析中的搭售行为或者涉及市场力量的传导和垄断利润的取得，或者限制了消费者的选择权从而排除了竞争，大多受到《反垄断法》的谴责。对搭售行为及其市场力量的传导效应讨论最多的案件是"2009年商务部禁止可口可乐收购汇源果汁案"。在该案中，可口可乐和汇源果汁分属

---

❶ 霍温坎普. 联邦反托拉斯政策：竞争法律及其实践：第 3 版 ［M］. 许光耀，江山，王晨，译. 北京：法律出版社，2009：433－435.

❷ 参见：Motion Picture Patents Co. v. Universal Film Mfg. Co. , 243 U. S. 502 (1917).

❸ KAPLOW L. Extension of monopoly power through leverage ［J］. Columbia Law Review, 1985, 85 (3)：515, 517－518.

❹ BORK R H. The antitrust paradox：a policy at war with itself ［M］. New York：Basic Book Inc. Pub. , 1978：140.

❺ 参见：United States v. Microsoft Corp. , 253 F. 3d 34, pp. 89－90 (D. C. Cir.), cert. dnied, 543 U. S. 952, 122 S. Ct. 350 (2001).

❻ SALOP S C, SCHEFFMAN D T. Raising Rivals' Costs ［EB/OL］. ［2019－03－09］. https：// www. ftc. gov/system/files/documents/reports/raising－rivals－costs/wp081. pdf.

于不同而相邻的两个竞争领域——碳酸饮料市场和果汁饮料市场。商务部认为可口可乐在碳酸饮料市场具有明显的支配地位，并且可能将这种支配地位传导至果汁饮料市场而损害其他果汁饮料企业和消费者，因而判定可口可乐收购汇源果汁可能会产生反竞争效果并禁止收购。❶ 仔细分析可以发现，商务部禁止可口可乐收购汇源果汁的理由关注的是传导效应对排除、限制竞争的效果。其中既涉及对可口可乐通过传导市场力量排挤竞争、获得垄断利润的担忧❷，又涉及可口可乐的市场力量延伸可能增加现有竞争者的维持竞争成本和潜在竞争者的进入成本，从而限制竞争❸。前者是哈佛学派理论和芝加哥学派理论的争议焦点，后者为后芝加哥学派提出。但是，对于并购带来的效率，商务部却并未提及，而这同样是哈佛学派和芝加哥学派的争议焦点❹。与传统经济中搭售行为相关的另一个案例是"利乐案"。在该案中，利乐公司利用在中国液体食品纸基复合材料无菌包装设备市场和技术市场上的支配地位，在绩效确认期、保证期、租赁期和提供技术服务过程中搭售纸基无菌包装材料。原国家工商行政管理总局认为利乐公司的行为构成无正当理由的搭售，并认为搭售行为没有正当理由的原因在于设备、技术和包材本身属于相互独立的商品，而搭售不符合商业惯例，且利乐公司的要求与设备绩效目标、事故责任、食品安全等不存在必然联系。反观利乐公司的搭售行为，其反竞争效果是明显的，即限制了交易相对方的自主选择权、损害了包材市场的竞争。❺ 如果用后芝加哥学派的 RRC 理论分析，可以发现利乐公司的搭售行为之所以违反了《反垄断法》是因为搭售本身是无效率的，它通过对客户的先占提高了竞争者的成本，本质上还是为了限制竞争。❻

在网络经济中，搭售虽然可以导致网络外部性的增加，进而增强市场力量，

---

❶ 中华人民共和国商务部 2009 年第 22 号公告，即"商务部就可口可乐公司收购汇源公司的经营者集中审查"。

❷ 如商务部认为合并可能损害其他果汁饮料企业和消费者。参见：中华人民共和国商务部 2009 年第 22 号公告。

❸ 如商务部认为合并将使潜在竞争对手进入果汁饮料市场的障碍提高，同时挤压了国内中小型果汁企业的生存空间。参见：中华人民共和国商务部 2009 年第 22 号公告。

❹ KAPLOW L. Extension of monopoly power through leverage [J]. Columbia Law Review, 1985, 85 (3)：515, 520 – 539.

❺ 参见：国家工商行政管理总局行政处罚决定书（工商竞争案字〔2016〕1 号）。

❻ 霍温坎普. 联邦反托拉斯政策：竞争法律及其实践：第 3 版 [M]. 许光耀，江山，王晨，译. 北京：法律出版社：355 – 358.

但是，正如上文经济分析中表明的：网络外部性意味着传统经济中供给和需求的矛盾转化为供求的一致性，平台本身的价值随着平台用户规模的增加而增加，也随着交易相对方的规模增加而增加，而这种增加可以使一个用户与更多的用户联通，也可以使用户通过平台获得更多的服务。因此，供给者的利益增加同时也会带来消费者福利的提高。由于网络基础服务通常是免费提供的，其供给的边际成本为零，因而搭售本身是需求方规模经济下产品供给效率的需要。同时，垄断者不会因此获得垄断利润，也就不会增加消费者的成本，反而会由于平台价值的提高而提高消费者的福利。美国和欧盟关于"微软案"的审判可以佐证这一结论。

在"美国诉微软案"中，美国哥伦比亚特区巡回上诉法院判决指出：搭售本身可能会为供应商和消费者带来效率。首先，捆绑销售在平台软件市场中是一种普遍的商业模式，除非能够获得效率，否则其他没有市场力量的操作系统供应商就不会存在捆绑销售的动力。❶ 其次，软件市场具有普遍创新性的特点，将浏览器与操作系统捆绑销售会使软件开发者根据浏览器的接口和消费者的电脑设备进行开发设计，这样会为消费者带来效率。❷ 倘若由软件开发商将浏览器接口与它们的商品捆绑，如果两个不同的软件程序使用的是同一个浏览器的应用程序接口，那么消费者就会由于购买两个软件程序而为同一个浏览器接口支付双倍的价款；倘若由原始设备制造商在设备上搭载应用接口，对于它们来说，传播统一的应用程序接口就不是最重要的目的，而对于消费者福利的提升来说，这仍不是最好的选择。❸ 此外，还可能存在其他一些容易被忽视的效率。❹ 因此，美国哥伦比亚特区巡回上诉法院认为，针对平台软件市场的搭售行为适用本身违法原则可能会阻碍其发展，应当适用合理原则分析。

然而，在欧盟，微软则因操作系统和媒体播放器的捆绑销售而受到欧盟委员会的处罚，而且其在欧盟普通法院的诉讼以败诉告终。在诉讼过程中，微软同样提出效率作为搭售的理由之一，即搭售是商业模式持续获得效率的需要，持续地将新的"功能"整合进操作系统中可以使程序开发者和网站创建者从中持续获得效益，而且可以确保操作系统上的媒体播放"功能"标准统一，从而

---

❶ 参见：United States v. Microsoft Corp. , 253 F. 3d 34, p. 92 – 93 (D. C. Cir.).
❷ 参见：United States v. Microsoft Corp. , 253 F. 3d 34, p. 93 (D. C. Cir.).
❸ 参见：United States v. Microsoft Corp. , 253 F. 3d 34, p. 93 (D. C. Cir.).
❹ 参见：United States v. Microsoft Corp. , 253 F. 3d 34, p. 94 (D. C. Cir.).

带来技术效率。❶ 但是，欧盟普通法院指出，欧盟委员会并非要对这种商业模式进行干预，而是要求微软提供搭载媒体软件和未搭载媒体软件两种类型的操作系统，以满足使用者选择权；此外，这种限制相对方选择权的效果会为微软带来市场力量并排除竞争，而统一标准带来的效率是无法完全弥补这种损害的。❷

微软的搭售行为虽然在美国和欧盟的诉讼中获得不同的结果，但两个法域的审判均承认搭售行为可能带来的效率，包括功能效率（如在操作系统中不断增加新的功能）、技术效率（如统一浏览器接口、媒体播放功能标准统一）等，而这正是需求方规模经济条件下供给者效率和消费者效率的体现。两个判决的不同结果，关键在于对竞争和消费者福利的认知标准不同：在美国判决中，法院在分析时倾向于将特定的商业模式及其带来的效率与消费者福利相统一，认为这种效率的增加会提高消费者的福利，即使它可能会限制消费者的选择；在欧盟判决中，法院将商业模式与消费者福利相区分，将商业模式带来的效率与消费者选择权和竞争的效果相区分，在比较两类范畴的基础上认定效率无法弥补排除竞争的损害，因而认为应当赋予消费者自主选择的权利，这也是竞争秩序的要求。可见，两个判决论证的焦点在于搭售是否应当排除消费者选择的权利，即是否应当提供一个可选择的方案，让消费者在没有搭售的方案和实施搭售的方案之间进行选择。

在我国，以实现需要方规模经济为目的的搭售行为，同样可以视为有效率的商业模式。以"奇虎与腾讯滥用市场地位纠纷案"为例，奇虎起诉腾讯的理由之一是腾讯将即时通信软件与安全软件搭售的行为违反了《反垄断法》的规定。在该案中，两审法院的论证均提及即时通信软件和安全软件搭售的经济合理性，即有利于整合软件功能、便于软件管理和使用❸，这与美国和欧盟在"微软案"中提及商业模式的合理性有异曲同工之效——这些案例均提及商业模式对整合不同软件功能的要求，并将这种功能效率作为搭售的正当理由之一。但是，在考虑这种功能效率的同时，奇虎诉腾讯一案的两审法院同样提及腾讯捆绑即时通信软件和安全软件的行为并不具备强制性，仍然给予用户选择的权利，

---

❶ 参见：Case T - 201/04, *Microsoft v. Commission* [2007], pp. 3952 - 3953.

❷ 参见：Case T - 201/04, *Microsoft v. Commission* [2007], pp. 3964 - 3968.

❸ 参见：北京奇虎科技有限公司诉腾讯科技（深圳）有限公司、深圳市腾讯计算系统有限公司滥用市场支配地位纠纷案民事判决书 [（2011）粤高法民三初字第 2 号]；北京奇虎科技有限公司诉腾讯科技（深圳）有限公司、深圳市腾讯计算系统有限公司滥用市场支配地位纠纷上诉案民事判决书 [（2013）民三终字第 4 号]。

且已经提前通知用户。也就是说,这种搭售并没有损害消费者选择的权利。这也是腾讯的捆绑行为不被判定为不合理搭售的原因之一。

需要注意的是,如果搭售的行为不是为了扩大用户规模、实现需求方规模经济,而是出于榨取消费者剩余、获取垄断利润的目的,则可能构成不合理的搭售行为。比如,携程将接站服务、酒店选择服务与交通订票服务捆绑出售,并且作为消费者的默认选项,实质上是排除了消费者选择权利的行为;而且携程与订票服务捆绑销售的这些服务并非免费的,其行为本身是以追求利润为目的,也就不符合消费者福利的要求,更非网络经济条件下功能效率、技术效率等方面的效率要求。❶ 因此,这种行为应当构成《反垄断法》调整的不合理搭售行为。

(二) 不兼容行为

不兼容的行为,是我国《反不正当竞争法》第12条第3款规定的不正当竞争行为。但是该法中"恶意不兼容"的规定如何适用,目前尚无例可循。在该法修订之前,"金山与奇虎不正当纠纷案"❷ 可以视为对"恶意不兼容"行为的裁判。在该案中,奇虎的360杀毒软件以弹窗的方式提示用户金山毒霸软件与360杀毒软件存在强烈冲突(而针对其他杀毒软件则仅提示"可能与360杀毒软件冲突"),并且将卸载金山毒霸作为弹窗的默认选项。不仅如此,360杀毒软件还通过冲突提示、默认取消安装等方式阻止新用户安装金山毒霸。最终,法院以《反不正当竞争法》第2条关于不正当竞争行为的一般性规定认定奇虎的行为构成不正当竞争。从中可以发现,所谓的"恶意"关注的是排挤其他竞争者的目的,而"不兼容"行为则可能包括冲突提示、默认卸载和默认取消安装等行为。当然,"恶意不兼容"行为与修订后的《反不正当竞争法》第12条第2款亦存在些许重合之处。但是,作为调整不正当竞争行为的规定,该法适用不仅需要满足主观恶意、行为违法性、结果的损害性和行为与结果之间的因果关系四个要件,而且需要以"其他经营者或消费者"为侵害对象。也就是说,该法规定的"恶意不兼容"行为的侵害对象必须是特定的。综合上述分析可以发现,若要适用《反不正当竞争法》调整的"恶意不兼容"行为,其侵害对象必

---

❶ 游苏杭. 携程,请把"捆绑搭售"说清楚再走 [EB/OL]. (2017 – 10 – 10) [2019 – 03 – 14]. http://www.xinhuanet.com//fortune/2017 – 10/10/c_129717817.htm.

❷ 参见:北京金山安全软件有限公司与北京奇虎科技有限公司不正当竞争纠纷一审民事判决书 [(2014) 西民初字第00146号]。

须是特定的同业竞争者，否则可能无法认定对方具有不正当竞争的目的。

然而，这种不正当竞争行为的调整模式很难适用于下述两种类型的排除、限制竞争行为。（1）不兼容所谓"第三方服务"经营者的行为。比如，在支付宝平台中无法获得美团外卖（饿了么的主要竞争对手）、猫眼微影（淘票票的主要竞争对手）等网络平台接口，而在淘票票等平台中也无法获得美团、腾讯视频相关的会员权益；同样，在微信支付的平台也无法获得饿了么、淘票票等平台的接口。诸如美团外卖和饿了么、猫眼微影和淘票票等服务平台在微信平台和支付宝平台上是作为"第三方服务"出现的。但是，这种"不兼容"行为很难被认定为"恶意不兼容"行为，因为平台的经营者处于不同的竞争市场，提供的服务种类不同。（2）不兼容潜在竞争者的行为。这类行为可能是通过用户使用规则、技术规则甚至绝对不予兼容的方式实施的。比如，2018 年 5 月 18 日，微信官方宣布"升级外链管理公告"，所有未拿到视听许可证的 APP（如抖音、美拍等）无法通过微信分享视听节目内容。虽然这一规定在同年 5 月 21 日作出了修改，但从这一事件中可以发现网络经济中垄断平台利用不兼容限制潜在竞争者的方式，而诸如抖音等视频社交平台对微信的社交平台构成非常大的潜在竞争威胁。❶ 这种排除潜在竞争者的"不兼容"行为，很难被认定为《反不正当竞争法》调整的"恶意不兼容"行为，因为这类竞争者既非"特定的"，也非"现实存在的"。

《反垄断法》是否可以适用于上述"不兼容"的行为？对此，不少学者在《反不正当竞争法（修订草案二次审议稿)》向社会征求意见期间就提出了"恶意不兼容"的不正当竞争行为与《反垄断法》的协调问题，认为如果"不兼容"的主体是具有市场支配地位者，可以适用《反垄断法》中的"拒绝交易行为"，在此二者存在重复；有些学者甚至认为只有具有市场支配地位的经营者才可能实施"不兼容"行为。❷ 在早先的"奇虎诉腾讯滥用市场支配地位纠纷案"中，两审法院对"产品不兼容"行为适用了《反垄断法》第 17 条第 4 款的"限

---

❶ 微信限制外部链接 算"恶意不兼容"吗？ ［EB/OL］.（2017 - 10 - 10）［2019 - 03 - 14］. http：//baijiahao. baidu. com/s？ id =1601132025076583592&wfr = spider&for = pc；史上最严格的外链管理规则之后 微信怂了 ［EB/OL］.（2018 - 05 - 22）［2019 - 03 - 14］. http：//baijiahao. baidu. com/s？ id = 1601133853022079328&wfr = spider&for = pc.

❷ "恶意不兼容"如何适用或成难题 ［EB/OL］. ［2019 - 03 - 15］. http：//www. legalweekly. cn/article_show. jsp？ f_article_id =14552.

定交易行为"。● 然而，在传统反垄断分析中，无论是拒绝交易行为，还是限定交易行为，均需要以直接发生业务往来的交易相对人为对象，其目的在于利用或维持市场支配力量以榨取交易相对方的剩余、持续获取垄断利润；而所谓的"第三方服务"一般是与交易双方并无直接业务往来、也无任何竞争关系的经营者，网络平台不与之兼容的目的在于排挤该网络平台关联企业的竞争对手，以传导市场力量，因此难以完全适用"拒绝交易""限定交易"的规定。对于这种排挤关联企业竞争对手、传导市场力量的行为，需要在反垄断法上对其作出界定，或可以称之为"不兼容第三方服务的行为"。

需要注意的是，"不兼容第三方服务"构成垄断行为的前提必然是混合市场力量的存在，因为滥用市场支配地位行为仅适用于解释经营者排挤交易相对方或其他竞争者的行为。只有混合市场力量带来的跨市场锁定效应才能够在"不兼容第三方服务行为"与排挤特定第三方服务市场竞争、传导市场力量的结果之间建立因果关系。具体来说，如图1所示，平台A与平台B、C是兼容关系，平台A、B、C、D与交易相对方存在服务的供给与需求关系，平台B、D存在竞争关系。只有在平台A、C的混合市场力量共同锁定交易相对方的需求的情况下，交易相对方对平台B的需求才会加强，此时平台A对平台D的不兼容行为就可能降低交易相对方对平台D的需求，进而损害平台B、D之间的竞争。反之，如果平台A仅在其所处市场具有市场力量，交易相对方仅对平台A具有一定的依赖性（客户黏性），而对平台B、C的需求可有可无，那么平台A对平台D的不兼容就不会存在损害平台D与平台B之间竞争的效果。这是因为平台A、D的市场不同，需求是独立的，交易相对方对平台B、D的需求不会受到平台A的影响，除非平台A对交易相对方实施限定交易的行为。

"不兼容潜在竞争者的行为"亦同。本质上"潜在竞争者"和网络平台的经营者并不存在竞争关系，甚至不存在直接的业务往来关系，分属不同市场。"不兼容潜在竞争者的行为"构成反垄断法上的排挤、限制竞争效果的前提，必然是混合市场力量的存在。这同样可以用图1的关系解释。如果平台A、B、C、D是不同市场的平台经营者，并且与交易相对方均存在服务供给和需求上的关系，平台A与平台B、C存在兼容关系，平台A、D是拥有庞大用户规模和市场力量

● 参见：北京奇虎科技有限公司诉腾讯科技（深圳）有限公司、深圳市腾讯计算系统有限公司滥用市场支配地位纠纷案［(2011) 粤高法民三初字第2号］；北京奇虎科技有限公司诉腾讯科技（深圳）有限公司、深圳市腾讯计算系统有限公司滥用市场支配地位纠纷上诉案［(2013) 民三终字第4号］。

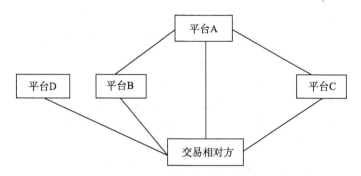

图1 不兼容"第三方服务"行为中各方之间关系示意

的平台经营者，但是平台 D 尚不具备兼容其他平台服务的功能。只有在平台 A、B、C 混合市场力量共同锁定交易相对方的情况下，平台 A 对平台 D 的不兼容行为才会增加平台 D 进入平台 A 市场的成本，从而产生排挤平台 D 潜在竞争威胁的目的，因为平台 D 进入平台 A 市场必然面临平台 A、B、C 跨平台锁定产生的市场壁垒；反之，如果平台 A 仅在其所处市场具有市场力量，交易相对方仅对平台 A 具有一定的依赖性，而对平台 B、C 的需求可有可无，那么平台 A 不兼容平台 D 并不会增加平台 D 进入平台 A 市场的成本，排除潜在竞争的效果也就无从谈起，因为二者的市场力量可能是相当的。这也可以解释为什么在"奇虎诉腾讯滥用市场支配地位纠纷案"中，QQ 软件对奇虎 360 软件"二选一"的不兼容行为致使 360 软件的市场份额下降了 3.3%，且同样使自身的市场份额在一天之内降低了约 1%，因为二者均是具有较强市场力量的经营者。

四、结语

网络经济具有不同于传统经济的新经济特征，具体表现为商品供给的边际成本几乎为零和显著的"网络外部性"（或称"需求方规模经济"）。因此，在网络经济中，市场力量的形成并非传统经济中供给和需求相互作用的结果，而是供给和需求叠加作用的结果，也可以称之为"网络外部性"作用的结果。这种"网络外部性"本身又构成了传统经济中的市场份额、市场壁垒等市场结构性因素。

混合市场力量是混合网络外部性的结果，这主要是混合网络外部性带来的用户规模扩张和跨市场用户锁定效应所致。因此，对混合市场力量的法律推定应当依据经营者拥有的各平台所能够参与竞争的市场数量、各平台的市场份额以及用户锁定效应三个必要因素进行法律构造。在网络经济条件下，反垄断分析更应该集中于传导市场力量的行为——这类行为的目的在于获取更多的客户、数据资源，而非传统经济中榨取消费者剩余、获取垄断利润。但是，并非所有利用混合市场力量的传导行为都必然产生排除、限制竞争的后果，在反垄断分析中需要谨慎地区分合理的跨市场竞争行为和具有排除、限制竞争后果的滥用行为。在此基础上分析搭售行为和不兼容行为，可以发现，搭售行为并不必然是违法的。其在网络经济中通常具有效率上的正当理由，只要不因强制捆绑销售而侵害消费者的选择权，通常不会受到反垄断法的谴责。对于通过不兼容来传导市场力量的行为，则可能存在排挤、限制竞争的后果——这尤其表现在不兼容"第三方服务"和"潜在竞争者"的行为上。而且，只有在推定混合市场力量存在的前提下，这种行为才可能与排除、限制竞争的后果建立因果关系，从而构成反垄断法上的滥用行为。

（责任编辑：严丹华）

学术 BBS

论人工智能创作物的法权化模式

——基于私法角度的考察[*]

罗施福[**]

摘要： 科学技术的发展使得人工智能具有"自主创作"的能力。人工智能自主创作的现象将逐渐成为常态。然而，在现行法律框架内，人工智能创作物的保护却面临着诸多理念与制度上的逻辑困局。著作权、邻接权、特殊权利、物权、债权以及竞争法制都有为人工智能创作物提供或多或少的保护可能性。比较而言，邻接权模式应该是优选。赋予人工智能创作物以邻接权，可以保证著作权法"人类精神创作激励"的纯粹性，也意味着对人工智能创作物实行较低程度的保护，避免对人类智慧创作积极性造成损害。"标注制"可较好地解决人类智慧创作物与人工智能创作物的界分问题。

关键词： 人工智能　创作物　邻接权　法权化

On the Legal Protection Mode of Artificial Intelligence Creations：On the View of the Private Law

Abstract： The development of technology has made artificial intelli-

* 本文系福建省社会科学规划项目"人工智能与著作权制度创新研究"（项目批准号：FJ2018B011）阶段性成果。

** 罗施福，集美大学法学院法律系主任，法学博士，副教授，硕士生导师。

gence capable of "self – creation". The phenomenon of artificial intelligence creation has gradually become the norm. However, within the current legal framework, artificial intelligence creations are faced with many dilemmas of the idea and institutional logic. Copyright, neighboring rights, special rights, property rights, claims, and competition law all provide more or less protection possibilities for artificial intelligence creations. In comparison, the neighboring right mode should be preferred. Giving artificial intelligence creations a neighboring right can guarantee the purity of the "human spiritual creation incentives" for the copyright law, and also means that the artificial intelligence creations are implemented a lower level of protection and avoid damages to the enthusiasm of human intelligence creations. The "labeling" system could distinguish human wisdom creations from artificial intelligence creations.

Key words: Artificial Intelligence; Creation, Neighboring Right; Legal Protection

一、问题的提出及范围限定

自 1956 年约翰·麦卡锡（John McCarthy）提出"人工智能"这一术语以来，人工智能作为人类"创造"的重要工具在促进人类文化繁荣、科技进步以及福祉提升方面扮演着重要角色。人工智能应用领域非常广泛，如演绎、推理与解决问题，自动规划，专家系统，神经网络，自然语言处理，机器操纵与移动，机器感知，伦理管理等。人工智能的技术呈现也具有不同形态，如 IBM 万能机器人 Watson、创作音乐的机器人 Magenta、机器诗人 Cybernetic Poet、表达情感的机器人 Pepper 以及打败韩国围棋棋手的 AlaphGo 等。[1] 在这些应用领域，人工智能具有明显的"创造性""不可预测性"等特征。[2] "创造性"与"不可预测性"是指人工智能能够根据人类的相关指令或相关操作"创造"出新的"产品"，而这些"产品"具有随机性，往往不在人类意识的预知范围内。不仅

---

[1] 陈昭妤. 论人工智慧创作与发明之法律保护：以著作权与专利权权利主体为中心 [D]. 台北：台湾政治大学，2017：12.

[2] 朱雪忠，张广伟. 人工智能产生的技术成果可专利性及其权利归属研究 [J]. 情报杂志，2018（2）：70.

如此，人工智能创造的这些"产品"以"高效""精确""优化"等特性满足了人类各式各样的需求。据报道，美国人工智能机器人通过学习已经能够生成极具艺术性和美感的美术作品，并在画廊和博物馆展出；❶ 美联社的"机器人记者"每个季度撰写 3000 篇新闻报道；谷歌翻译已可提供符合基本语法规则而非仅对单词翻译的结果；❷ 我国腾讯公司研发的自动化新闻写作机器人 Dreamwriter能够撰写有关新闻报道，并能够根据用户的个性化需求形成文风各异的版本❸。可以预见的是，人工智能的应用将越来越广泛，也将具有越来越显著的经济影响力。

与人工智能技术迅猛发展状况相对应的重要法律命题是：对人工智能创作物或者说其创造的"产品"是否应当进行法律保护？是否应当进行法律保护的一个基本假设是：对于人工智能创作物，人们可以选择对其不予以法律保护，而使其处于"公共领域"，任由人们自由免费地使用与共享。❶ 显然，这样的假设，对于很多的消费者，乃至人工智能投资者的竞争者而言，似乎是一种莫大的"福音"——他人投资，他人创造，但自己却可以"免费"使用与共享！然而，这样的假设，对于人工智能的投资者与创造者而言，应该是一种无法承受的"悲"——自己对人工智能的投资与创造而产生的"产品"凭什么让他人免费共享？这其中的公平正义性在哪？对于社会秩序以及人类进步而言，这样的假设或许是一种"灾难"——公地悲剧理论表明：在"公共领域"的逻辑下，人工智能创作物的使用或将陷入无序状态；人们不会再有积极的意愿去进行更多人力、物力与智力投入；人工智能不断进步，进而服务于社会，提升社会福祉的目标或将遥遥无期！所以，以法律形式对人工智能创作物进行保护，进而有效规范人工智能的应用，保障人工智能的物质投资与智慧创造，是我们的应然选择。但进一步的问题是：对于人工智能创作物，我们将以怎样的法律形式进行保护呢？我们现行的法律体系能否妥适地解决人工智能创作物的法律保护

---

❶ 熊琦. 人工智能生成内容的著作权认定 [J]. 知识产权, 2017 (3)：3.

❷ 白帆. 机器人"记者"享有著作权吗 [N]. 中国新闻出版报, 2015 – 02 – 11 (6).

❸ 蒋枝宏. 传媒颠覆者：机器新闻写作 [J]. 新闻研究导刊, 2016, 7 (3)：46.

❶ 有学者认为：人工智能本身属于计算机软件，可以得到著作权保护……将人工智能生成物的权利赋予系统开发者，是权利的双重保护，但并没有特别的理由。机器无需经济激励，对于用户来说，先发优势也会为人工智能的开发与利用提供足够的激励。参见 YU R. The machine author：what level of copyright protection is appropriate for fully independent computer genera – ted works? [J]. University of Pennsylvania Law Review, 2017, 165 (5)：1241, 1247. 转引自：梁志文. 论人工智能创造物的法律保护 [J]. 法律科学 (西北政法大学学报), 2017, 35 (5)：162.

问题呢？

设定"人工智能创作物"的范围，是进一步讨论的基础。有些学者基于不同的讨论需要而分别使用"人工智能创作物"与"人工智能生成物"这两个术语，而且在许多场合下这两个术语所指称的对象的一致的。严格来说，人工智能生成物是一个在外延上比人工智能创作物更广的概念。❶ 人工智能生成物可涉及众多的法律领域，如腾讯公司写作机器人 Dreamwriter 撰写的有关新闻报道即涉及著作权法领域；John Koza 博士的发明机器（invention machine）"自主"生成的多项新发明成果，即涉及专利法领域；❷ 人工智能生成具有"显著性"特征的某些特殊符号或声音或三维标识，即涉及商标法领域。比较而言，专利法与商标法保护人工智能生成物的障碍比著作权法要少很多。不同于著作权法对作品保护的条件限定，发明的创造过程以及商标的设计过程对于专利授权或者商标授权与使用并不会有什么实质性的影响。❸ 基于这一考虑，本文将讨论范围限定于人工智能创作物，而不涉及专利法领域的发明创造或商标法之商标。❹

根据其呈现形式，人工智能创作物也可以分为三种类型。第一类是"在形式上"具有可著作权性的生成物，如腾讯公司新闻写作机器人 Dreamwriter 撰写的有关新闻报道；第二类是"在形式上"不具有可著作权性但具有市场价值的生成物，如澳大利亚"Telstra 公司诉电话号码出版公司案"所讼争的电话号码簿❺；第三类是完全不具有任何价值的生成物，如人工智能生成的"无逻辑性可言"的"乱码"或"符号组合"。若人工智能生成物不能满足人们的各种需求，毫无价值，那么，这样的人工智能生成物是没有任何法律保护意义的。故本文的讨论范围进一步限定于"在形式上"具有可著作权性的创作物以及"在形式上"不具有可著作权性但具有市场价值的创作物这两类。

---

❶ 张春艳，任霄. 人工智能创作物的可版权性及权利归属 [EB/OL]. (2018 – 04 – 12) [2018 – 05 – 07]. https：//doi. org/10. 19510/j. cnki. 43 – 1431/d. 20180412. 012.

❷ JONATHON K. John Koza has built an invention machine [J]. Popular Science, 2006, 268 (5)：66.

❸ ABBOTT R. I think, therefore I invent：creative computers and the future of patent law [EB/OL]. (2016 – 09 – 01) [2018 – 05 – 16]. http：//bclawreview. org/files/2016/09/01_abbott. pdf.

❹ 有学者认为"生成物"与"创作物"这两个术语的使用，实际上已经代表着作者的不同立场，即使用"创作物"术语的作者往往认可人工智能创作物具有可著作权性，而使用"生成物"术语的作者则反之。笔者并不当然认为人工智能创作物具有著作权法保护的适格性，但为讨论方便，仍使用"创作物"术语。参见：张春艳，任霄. 人工智能创作物的可版权性及权利归属 [EB/OL]. (2018 – 04 – 12) [2018 – 05 – 07]. https：//doi. org/10. 19510/j. cnki. 43 – 1431/d. 20180412. 012.

❺ 王迁. 论人工智能生成的内容在著作权法中的定性 [J]. 法律科学（西北政法大学学报），2017, 35 (5)：149.

人工智能有强人工智能（strong A. I. ）与弱人工智能（weak A. I. ）之区分。"强人工智能"假说认为计算机与一般人类无异，拥有智能及思考能力，具有自我意识，能够理解并解决问题、作出决断、计划、学习以及沟通。"弱人工智能"则仅是增强计算机的部分思维特征，使其成为更有用的工具，但并不具备人类类似的认知能力与自我意识。❶ 从生成过程来看，人工智能创作物有可能是完全由人工智能"自主创作"而成，也可能是基于人类智慧与人工智能"自主性"的共同作用而成。❷ 通常来说，强人工智能具有较高的"自主创作"的可能性，而弱人工智能往往在人类智慧的创作中扮演"共同创作"的角色。对于人工智能与人类智慧的共同"创作物"，学界基本不否认其具有著作权法保护的适格性，故本文将讨论的范围限定于人工智能"自主创作"而生成的"创作物"。

二、人工智能创作物法权化之可能模式

在当前法律结构中，著作权、邻接权、特殊权利、物权、债权等，都有为人工智能创作物提供法权化的制度可能。

（一）著作权赋权的"希冀"与"困局"

作为在形式上与著作权法保护客体"作品"有着"剪不断理还乱"关联性的"人工智能创作物"，以著作权法进行保护，似乎是最为妥适的选择。

以著作权法的方式来保护人工智能创作物，至少存在以下优点或者吸引力。

第一，在世界范围内，已经有立法例将人类智慧与计算机/人工智能共同作用而形成的产物纳入著作权法保护范围。例如，英国版权法第 9 条第 3 款规定：对于计算机生成的文字、戏剧、音乐或者艺术作品而言，作者应当是对该作品的创作进行必要安排的人。❸ 该"进行必要安排"的人通常被解读为软件工程师或算法设计者。一些学者也认为，建筑师利用电脑绘图程序绘制房屋设计图、作曲家利用计算机程序协助作曲、作家利用文书处理软件写作等，都"属于人

---

❶ SEARLE J. Minds, brains, and programs［J］. The Behavioral and Brain Sciences, 1980, 3（3）：417；KUMAR E. Artificial intelligence［M］. New Delh: I. K. International Pvt Ltd, 2008：13－14.

❷ 严格来说，人工智能本身就是人类智慧的产物，所以，任何人工智能创作物都可以被认为是人类智慧的产物或者人工智能与人类智慧共同作用的产物。然本文所述的"人工智能完全自主"系指在生成过程中，人工智能发挥了与人类智慧几乎无关的作用力，且生成的"产品内容"超出了人类智慧的预知范围。

❸ 十二国著作权法［M］.《十二国著作权法》翻译组，译. 北京：清华大学出版社，2011：571.

类精神上之创作"，应当纳入著作权法的保护范畴。❶ 既然人类智慧与人工智能共同作用而形成的产物能够纳入著作权法的保护范围，为何我们不能再走远一点，将人工智能完全"自主"创造的产物也纳入著作权法的保护范围呢？

第二，已有相关的立法例将纯粹的"人工智能作品"纳入著作权法的保护范围。英国版权、设计与专利法（CDPA）第 178 条对"计算机生成的作品"作了界定，即指在"无人类作者"的环境下，由计算机环境生成的作品；同时，也明确规定："对于计算机生成的文字、戏剧、音乐或艺术作品而言，作者应是对该作品的创作进行必要安排的人（person）。"类似于英国立法规定的国家还包括新西兰、爱尔兰、印度、南非等❷。

第三，人工智能创作物能够符合"作品"的形式要件。如我国《著作权法实施条例》第 2 条规定，著作权法所保护的作品最重要的要件就是独创性。❸"独创性"的关键在于"独立"与"一定程度的创造性"。这两点，人工智能创作物在形式上至少是能够满足的。❹ 即使在某些方面存在某些理论悖谬，但也只需要进行简单的观念转换或制度革新，即可妥适地实现对人工智能创作物的著作权法保护。

第四，著作权的权能配置，非常契合人们对人工智能创作物的控制诉求与希冀。比如，发表权能够满足人们对人工智能创作物公开时间、公开地点的控制性需求，以建立先发优势；复制权、发行权、表演权、信息网络传播权、广播权等权能能够满足人们对人工智能创作物的传播控制诉求。

然而，对人工智能创作物赋予著作权，在法理逻辑上真的那么自洽吗？

以著作权法来保护人工智能创作物，最大的问题是如何纾解其与著作权制

---

❶ 谢铭洋. 智慧财产权法［M］. 台北：元照出版公司，2014：97.

❷ 梁志文. 论人工智能创造物的法律保护［J］. 法律科学（西北政法大学学报），2017，35（5）：160；曹源. 人工智能创作物获得版权保护的合理性［J］. 科技与法律，2016（3）：495.

❸ 我国《著作权法》并未规定作品的概念。《著作权法实施条例》第 2 条规定："著作权法所称作品，是指文学、艺术和科学领域内具有独创性并能以某种有形形式复制的智力成果。"原国务院法制办公室于 2014 年 6 月公布的《著作权法（修订草案送审稿）》第 5 条规定："本法所称的作品，是指文学、艺术和科学领域内具有独创性并能以某种形式固定的智力表达。"这预示着我国著作权法关于作品要件的设定或有些许变化。

❹ 比如易继明、张春艳等学者均持该观点。参见：易继明. 人工智能创作物是作品吗？［J］. 法律科学（西北政法大学学报），2017，35（5）：138－139；张春艳，任霄. 人工智能创作物的可版权性及权利归属［EB/OL］.（2018－04－12）［2018－05－07］. https：//doi. org/10. 19510/j. cnki. 43－1431/d. 20180412. 012；梁志文. 论人工智能创造物的法律保护［J］. 法律科学（西北政法大学学报），2017，35（5）：160.

度基石的悖谬性逻辑。"著作人之权益保护乃是著作权法之主要目的。盖以精神之劳动所获得之成果，均系人类思想智慧与感情之无形产物，对人类社会文化及科学之发展有促进及发展之作用……故精神所有权论乃为近代著作权制度形成之基础。"❶ 换言之，著作权制度的基石在于赋予人类精神之劳动成果以"所有权"，进而激励人类进行精神创作。问题在于：这种"所有权"对人工智能"创造"其"产品"有激励的效果吗？比较而言，人工智能能够轻易大量再生成新的创作物，但个体的自然人绝无这样的"创造能力"，"在长久竞争上人类创作恐怕被淘汰"。❷ 若人工智能成为"著作权主张实体"的诉讼手段，则必将对"人类未来的创作意愿造成压缩，也不利于公众领域利益。"❸

　　与"表面形式"符合作品保护要件相反的是，人工智能创作物实际上难以符合作品的实质要件。"独创性"要件最实质的内容在于作品系人类的精神之创作。"作品是作为有血有肉的自然人对于思想观念的表达……非人类'创作'的东西不属于著作权法意义上的'作品'。"❹ "著作权法在于保护并鼓励人类精神创作，如果不是由人类所为……并无法成为受著作权法保护的客体。"❺ 除此之外，赋予人工智能创作物以著作权法保护，也将导致著作权归属规则的混乱。根据我国《著作权法》的规定，著作权归属于作者是基本原则，而"创作作品的公民是作者"；只有在某些特殊情形中，法人或者其他组织得以被视为"作者"而享有著作权。那么，在人工智能创作物中，"创作"是由人工智能实现的，人工智能是作者么？人工智能创作物的著作权归属于人工智能？尽管当前有众多的理论在为人工智能成为独立的法律主体而呼与喊，但在当前的法律语境下，人工智能只能是法律之客体，而不能是主体，不是著作权法意义上的

　　❶ 半天正夫. 著作权法概说 [M]. 7 版. 东京：一粒社，1996：56. 转引自：罗明通. 著作权法论：Ⅰ [M]. 台北：台英商务法律事务所，2005：13. 另参见：萧雄琳. 著作权法论 [M]. 台北：台北五南图书出版有限公司，2009：62.
　　❷ 吴柏凭. 人工智能对于著作权概念的冲击：日本著作权的新政策发展方向 [J]. 科技法律透析，2016，28（12）：30.
　　❸ 陈昭妤. 论人工智慧创作与发明之法律保护：以著作权与专利权权利主体为中心 [D]. 台北：台湾政治大学，2017.
　　❹ 李明德，许超. 著作权法 [M]. 2 版. 北京：法律出版社，2009：29.
　　❺ 谢铭洋. 智慧财产权法 [M]. 台北：元照出版公司，2014：97.

"作者"。❶ 人工智能在"欠缺与人类所具有'意识'而完全'自主'（autonomy）之前，其作为工具之特性"仍为其主要价值。❷ 若人工智能不能为"作者"，不得享有著作权，而又拟赋予人工智能创作物以著作权保护，那么，是否可以以"拟制"的方式或者类推的方式，将其著作权归属于"人工智能"或"人工智能的所有者"或"设计者"呢？❸ 诚然，这样的归属规则确有其合理性，但在当前法律框架中，这样的归属规则意味着将对传统的著作权归属规则形成"撕裂"。在解释学上，由于不存在一个确切的、需要受到法律保护的创作者身份，授予人工智能创作物以著作权，也许会导致我们偏离著作权法的立法宗旨。❹

在现实中，人工智能创作物是否有可能"在客观上"受到著作权法的保护呢？这一答案应该是肯定的。人工智能与人类智慧的结合日趋紧密，而人工智能创作物与人类智慧创作物的界线日趋模糊。"大量事实表明，人工智能生成内容与人类创作的作品相比，在没有明确标明来源的情况下已很难区别。"❺ 所以，在实践中，这种界线的模糊与区分的困难，确实可能导致某些人工智能创作物被作为著作权法意义上的作品而受到著作权法的保护。但这种"客观"结果的出现，主要是由于"举证规则造成"，并非人工智能创作物具有著作权适格性的

---

❶ 2017 年 2 月 16 日欧洲议会投票通过向欧盟委员会提出开发机器人与人工智能与民事法律规范建议"Civil Law Rules on Robotics，2015/2103（INL）"。这项建议"认可电子人为法律主体"。有学者据此认为"新形态的法律责任主体"或将诞生。参见：叶云卿. 新型态的法律权利责任主体的诞生：由 2017 年欧洲议会提案看机器人拥有著作权之可能性 [J/OL]. 北美智权报，2017（190）http：//www. naipo. com/Portals/l/web－tw/Knowledge－Center/Laws/IPNC_170726_0201. htm. 然而，我国学者多否认人工智能具有"作者"或"权利主体"的可能性。参见：张春艳，任霄. 人工智能创作物的可版权性及权利归属 [EB/OL]. （2018－04－12）[2018－05－07]. https：//doi. org/10. 19510/j. cnki. 43－1431/d. 20180412. 012；梁志文. 论人工智能创造物的法律保护 [J]. 法律科学（西北政法大学学报），2017，35（5）：161.

❷ 林勤富，刘汉威. 人工智能法律议题初探 [J]. 月旦法学，2018（3）：202－203.

❸ 如有学者主张将人工智能生成物的著作权归属于人工智能的所有者。参见：熊琦. 人工智能生成内容的著作权认定 [J]. 知识产权，2017（3）：8. 也有学者主张将权利归属于对人工智能进行训练的设计者或者所有者。参见：张春艳，任霄. 人工智能创作物的可版权性及权利归属 [EB/OL]. （2018－04－12）[2018－05－07]. https：//doi. org/10. 19510/j. cnki. 43－1431/d. 20180412. 012. 有学者认为："透过法律拟制（legal fiction）的方式将著作权归属于相当于'雇用人'之法律上之作者，应较为适当。"参见：陈昭妤. 论人工智慧创作与发明之法律保护：以著作权与专利权权利主体为中心 [D]. 台北：台湾政治大学，2017.

❹ 易继明. 人工智能创作物是作品吗？[J]. 法律科学（西北政法大学学报），2017，35（5）：142.

❺ 熊琦. 人工智能生成内容的著作权认定 [J]. 知识产权，2017（3）：7.

充分依据。❶ 从司法论角度，我们能否以"已无法区分所欣赏的作品为人类创作还是机器生成"❷ 为由，基于增强司法的可操作性考虑而统一将其纳入著作权法的保护范围？这种类似于"掩耳盗铃"式的做法，确实是颇具吸引力的"现实性诱惑"。但这种做法就好比法官在裁判中无法准确区分某些事实而不再去认定客观事实一样，绝对是不负责任的做法。

（二）邻接权的"优势"

若不能以赋予著作权的方式进行保护，那么，邻接权模式能否承担起人工智能创作物的法律保护"使命"呢？

相比于传统浪漫主义著作权法强调作品与作者精神创作的"天然联系"，邻接权保护似乎从来都不"稀罕"这种"精神创作"的品性。"摄影、电影、录音、广播等科技出现后，或由集合多数自然人共同创作之法人成为创作人（如电影、录音、广播），或就既有作品的利用结果……利用科技之结果（如摄影），其或不是自然人的创作，或是创作性较低者，不宜以著作权法保护之，于是必须建立一套较低的保护标准以为因应，邻接权制度因此而产生。"❸ 作为与著作权"相邻"的权利，邻接权主要是解决传统著作权法无法直接解决，但又具有重要法律价值的问题：作品的传播劳动与传播投资的保护以及科技利用的保护问题。邻接权这些以"投资"与"科技利用"为依据，得以"法人"为原始权利主体的制度特征，恰能够为人工智能创作物的保护找到比较自洽的逻辑根据。毫无疑问，人工智能创作物是典型的"科技利用"的结果，在某种程度上也是既有作品的利用结果。因为人工智能的"创作"离不开对既有作品的"学习"。

除了保护条件较为"宽容"、重视投资保护外，以邻接权来保护人工智能创作物，还有许多的优势。

第一，邻接权的保护强度较低。比如，邻接权不再过度强调"人格权"。在传统的三种典型性邻接权形态中，除了表演者权强调某些人格性权益保护（表演者的署名利益与表演形象不受歪曲）外，录音制作者权和广播电视组织者权一般只涉及财产内容，而不涉及人格利益。再如，在"财产权内容"方面，邻接权的权能也比著作权的权能少了许多。著作权涵括复制权、发行权、表演权、

❶ 王迁. 论人工智能生成的内容在著作权法中的定性 [J]. 法律科学（西北政法大学学报），2017，35（5）：148.

❷ 熊琦. 人工智能生成内容的著作权认定 [J]. 知识产权，2017（3）：7.

❸ 章忠信. 著作权与邻接权 [EB/OL]. (2004 - 03 - 31) [2018 - 05 - 12]. http：//www. copyrightnote. org/ArticleContent. aspx？ ID＝9&aid＝2521.

广播权、展览权等十多项具体权能，而邻接权则仅具有复制、发行、信息网络传播等少数内容的权能。还有，著作权的保护期往往长于邻接权。著作权的保护期往往依作者的生命期加50年来确定，而邻接权仅依表演首次发生或者录音录像首次录制发生或者广播电视节目首次播放之日起50年计算。之所以将"保护强度较弱"认定为一个制度优势，在于人工智能创作物的"生成"比人类智慧产物生成要简便迅捷很多，使之与人类智慧产物进行区别保护，在人们朴素的伦理认知中，更具有可接受性。

第二，既然邻接权是与著作权"相邻"的权利，那么，将符合"作品外观"的人工智能创作物纳入其保护，至少是符合与著作权"相邻"的初步印象。德国著作权法区分照片与摄影作品，前者为邻接权的客体，后者为著作权的客体。❶ 按照这一思路，人工智能创作物受邻接权保护，而人类智慧创作物受著作权保护的方式，便有了立法例的参考。

第三，长期以来，邻接权制度都没有把追求"人类精神创作激励"作为第一宗旨。这就使得我们可能将更多的制度宗旨嵌入邻接权的制度体系中。诚如学者所言："在对邻接权制度进行再阐释的过程中，若将保护投资者视为邻接权权利保护系统的核心宗旨，我们便能消解人工智能创作物的生成与邻接权系统表象上的冲突，为人工智能创作物授予邻接权创造基础的条件……人工智能便如同表演者一般对设计者的'剧本'（受版权保护的软件程序）进行了自主乃至恣意的演绎。"❷

第四，邻接权保护也可以为那些在形式上无法达到"独创性"，但是又具有市场价值的"创作物"提供法律保护的可能。前文所述"电话号码簿"以及我国台湾地区曾发生讼争的"电脑分析图"，在邻接权模式下，或许能够找到保护的依据。❸

第五，对人工智能创作物赋予邻接权，是以参照式的制度创造。这样的做法既可以避免出现制度"从无到有"的突兀性"制度创造"，保证了法律认知与

---

❶ MCCUTCHEON J. Curing the authorless void: protecting computer – generated works following Ice TV and phone directories [J]. Melbourne University Law Review, 2013, 37 (1): 46, 78 – 79. 转引自：梁志文. 论人工智能创造物的法律保护 [J]. 法律科学（西北政法大学学报），2017, 35 (5): 163.

❷ 易继明. 人工智能创作物是作品吗？[J]. 法律科学（西北政法大学学报），2017, 35 (5): 141.

❸ 台湾地区知识产权司法机构在2009年度民著上字第16号民事判决中指出："本件上诉人系争电脑分析图表，其分析图之产生有赖使用人输入相关参数后，电脑软件依据该参数自行运算并制作出分析图，是以上开分析图之产生或变化，系电脑软件依据输入之参数运算后之结果，此种结果既系依据数学运算而得，自非'人'之创作，自难因此认为系著作权法所保护之标的。"

法律适用的路径依赖性，又可以对人工智能创作物的特殊情况进行针对性的制度创造与创新，避免对传统制度变革而引起旧有制度的种种"不适"，增强其可预见性与针对性。"当建立一项全新的法律制度时，将有机会对保护对象、保护条件、权利主体、权利范围、权利限制、责任规则作全盘的考虑。"❶

须承认的是，对人工智能创作物以邻接权保护，有其美丽的诱惑力，也存在着许多的问题。就保护投资者而言，著作权法并非不能解决"投资者保护"的问题。法人"视为作者"、雇佣作品等规范体系在阐释著著作权法也可以处理投资者的保护困难。既然如此，我们是否有必要进行一项"前无古人"的制度创造来保护"投资者"呢？从实践的角度来看，人工智能创作物以邻接权保护，最大的难题仍然是如何区分人工智能"自主创作"与人类智慧"创作"之间的界分问题。在人工智能创作物与人类智慧创作实行差别化保护的思路下，我们的制度设计如何有效避免人工智能的设计者或所有者故意利用举证规则的不足而将人工智能创作物搭上著作权保护的"便车"呢？此外，人工智能创作物的邻接权归属，同样也面临着困局：人工智能的设计者与生产者，以及所有者之间，谁才是真正的投资者？若都是投资者，那么，谁才是更应该受到邻接权赋权激励的投资者呢？

（三）特殊权利（sui generis）的"蹊径"？

既然邻接权模式也同样面临着众多困局，那么，作为智慧产品保护领域非常重要的一种权利形态——特殊权利模式能否为我们另辟蹊径？

特殊权利的保护，最初源于数据库投资者对数据库保护的诉求。数据库作为一种产品形态与服务形式，具有重要的社会价值和商业价值。对于数据库投资者来说，数据库建设是一项需要投入大量的人力、物力的活动。若缺失法律的保护，数据库将很容易被人随意地"复制、抄袭与窃用"，而数据库投资者的投资或将面临"血本无归"的窘境。在最初的意义上，人们首先想到的保护模式，就是著作权法。著作权法以禁止他人复制、抄袭为主要内容的方式，似乎恰能实现数据库投资者对数据库保护的基本定位。但在采用著作权法来保护的过程中，却面临着另一个尴尬的问题，即著作权法突出强调"独创性"要件以及作品与人类精神创造的血脉关联性，而多数的数据库难以满足著作权法所谓的"独创性"要求，也往往与人类精神创造无涉。于是，以著作权法方式保护

---

❶ 梁志文. 论人工智能创造物的法律保护 [J]. 法律科学（西北政法大学学报），2017，35（5）：163.

那些在"选择与编排上具有独创性"的数据库，以"特殊权利"方式保护那些不具有任何独创性的数据库投资的保护模式应运而生。根据数据库的特殊权利保护，如果数据库的制作者能够表明其于获取（obtaining）、校正（verification）或提供（presentation）数据库内容之时在质和（或）量上付出了实质性投资，他可以阻止他人对其数据库内容的质和（或）量上的全部（the whole）或实质性部分（a substantial part）进行提取（extraction）和（或）再利用（reutilization）。❶

在民间文学艺术商业性开发利用与民间文学艺术保护需求的矛盾困局中，人们发现传统的著作权法也无法实现对民间文学艺术的良好保护。著作权的"期限性"与民间文学艺术的"长期性"相冲突，而民间文学艺术的"群体性"创作又与著作权归属于具体民事主体的规则相悖。于是，基于数据库保护需求而摸索出来的"特殊权利"保护又被人们"借鉴"到民间文学艺术的保护中。❷

从特殊权利的形成与演化来看，我们似乎能够看到这样的共性，即特殊权利保护的对象几乎都与传统著作权法的保护对象有着"形似"或者"神似"的外观，但其各种特性使其与传统著作权法存在着或多或少的"嫌隙"而难以在著作权法体系中找到恰是的位置。

那么，既然如是，特殊权利保护能否为人工智能创作物提供妥适的法律保护样式呢？

与"邻接权"模式相似的是，特殊权利模式的优点是：这是一种新的制度创造，可以针对性地进行特质梳理与制度建构。而且，民间文学艺术的特殊权利保护，也证明这一模式具有包容性。然而，其中困局也与邻接权模式几乎相同，如都存在人工智能创作物与人类智慧创作物的界分问题，都存在归属规则设计上的价值选择难题等。此外，特殊权利模式本身并不是一项很成熟或者很具有普世性的制度，尚未有充分的实践检验。❸ 在这种情境下，我们对人工智能创作物采特殊权利模式是否是一种过于"冒险"的"制度创新"？

---

❶ The Directive on the Legal Protection of Databases. Council Directive No. 96/9, 1996 O. J. （L77/20）；卢海君. 论数据库的特殊权利保护 [J]. 重庆工学院学报（社会科学版），2009，23（11）：26.

❷ 如 WIPO 和 UNESCO 于 1982 年制定的《保护民间文学艺术表达、防止不正当利用及其他侵害行为的国内法示范条款》即建议以特殊权利来对民间文学艺术进行保护。2000 年《巴拿马特别法》即采此模式。从我国的立法动向来看，我国似乎也是倾向于特殊权利保护。参见：魏玮. 民间文学艺术表达的版权法保护困境与出路 [J]. 暨南学报（哲学社会科学版），2015，37（4）：91.

❸ 如数据库的特殊权利立法主要是欧盟的数据库指令、世界知识产权组织数据库公约草案以及美国有关数据库特殊权利保护的立法。

（四）物权债权的"底蕴"与优势

物权概念起源于罗马法，意旨于权利人"对其物享有支配权，此种权利无需义务人实施一定行为便可实现"。❶自罗马法时期发展至今，物权体系已经成为大陆法系最为成熟的制度系统。如果我们仔细梳理著作权的历史生成，我们很容易发现，物权是被作为最重要的参照依据的。"精神所有权"概念，正是在与物权/所有权的概念比拟中逐渐形成的。某些著作权保护对象，如摄影作品，甚至在最原始形式上，都是从物权的保护模式开始的。

那么，作为私法体系中最具历史底蕴的权利设定，物权能否为人工智能创作物提供保护思路呢？

乍一看，似乎很难。因为传统物权法是以保护有体物为己任的，而人工智能创作物显然不是有体物。其实，这种逻辑似乎过于简单粗暴。在理论上，长期有学者主张物权的保护客体应该涵括无体物，也有法国民法典作为立法例遵循。❷在法理上，若我们将人工智能作为权利客体来认知，那么，客体生成的客体，似是符合物权法"原物与孳息"的逻辑机理。也即人工智能是物，其创作物即可视为"孳息"。按照这一思路，对人工智能创作物的权利归属主体的确认，也比较容易实现，即除法律或者合同有明确的规定或者约定外，原物（人工智能）所有权人得取得"孳息"（人工智能创作物）的"所有权"。

这样看来，以物权模式实现人工智能创作物的保护，似乎也有了可能。既然如此，我们需要往这一模式前进吗？窃以为，这一模式尽管可能，但并非最佳。尽管物权体系有着悠久而厚重的历史沉淀，但这种沉淀恰恰成为一种负担。在人们日复一日的生活与研习中，对物权的基本观念、结构与性质已经形成了根深蒂固的认知。比如，物权的权能涉占有、使用、收益与处分，物权的客体仅针对有体物等。物权的这些属性决定了其无法有效满足人工智能创作物的保护需求。如要进行彻底的物权理念革新，使其能够适应保护人工智能创作物的保护需求，反不如重新进行一项全新的制度创造来得容易。这或许是著作权没有在物权体系中生成，而是在比拟中"自立门户"的一个原因吧！

作为古罗马对人之诉而引申出来的概念，债权与物权一样都有着深切的历史积累。相比于物权、著作权等权利类型，债权的最大特征就是相对性，即债

---

❶ 王利明. 物权法论 [M]. 修订本. 北京：中国政法大学出版社，2003：1.
❷ 王利明. 物权法论 [M]. 修订本. 北京：中国政法大学出版社，2003：28.

权是相对权，是对人权，是请求权，只能在特定的当事人之间发生效力。❶ 债权的优点就是任意性强，也即债权的内容、方式、结构、期限等通常都可以在法律的框架内由当事人自由约定。债权的这一优点能够为人工智能创作物的保护找到切入口吗？比如，我们的法律尚未对人工智能创作物进行"法权化"时，特定当事人之间可以基于合同的约定而对特定的人工智能创作物形成"债权"，进而间接实现对人工智能创作物的法律保护。这种约定，可以在两个单一的民事主体之间进行，也可以在某个特殊领域的行业协会内部进行，更可以在行业协会与行业协会之间进行。而后者更具意义。例如，就人工智能"创作"新闻报道而言，新闻媒介有关单位或者有关协会就可以就人工智能创作物的保护与利用问题达成"集体性协议"。在我国法律就人工智能创作物明确设定保护模式之前，有关的组织或者行业协会就可以以这种"集体性协议"方式"先行先试"，为后续的立法建构提供参考。

然而，就人工智能创作物而言，债权似乎始终是一种无法"入流"的保护模式。这是因为债权的相对性意味着其无法具有有效的排他性与支配性。而对于人工智能创作物保护而言，人们所希冀的模式，不仅要"赋权"或者"法权化"，而且需要这种权是"法定之权"，具有支配性与排他性。若非如此，其他的权利保护模式似乎都不是充分与有效的。此外，作为请求权，债权保护的最长期限必须遵从民法所确立的诉讼时效规则。这也将限制人们将人工智能创作物保护诉诸债权保护的积极性。

（五）反不正当竞争法的"行为典范"

从其运用状态来看，人工智能创作物通常都是被"用于竞争目的"，或者说，是竞争过程中的"创造"。换言之，人工智能创作物通常都是作为一种竞争性"产品"而进入市场的——这与人工智能的特质有关。人工智能具备"精确""高效""优化"等方面的"能力"。特别是在需要大量数据分析的新闻报道与科学研究领域，人工智能在利用大数据和大规模分析数据等方面的优势，能够为其设计者或者所有者在相关市场的竞争中创造众多的"先发优势"，进而增强其社会关注度与市场竞争力，保障其能有充盈的经济回报率。美联社的"机器人记者"能够每季度撰写3000篇新闻报道，就是典型的"高效"表现。人工智能创作物的这一"市场属性"意味着反不正当竞争法在人工智能创作物的法律保护方面上有了较好的契合与切入。

---

❶ 王利明. 物权法论［M］. 修订本. 北京：中国政法大学出版社，2003：8 - 9.

"既有知识产权所保护的知识产品只是整个知识资产的冰山一角,许多新涌现的知识财产利益,以及在立法过程中可能被忽略的知识财产利益,无法在知识产权法定主义之下获得保护。知识产权法的这种不周延性,使知识产品需要在知识产权法之外寻求新的补充保护手段。反不正当竞争法能够很好地胜任这一补充保护的角色。"❶ 对"知识产品"提供兜底与补充保护,是"反不正当竞争法的传统任务,也是现代反不正当竞争法的基本任务之一"。❷ 尽管人工智能创作物是"产品",也具有明显的"知识"外观,但人们对人工智能创作物在现行的知识产权法律体系中的定性与定位,仍存在众多的疑虑。反不正当竞争法对知识产品的"兜底性"与"补充性"保护,似恰可以解决人们在疑虑中的保护"空窗期"。

区别于著作权、物权等以客体为导向和轴心的法制体系,反不正当竞争法不涉及客体的设定,而关注市场行为的正当性与否问题。从人工智能创作物保护角度来看,反不正当竞争法并不关注人工智能创作物的属性以及是否"法权化",而是关注市场竞争对手对属于他人的人工智能创作物的利用行为是否正当,以及对市场竞争的影响程度。从其主旨来看,反不正当竞争法对竞争秩序的规范以及对不正当竞争行为的制裁,也恰能够基本实现人工智能设计者或者所有者在利用人工智能创作物过程中的基本目标。只要能够保证其有足够的市场竞争优势与经济回报,人工智能创作物的法律属性与法权化与否,似乎都是可以暂时忽略的问题。这也使得人们在一定程度上摆脱了对人工智能创作物法律属性的争论以及法权化与否的纠结。

显然,反不正当竞争法以其行为规范法的特质能够在一定程度上"妥适"地解决人工智能创作物在市场竞争中的保护困境。然而,这仅仅是初步解决了一些表象问题。反不正当竞争法并没有解决人工智能创作物的属性以及是否应当法权化的问题,其行为规范法的性质也决定了其无法承担人工智能创作物法律属性设定以及法权化与否的"责任"。而讨论人工智能创作物的属性及其是否应当法权化的问题,不仅是因为其涉及市场竞争,更是因为其可能不涉及市场竞争,但又恰恰与科技文化进步和人类福祉有着重大关联。

❶ 卢纯昕. 反不正当竞争法一般条款在知识产权保护中的适用定位 [J]. 知识产权, 2017 (1): 55.
❷ 王先林. 竞争法视野的知识产权问题论纲 [J]. 中国法学, 2009 (4): 10.

三、邻接权模式的选择与制度设定

毋庸置疑，对于任何一种新的社会现象所蕴含的法律困局，单一的法律体系都难以"良好"地承担起"破局"的任务。对于人工智能创作物来说，也是如此。诚如前文所述，著作权、邻接权、特殊权利、物权、债权等都有为人工智能创作物提供保护模式的可能。但是，在当下，前述任何单一的赋权或者法权化模式，都或多或少面临着逻辑缺憾。这种缺憾的存在，一方面是源于这些法律制度在历史沉淀或者演化中所形成的"固有特性"，另一方面也源于人们对法律制度历史沉淀与积累的严重依赖性。既然如此，对于人工智能创作物的保护，并非没有路径。关键的问题是：我们愿意在保护人工智能创作物的路上走多远？只要我们愿意走，即使这样的路再怎样崎岖，我们都是可以走下去的。即使没有路，也可以辟出一条路。

然而，若在已经有路的情况下，重新辟出一条新路，或者走崎岖的路，就并不是很理性的选择。在当前，我们的最佳选择，不应该是去开辟一条新路，而是应该进行道路的拓宽或者改进。但是，对现有道路进行拓宽或者改进不能损害到这一道路的根基。从人工智能创作物的属性设定来看，邻接权模式或许是最佳选择。

著作权模式之所以不是最佳，是因为著作权的赋权将"损害"著作权法之"人类精神创作"的"高贵血统"与"激励人类创作"的崇高主旨。将人工智能创作物赋予邻接权，一方面可以"继续"保持著作权法的"人类精神创作"的纯粹性，另一方面也可以对人工智能创作物实行较低强度的保护。同时，还可以在制度上保证人工智能创作物与人类智慧创作物保持"难以割舍"的"血脉关联"。特殊权利模式与邻接权模式有着相似或相仿的"制度创新"优势，但是，邻接权至少在我国有着较为丰富的法制实践，而特殊权利模式却缺乏有效的实践积累。物权的法权化"改造"之所以行不通，是因为这样的法权化"改造"，将在最核心的地方"动摇"传统物权理论的基石。债权模式与反不正当竞争模式确有其应用价值，但是，它们都没有解决人工智能创作物的属性设定以及法权化与否的前置性问题，都没有回答人工智能创作物是什么的疑问。

对于人工智能创作物赋予邻接权的制度设定，我们大致可以从七个方面展开。

第一，明确人工智能创作物的法权化模式为邻接权。赋予人工智能创作物以邻接权的目的之一就是，与人类智慧创作物之著作权保护予以区分与甄别。

如前文所述，在这种区分与甄别后，著作权模式保持着"人类精神创作激励"的"纯粹性"，其权益配置的根据在于为人类智慧创作物提供更多的"权益"激励与制度保障。对于人工智能创作物的邻接权保护而言，其根据不在于"激励人类智慧创作"，而在于鼓励"知识"的积累与传播以及对人工智能创作物应用与推广的投资。显然，人工智能创作物在"表现形式"上符合"知识"的基本特征，在客观上也能满足人们的精神与文化消费需求。这也正是人工智能创作物需要法权化的内在逻辑。

第二，在权能结构上，人工智能创作物之邻接权的内容应当保持谨慎与保守。比较而言，其权能内容应当少于著作权，也少于传统意义上的表演者权，而与广播组织者权或者录音者权相仿。著作权与表演者权包含着众多具有强烈"人身"或者"人格"属性的权利，如署名权、保护作品完整权、保护表演形象不受歪曲权。而人工智能创作物基于人工智能之非法律主体特性，不应被赋予这类具有人类"精神利益"或者"人格利益"属性的权能。唯应特殊处理的就是人工智能创作物之"公之于众"的权利。这是因为人工智能创作物是否公开以及何时何地"公之于众"，都会直接关涉权利主体能否有效充分地获得经济利益与竞争优势。在传统意义上，"公之于众"的权利，是"发表权"的当然性内容，但发表权又被确认为著作人身权。基于此，对于人工智能创作物之"公之于众"的权利，可以考虑将术语拟为"公开权"，并进一步拟定该权能为财产性权利，而非人身性质的权利。此外，为了与邻接权之传统意义之权能保持基本的"稳定性"与"协调性"，人工智能创作物之邻接权在财产性权利方面也不宜过度扩展。参考广播组织者权或者录音者权之权能，人工智能创作物之财产性权利宜设定为复制权、发行权、网络传播权与广播权。复制权即未经权利主体同意，不得将人工智能创作物再次固定于其他载体上。发行权则指未经权利主体同意，不得将人工智能创作物的载体以赠与或者销售等方式向公众提供。网络传播权是指未经权利主体同意，不得将人工智能创作物传播到网络，供公众在其个人选定的时间和地点在线欣赏或使用等。广播权则是未经权利主体同意，不得通过无线或有线或者扩音器等类似工具将人工智能创作物向公众传播。

第三，在人工智能创作物之邻接权限制方面，宜同样遵守合理使用、法定许可以及强制许可之原则。此外，立法也应当允许人工智能创作物之权利主体通过个人意愿放弃其享有的全部或者部分权利。但这种放弃的意愿应当以明示的方式表示出来。默示不能成为权利主体放弃其权利的依据。

第四，在人工智能创作物之邻接权保护期限上，至少有四种方案选择。第一种方案是将其保护期限设定为 10 年。这一方案主要是参考我国《著作权法》规定的"版式设计权"。《著作权法》第 36 条规定："出版者有权许可或者禁止他人使用其出版的图书、期刊的版式设计。前款规定的权利的保护期为十年，截止于使用该版式设计的图书、期刊首次出版后第十年的 12 月 31 日。"第二种方案是将其保护期限设定为 20 年。这一方案主要是参照《意大利著作权法》关于（不构成作品之照片的）邻接权保护期限的设定。在《意大利著作权法》中，若照片不能满足作品的保护要件，则可以享有邻接权保护，摄影者得享有 20 年的专有权利。❶ 同时，这一方案也与我国《民法通则》《民法总则》确定的最长诉讼时效相切合。第三种方案是将其保护期限设定为 25 年。这一方案主要参照《西班牙知识产权法》对于不能作为摄影作品而受到狭义著作权保护的普通照片的保护期设定。❷ 同时，我国在最新一轮的著作权法修订中，立法者对于实用艺术作品的保护期也倾向于设定为 25 年。❸ 第四种方案就是规定人工智能创作物的保护期为 50 年。这主要是参考表演者权以及法人作品之著作权的保护期。比较而言，笔者以为 10 年保护期方案是比较妥适的。这一方案很重要的考量思路就是：人工智能创作物之法权化要区分于人类智慧创作物的法律保护，同时实行弱保护原则。20 年、25 年或 50 年的保护期设定，或多或少都包含有人类智慧激励的意义。至于起算点，宜以人工智能创作物的首次公开之日起算；但自创作完成之日起 10 年内未公开的，则不再予以保护。

第五，在人工智能创作物之邻接权归属方面，宜以归属于人工智能的所有权人为基本原则。作为例外，允许当事人之间以协议的方式对邻接权的归属状况进行约定。比如，投资者委托人工智能所有权人进行人工智能创作而形成的"创作物"，即可根据约定来确定归属。这一归属规则的设定，是推定人工智能设计者与生产者，已经通过其对人工智能的销售而获得相对等的经济回报。所以，在人工智能创作物邻接权制度设定中，人工智能的所有权人被推定为是最应受到鼓励的"投资者"。在某种意义上，人工智能的"购买者"（绝大多数情况下，购买者就成为所有权人）可以根据自己的需要，通过"定购""定制"

---

❶❷　王迁. 知识产权法教程［M］. 北京：中国人民大学出版社，2011：204.

❸　如，2012 年 10 月《著作权法（修改草案第三稿）》第 28 条规定："实用艺术作品，其发表权的保护期为二十五年，但作品自创作完成后二十五年内未发表的，本法不再保护；其著作权中的财产权的保护期为首次发表后二十五年，但作品自创作完成后二十五年内未发表的，本法不再保护。"2012 年 12 月《著作权法（修订草案送审稿）》以及 2014 年 6 月《著作权法（征求意见稿）》均有类似的规定。

方式来对人工智能的行为模式、学习特点等方面进行限定。同时，若将人工智能作为物权法意义上的原物来对待的话，其创作物也应切合孳息的物权归属思路。这也就是说人工智能的购买者/所有权人对人工智能创作物享有相应的权利具有法理逻辑之自洽性。

第六，对于人工智能创作物侵害他人权益的责任承担问题，宜与权利归属原则秉持一致性，即原则上由人工智能的所有权人对外承担责任。比如，人工智能创作物在对外公开后，涉嫌侵害他人的隐私权、肖像权、著作权或者其他合法权益的，应由人工智能的所有权人在法律规定范围内承担相应的侵权责任。这类似于侵权责任法中的"对物之替代责任"。当然，如果人工智能之所有权人或者使用者恶意利用人工智能这一工具，而借由人工智能"创作物"这一形式来侵害他人之合法权益，则不属于这里的"替代责任"，而应认定为所有权人或使用者的直接侵权。另外，考虑到人工智能作为产品的特性，对人工智能创作物而产生的侵权责任，还可以引入消费者权益特殊保护的"不真正连带责任制"，即由生产者与所有权人（或实际使用者）对外承担"连带责任"；任何一责任主体对外承担全部侵权责任之后，其他责任主体的侵权责任因此消灭。在所有权人与使用者不一致的情况下，主要由实际使用者承担责任，而所有权人在其过错范围内承担责任。所有权人、使用者或生产者在对外承担相应的侵权责任之后，可以根据实际的过错状况向人工智能的设计者、生产者以及零件提供者或修理者进行追偿。

第七，对于人类智慧创作物与人工智能创作物的界分问题，宜考虑实行"标注制"。即人工智能创作物的权利主体，在公开其人工智能创作物时，必须秉持着最大诚信原则进行"标注"，注明其系人工智能创作物。这种"标注"是一种法定义务。若未依法进行标注，可在征信系统中对义务人进行适当的"惩戒"。同时，为了鼓励权利主体进行准确"标注"，可以考虑"标注"为人工智能创作物的情形下，若发生人工智能创作物侵害他人合法权益之情形，责任主体得以适当减免侵权责任。比如，在有"标注"的情况下，不再适用"赔礼道歉、消除影响"之责任承担方式；在同等情况下，责任主体得以减免 30% ~ 50% 的赔偿损失责任等。之所以这样设定，是因为在纯粹的人工智能创作情境中，对于侵权行为的发生，责任主体并没有强烈的主观恶意，不具有太高的可非难性。

四、结语

诚如许多学者的判断：人工智能正在改变我们的日常生活，并从多方面颠覆这个世界。这种改变远比互联网以及智能手机的广泛运用带来的改变更具深远意义。所以，"我们要为这种变革做好准备，特别是要以一种正确的方式来看待这些人工智能"。❶ 人工智能创作物的法权化模式与制度建构，实际上是人工智能无数深刻法律命题中的一部分。仅就人工智能创作物的法权化而言，适度尊重特定制度体系在一国的积累与沉淀，并因此进行制度的创新，应当是优选。比较而言，邻接权制度所具有的独特属性与弹性张力，使得其在人工智能创作物的法权化路径中具有法理逻辑的自洽性与立法技术的前瞻性。诚然，在人工智能创作物法权化的道路上，是否选择邻接权以及如何建构邻接权制度体系，仍需有更多的法律智慧。

（责任编辑：赵湘怡）

---

❶ 卡洛，弗鲁姆金，克尔. 人工智能与法律的对话［M］. 陈吉栋，董惠敏，杭颖颖，译. 上海：上海人民出版社，2018：3.

互联网信息监管行政约谈的制度检视与完善思路

丁　鹏[*]　郁静慧^{**}

摘要：互联网信息监管行政约谈是监管主体在互联网新闻信息服务单位发生严重违法违规情形时，约见其相关负责人，进行警示谈话、指出问题、责令整改纠正的行政行为。其行为性质具有明显的惩戒性，同时又有内容和功能上的独立价值，对互联网新闻信息服务单位的权利产生直接和现实的影响。《互联网新闻信息服务单位约谈工作规定》作为行政约谈的规范依据存在基本原则缺失、程序规制欠缺、约谈相对人权利保障制度不足等问题，需要从明确行政约谈基本原则、完善行政约谈程序规制、改进行政约谈相对人权利保障机制三方面加以解决。

关键词：互联网信息监管　行政约谈　存在问题　完善对策

Institutional Review and Improvements of Administrative Interview on Internet Information Supervision

Abstract：The administrative interview of Internet information supervision is an administrative action taken by the supervising subject in case of se-

---

* 丁鹏，内蒙古大学法学院副教授。
** 郁静慧，内蒙古自治区公安厅二级警督。

rious violation of laws and regulations, which includes the following: meeting with the relevant contact in charge of the Internet information service unit, warning the culprits of their offenses, and emphasizing the problems while enacting the corresponding retributions/corrections. The nature of this action has obvious disciplinary value, as well as independent value in content and function, which has a direct and realistic impact on the rights of Internet news information service units. As the standard basis of administrative interview, *Regulations on Interview Work of Internet News Information Service Units* has some main problems, such as lack of basic principles, procedural regulation and system for guaranteeing the rights of relative persons. It needs to be solved from three aspects: clarifying the basic principles to be followed in the administrative interview, improving the procedures and regulations of the administrative interview, and improving the protection mechanism of the rights of the counterpart in the administrative interview.

Key words: Internet Information Regulation; Administrative Interview; Existing Problems; Improving Policies

引 言

行政约谈作为一种新型管理方式，近年来在诸多行政管理领域普遍适用。可以说，一方面它有效弥补了传统行政执法中行政主体与相对人之间的对立和冲突，不仅有利于实现行政监管目标，提高行政效率，而且可以最大程度获得相对人的认可和配合，从而减少了监管成本。❶ 另一方面，行政约谈适应了创新社会治理手段、提升国家治理能力现代化的需求，更契合现代行政执法的发展趋势，实现了行政执法手段的多样化与柔性化。本文以互联网信息监管行政约谈为研究对象，以期对该制度的进一步完善有所帮助。

---

❶ LAWRENCE V. Adapting alternate dispute resolution for use in administrative proceedings [J]. Journal of the National Association of Administrative Law Judges, 1993, 13 (2): 203.

一、互联网信息监管行政约谈的含义与性质

（一）互联网信息监管行政约谈的含义

互联网技术是 20 世纪的重大科技发明，它不仅带来了信息传播途径的根本性变革，而且使人类社会进入了一个崭新的生产生活空间。据统计，截止到 2017 年 12 月，我国网民规模已达 7.72 亿，互联网普及率达到 55.8%。❶ 互联网为我们提供了丰富便捷的服务。但与此同时，一些互联网新闻信息服务单位为了谋取不正当利益，出现了违规采编、发布、转载、删除新闻信息或者未及时处置违法信息等问题，破坏了互联网新闻信息的正常传播秩序。基于此，2015 年 4 月 28 日，国家互联网信息办公室为了进一步推进依法治网，促进互联网新闻信息服务行业健康发展，保护公民、法人和其他组织的合法权益，制定出台了《互联网新闻信息服务单位约谈工作规定》（以下简称《工作规定》），标志着行政约谈制度在该领域的正式建立。具体而言，互联网信息监管行政约谈是指国家互联网信息办公室、地方互联网信息办公室在互联网新闻信息服务单位发生严重违法违规情形时，约见其相关负责人，进行警示谈话、指出问题、责令整改纠正的行政行为。

（二）互联网信息监管行政约谈的性质

就行政约谈的性质来说，学术界尚未取得统一认识。有的认为属于行政事实行为，也有的认为属于行政指导行为，还有的认为不属于任何既有的具体行政行为类型。❷《工作规定》将其界定为行政行为，反映了实践部门对互联网信息监管行政约谈性质的认识，也是为了避免歧义与争论。之所以这样认为，原因在于不同领域行政约谈的启动条件、约谈内容、具体表现形式和强制力等都有所区别。笔者根据行政约谈功能和作用的差异以及行政权力在约谈中强弱程度的差别，将其分为以下四种基本类型。

第一种是"纠纷调解型"约谈，指行政主体依据当事人申请，在法定权限范围内对有关民事纠纷进行居中调解的行为，它与行政调解在功能上具有相似性。比较典型的如市场监督约谈，就是行政主体针对经营者的违法违规行为和有关消费纠纷，依据消费者申请，与经营者直接进行沟通交流，听取经营者意

---

❶ 第 41 次《中国互联网络发展状况统计报告》［EB/OL］.（2018 - 03 - 05）［2018 - 03 - 05］. http://www.cnnic.net.cn/hlwfzyj/hlwxzbg/hlwtjbg/201803/t20180305_70249.htm.

❷ 郑毅. 现代行政法视野下的约谈：从价格约谈说起［J］. 行政法学研究，2012（4）：54.

见，指导经营者落实消费维权主体责任，督促其建立消费维权自律体系的一种约谈行为。

第二种是"违法预警型"约谈，指针对相对人可能发生的违法行为，行政主体对相对人予以提醒预防或者对可不予处罚的轻微违法行为予以告诫的行政约谈。此种约谈在行政约谈中最具典型性。一般情况下，行政相对人会尊重行政主体的提醒和告诫，以达到防患于未然或避免更严重后果的目的。

第三种是"执法和解型"约谈，指行政主体在行政相对人轻微违法的情况下对其约谈，要求行政相对人作出解释说明，如果其能及时说明并主动纠正违法行为，则减轻处罚或者不予追究责任的约谈形式。如税务稽查领域中的行政约谈就是税务机关针对相对人的一般违法行为或涉税疑点，主动核实征纳信息，明确处理方案，促使行政相对人在一定期限内主动补缴税款的一种管理行为。

第四种是"督办处罚型"约谈，指行政主体针对相对人的违法行为，采用约谈警示的方式，强制督促相对人履行法定义务的监管措施。特别要指出的是，"督办处罚型"约谈更常见于相对人在行政主体作出整改纠正要求后仍怠于履行法定义务的情形，因此有学者也认为这种约谈形式通常具有一定的惩罚性，会对行政相对人的权利产生直接的、现实的影响。❶

上述四种行政约谈中行政权力的强度明显不同：前两种行政约谈行政权力均体现出较弱的强制性，属于典型的柔性执法方式；而"执法和解型"约谈也仅表现出一定程度的强制性；唯有"督办处罚型"约谈则体现出较强的权力性与强制性特征。互联网信息监管行政约谈从性质上来看应当属于"督办处罚型"约谈。它是互联网信息主管机关在互联网新闻信息服务单位发生严重违法违规行为时主动进行的约谈，互联网新闻信息服务单位不得拒绝。对互联网信息主管机关在约谈中提出的整改要求，互联网新闻信息服务单位必须及时落实；未按要求整改或经综合评估未达到整改要求的，互联网信息主管机关将依照《互联网信息服务管理办法》《互联网新闻信息服务管理规定》给予行政处罚。尤其需要说明的是，互联网新闻信息服务单位被多次约谈仍然存在违法行为的，互联网信息主管机关可以依法从重处罚。从以上内容可知，互联网信息监管行政约谈是互联网信息主管机关就互联网新闻信息服务单位的违法事实作出判断后表明观念和态度的行政行为，具有一定的独立性和阶段性特征。如果将行政处罚看作一个相互承接的整体，互联网信息监管行政约谈则是行政主体对约谈对象

---

❶ 孟强龙. 行政约谈法治化研究 [J]. 行政法学研究, 2015 (6)：105.

作出行政处罚行为的一个环节，具有明显的惩戒性；但是它又有内容和功能上的独立价值，即整改义务的设定和警示功能。同时，互联网信息主管机关可以将与互联网新闻信息服务单位的约谈情况向社会公开。从这个意义上讲，互联网信息监管行政约谈对互联网新闻信息服务单位也会产生直接的和现实的影响。

二、互联网信息监管行政约谈的工作内容与制度检视

（一）互联网信息监管行政约谈的工作内容

1. 建立行政约谈制度的主要目的及其适用条件

《工作规定》第1条开宗明义地规定了行政约谈制度的主要目的，即进一步推进依法治网，促进互联网新闻信息服务单位依法办网、文明办网，规范互联网新闻信息服务，保护公民、法人和其他组织的合法权益，营造清朗网络空间。行政约谈制度作为一种具有灵活性、易操作的常规管理方式，在互联网高速发展并且各种各样的问题层出不穷的情况下，立足于互联网新闻信息服务的特点，本着防止违法和有害信息传播、避免其不良影响的目的，以更及时、更有效的手段促进互联网内容管理的建设性和创新性。因此，行政约谈制度的适用条件也主要针对互联网新闻信息服务单位常见的严重违法违规行为，包括未及时处理公民、法人和其他组织关于互联网新闻信息服务的投诉、举报，违反互联网用户账号名称注册、使用、管理相关规定，未及时落实监管措施等情节严重的九种情形。

2. 约谈主体及约谈的具体对象

依据《工作规定》，国家互联网信息办公室和地方互联网信息办公室作为互联网信息主管机关都具有启动行政约谈的主体资格。一般情况下，约谈实行属地管辖原则，即地方互联网信息办公室负责对本行政区域内的互联网新闻信息服务单位的约谈。但是对存在重大违法情形的互联网新闻信息服务单位，则由国家互联网信息办公室单独或联合属地互联网信息办公室实施约谈。约谈的具体对象是互联网新闻信息服务单位的主要负责人或总编辑。《工作规定》明确规定，对国家互联网信息办公室、地方互联网信息办公室的约谈行为，互联网新闻信息服务单位应当予以配合，不得拒绝、阻挠。

3. 约谈程序及其后果

从启动程序来看，行政约谈是在互联网信息主管机关掌握了互联网新闻信息服务单位相关违法违规证据的情况下，对其主动实施的行政行为。行政约谈通常可以分为事前、事中、事后三个阶段。约谈前的准备阶段为事前程序。此

阶段的主要工作是：告知互联网新闻信息服务单位约谈事由，确定约谈的时间、地点，明确约谈参加人员。事中程序是约谈的实施阶段，在两名以上执法人员和互联网新闻信息服务单位主要负责人或总编辑等共同参加下，互联网信息主管机关指出互联网新闻信息服务单位存在的问题，提出整改要求，并记录约谈情况。此外，约谈情况还会记入互联网新闻信息服务单位日常考核和年检档案。《工作规定》同时强调，国家互联网信息办公室、地方互联网信息办公室可将与互联网新闻信息服务单位的约谈情况向社会公开。这一规定无疑会使互联网新闻信息服务单位感到来自社会和用户的压力，而这种压力有利于促进互联网新闻信息服务单位主动配合主管机关，及时纠正违法违规行为。约谈后的处理阶段为事后程序。这一阶段的主要任务是互联网信息主管机关对约谈单位落实整改情况进行监督检查和综合评估。被约谈的互联网新闻信息服务单位未按要求整改，或经综合评估未达到整改要求的，将面临警告、罚款、责令停业整顿、吊销许可证等行政处罚。如果多次约谈仍然存在违法行为的，会导致依法从重处罚的后果。

（二）互联网信息监管行政约谈的制度检视

行政约谈制度在互联网信息监管领域实施以来，包括新浪、网易、百度、今日头条等在内的多家互联网新闻信息服务单位都有被行政主管机关约谈的经历。但是相对于其他成熟的行政监管措施而言，互联网信息监管行政约谈仍然处于摸索阶段，仅有十条的《工作规定》在制度构建方面还存在不少问题。

1. 行政约谈的基本原则缺失

众所周知，基本原则对于具体执法工作能够起到价值指引和漏洞补充的作用。对于互联网信息监管行政约谈来说，通过具体规则来塑造行政约谈行为模式固然重要，但其毕竟不具有宏观性，这就凸显了行政约谈法治化建设中基本原则的重要意义。一方面要通过基本原则的确立充分发挥行政约谈的制度优势，体现互联网信息监管的预防性、服务性、合作性等现代行政管理理念和特征；另一方面基本原则还适用于对"约谈异化"的法律矫正，❶ 避免"督办处罚型"行政约谈可能出现的利用行政约谈之名进行迂回强制之实，以真正实现多样性行政监管方式的变革。

---

❶ 马讯，杨海坤. 行政约谈实效性的保障机制建构：兼论约谈法治化进阶 [J]. 山东大学学报（哲学社会科学版），2017（1）：82.

2. 行政约谈程序规制欠缺

互联网信息监管行政约谈在程序规制方面首先暴露出的问题即是缺乏明确的启动机制。《工作规定》第4条虽然规定了实施行政约谈的九种情形，但是对"情节严重""问题突出""未及时处理（处置）"等需要监管主体自由裁量的表述，并没有任何程序性条款加以约束，极易导致行政约谈滥用。此外，行政约谈的具体实施程序也存在合法性与正当性的缺失。例如，《工作规定》仅要求监管主体启动约谈前应当提前告知约谈对象约谈事由，但是并没有明确提前告知的时限和形式；针对约谈对象存在的问题，《工作规定》要求监管主体要及时指出并提出整改要求，但同样对落实整改要求的时限也缺少详细规定；《工作规定》对约谈对象整改情况进行综合评估的制度中规定综合评估可以委托第三方开展，但是对如何委托第三方进行综合评估的具体程序亦未规定。

3. 行政约谈相对人权利保障制度不足

纵观《工作规定》现有的十条规范，毫无疑问都是站在监管部门的角度制定的，互联网信息主管机关在行政约谈的安排与实施上掌握了绝对的话语权。例如，《工作规定》对行政主体在约谈中拥有的权力和约谈对象应履行的义务作了较为具体的规定，而对被约谈人申请回避以及提出的方式、对象、时限等内容只字未提。前文已经述及，互联网信息监管行政约谈属于"督办处罚型"约谈，体现出较强的权力性与强制性特征，具有明显的惩戒性。既然如此，理应规定互联网新闻信息服务单位认为互联网信息主管机关的行政约谈侵犯自己合法权益时的救济制度，但是从约谈对象权利和义务一致性来看，互联网新闻信息服务单位在《工作规定》中应有的权利保障机制明显失衡。

综上所述，互联网信息监管行政约谈制度虽然类似于"行政决定作出时或作出前，行政机关与公民之间进行协商或者其他形式的接触的行为，为法律行为作准备或者替代法律行为"[1]，但是由于其往往与后续的行政处罚有着紧密的关联性（互联网新闻信息服务单位未按要求整改或经综合评估未达到整改要求的，将被依照有关规定给予行政处罚，乃至从重处罚），因此，行政约谈在行政处罚前的阶段性特征较为突出。这种情况下，保障互联网信息行政约谈中约谈对象的法律救济权利，就显得尤为必要，它构成有效提升行政约谈科学性与正当性的基本要件。

---

❶ 毛雷尔. 行政法学总论 [M]. 高家伟，译. 北京：法律出版社，2000：398.

三、互联网信息监管行政约谈的完善思路

行政约谈制度在推进互联网信息监管领域依法行政、创新管理模式、净化网络环境以及确保社会稳定等诸多方面都发挥着重要作用。为了进一步健全互联网信息监管行政约谈制度，笔者就其完善路径提出以下三方面的建议。

（一）明确行政约谈的基本原则

1. 依法行政原则

法律优先与法律保留是依法行政原则的两项核心要求。前者指行政主体的行为必须遵循法律位阶的规定，不得与上位法相抵触；后者指行政主体的行为均需要有法律上的依据，即法无明文授权不可为的要求。互联网信息监管行政约谈的法律优先原则主要强调主管机关应当严格依法实施约谈，不得超越其法定权限和管辖范围，特别是不得违背行政法一般的法理要求。就法律保留原则而言，互联网信息监管行政约谈目前有《互联网信息服务管理办法》《互联网新闻信息服务管理规定》和《国务院关于授权国家互联网信息办公室负责互联网信息内容管理工作的通知》等明确的行为依据，但是均属于规章及其他规范性文件等法律位阶较低的规范。建议适当提高其立法层次，满足"督办处罚型"约谈依法行政的基本要求。

2. 信赖保护原则

所谓信赖保护原则是指行政主体应当遵守对于自身行为或者承诺的信用，不得随便作出变更或是反复无常。❶ 互联网信息监管行政约谈的信赖保护原则可以体现在多个环节。首先，监管主体在约谈前应当掌握互联网新闻信息服务单位严重违法违规的充分证据，以此作为启动约谈的理由，确保被约谈单位对约谈工作合法性的信赖。其次，实施约谈过程中，互联网新闻信息服务单位有对约谈内容完整性的信赖，即监管主体应当将约谈事项及与之相关联的所有后果一并说明，不得就同一事项多次、反复、断续约谈。最后，互联网新闻信息服务单位还应当有对约谈结果的信赖，也就是说监管主体在约谈之后向被约谈单位提出的整改要求不得随意更改。总之，互联网新闻信息服务单位因信赖监管主体的行政约谈而从事的作为或不作为应当受法律保护；监管主体无正当理由侵犯被约谈单位信赖利益时，互联网新闻信息服务单位有权以信赖保护为由寻求救济。

---

❶ 姜明安. 行政法与行政诉讼法学 [M]. 5 版. 北京：北京大学出版社，高等教育出版社，2011：73.

3. 注重实效原则

注重实效原则通常是指为保证约谈取得预期效果，最终实现行政约谈目标而应考虑的基本要素。互联网信息监管行政约谈虽然有别于传统行政管理手段，但是监管机关与约谈对象之间仍然存在法律地位不对等的问题；监管主体在信息获取、资源分配以及公共权力等方面均处于优势地位；而互联网新闻信息服务单位作出接受或拒绝约谈的决定时，都是基于对自身所处社会环境的综合考虑。因此，监管主体在实施约谈过程更应当注重情、理、法的结合，以"情"拉近距离，以"理"说服对方，以"法"阐明利害❶，以期"整改要求"的警示纠错作用能够成为被约谈单位诚意接受的成本最低、实效最佳的处理方式。

（二）完善行政约谈的程序规制

我们都知道，法治社会更多地通过正当程序规则对可能滥用的公权力作出必要的预防。对行政约谈的程序进行法治化改进，有助于控制行政约谈的自由裁量权，保障行政约谈的顺利实施。❷ 第一，考虑到互联网信息监管的技术特点，应当充分利用"大数据"的分析结果作为确定所谓"情节严重""问题突出""未及时处理（处置）"等需要监管主体自由裁量的判断的依据。建议以客观的数据事实作为是否启动行政约谈的参考标准，先行确定裁量基准，进而通过监督裁量基准的运用实现对具体启动标准的把握。第二，应进一步规范约谈告知程序。针对被约谈单位在约谈中所处的弱势地位，对行政约谈的特定事项，主管机关应当向被约谈单位书面通知。建议将《工作规定》的有关内容修改为"国家互联网信息办公室、地方互联网信息办公室对互联网新闻信息服务单位实施约谈，应当提前7日送达行政约谈通知书，告知约谈的时间、地点、事由和参加人员等"，并增加"约谈结束后，应当在3日内由约谈机关向被约谈单位送达整改通知书，被约谈单位应当依照整改通知书确定的时限落实整改要求，依法提供互联网新闻信息服务"。第三，约谈记录是主管机关提出整改要求进而作出行政处罚的重要依据，应对约谈记录的确认程序进行规定。建议明确："约谈结束后，约谈记录应当交由约谈对象核对后签名。"第四，约谈工作时限制度对于提高行政约谈的可预期性具有重要价值，要进一步完善行政约谈工作时限的要求，防止"拖延式约谈"。第五，综合评估是对约谈对象整改情况的检查和评价，健全和完善综合评估制度，可以保证被约谈单位及时落实约谈结果，推动

---

❶ 孟强龙. 行政约谈法治化研究 [J]. 行政法学研究，2015（6）：105.

❷ 徐永涛，林树金. 我国行政约谈的理论基础及法治化 [J]. 东岳论丛，2014（12）：172.

行政管理目标如期实现。因此还应当对主管机关的评估程序以及主管机关委托第三方评估时第三方应具备的条件、评估标准以及评估结论等内容进行详细具体的规定。

（三）改进行政约谈相对人权利保障机制

前文分析了目前互联网信息监管行政约谈制度的性质和特点，无论从公权力属性还是监管主体的单方意志性来说，行政约谈都会对约谈对象的权利义务产生实际影响。因此，改进行政约谈相对人权利保障机制的首要一点就是增加约谈回避制度的规定，以确保约谈过程的公正性。当行政执法人员与约谈事项或约谈对象存在利害关系时，应当主动回避或由约谈对象申请回避。同时应补充规定：约谈程序涉嫌违法时，约谈对象有拒绝约谈的权利。此外，在互联网信息内容监管行政约谈中，应当增加行政复议和行政诉讼的原则性规定。行政复议作为行政行为内部监督程序具有专业性和时效性的特点，而行政诉讼作为行政行为外部监督程序则强调了救济的权威性与公正性。伴随全面依法治国的深入推进，行政诉讼受案范围也呈逐渐扩大的趋势。现行《行政诉讼法》已经用"行政行为"取代了"具体行政行为"的概念，并采纳了"实际影响"作为判断是否受案的标准，即对行政相对人的权利义务不产生实际影响的行政行为才不属于行政诉讼的受案范围。基于"有权利必有救济"这一基本准则，应当将互联网信息监管行政约谈行为纳入行政诉讼受案范围。建议在《工作规定》中增加法律救济条款："互联网新闻信息服务单位认为国家互联网信息办公室、地方互联网信息办公室的行政约谈行为侵犯其合法权益的，有权提起复议，对复议决定不服的，可以提起行政诉讼。也可以不经复议直接提起行政诉讼。"同时，国家赔偿作为行政约谈救济的另一途径，适用的前提是"国家机关及其工作人员在行使职权的过程中对于行政相对人的人身权和财产权造成侵犯"。在互联网信息监管行政约谈中，如果出现《国家赔偿法》第4条规定的"造成财产损害的其他违法行为"的情形，被约谈的互联网新闻信息服务单位还可以依法申请国家赔偿。

总的来看，互联网信息监管行政约谈制度的建立体现了管理者顺应现代服务型政府的要求，着力实现从刚性监管向刚柔并济方式的转变，也意味着回应性管理行政向预防性治理行政的理念变革。通过持续实践和改进，必定能推动互联网信息监管领域行政约谈制度不断完善。

（责任编辑：范卓）

网络诈骗被害预防调查分析及优化路径研究[*]

徐 伟[**] 莫 娇[***] 钟秋玥[****]

摘要：网络诈骗被害预防立基潜在被害人与已然被害人视角，针对被害现象发生的危险性、倾向性，抑制被害原因，去除被害条件，具有减少初次被害，防止复次受害的积极作用，有深入推展并联袂犯罪预防共同施力于预防网络诈骗的必要性。调查表明，网络诈骗的发生归因于被害人易受侵害性的特质，当从被害因素予以切入，依托被害人生理、心理以及社会环境等实证数据，取径国家、社会和被害人维度，予以被害前预防、被害中预防、被害后预防的路径优化。网络诈骗被害前预防凸显源头防控，强调加强立法完善，着力社会宣讲，提高防范意识，减少犯罪得逞机会。网络诈骗被害中预防申彰止害防控，致力增进网络诈骗信息披露，强化网络平台预警，克服被害恐惧心理，防止危害结果加剧。网络诈骗被害后预防阐扬防害升级，主张跟进国家补偿制度，畅通司法救济途径，平抑被害愤懑情绪，避免被害人转化为加害人。

* 本文系 2018 年中国法学会项目"网络传播有害信息犯罪预防机制研究"［项目号：CLS（2018）D52］、重庆市社会科学规划青年项目"网络越轨行为风险评估及分级治理研究"（项目号：2018QNSH38）、重庆邮电大学社会科学基金重大委托项目"网络传播有害信息犯罪治理模式研究"的阶段性研究成果。重庆邮电大学本科生郭珺瑶、赵乙九、韩谦语、陈化雨、王若晗、刘琦、龙俊池、董倩、林茵、吴瑕参与实证数据的调研、统计与分析，在此一并致谢，然文责自负。
** 徐伟，重庆邮电大学网络空间安全与信息法学院讲师，重庆邮电大学网络法治研究中心研究人员。
*** 莫娇，重庆邮电大学网络法治研究中心研究助理。
**** 钟秋玥，重庆邮电大学网络法治研究中心研究助理。

关键词：网络诈骗　被害预防　被害人　犯罪预防

Investigation and Analysis of Network Fraud Victimization and Optimization Path

Abstract：From the perspective of potential victim and existing victim, the prevention of victim of network fraud is based on the danger and tendency of victimization, restraining the cause of victimization, removing the condition of victimization, which has the positive effect of reducing the first victimization and preventing the repeated victimization, and has the deep promotion of parallel crime prevention and joint efforts of network fraud. The necessity. The investigation shows that the occurrence of network fraud is attributed to the victim's vulnerability. We should start from the victim's factors, rely on the victim's physical, psychological and social environment and other empirical data, take the national, social and victim dimensions to optimize the path of victimization – prevention at different stages. Prevention before the victim of cyber fraud highlights the source of prevention and control, stressing the improvement of legislation, focus on social propaganda, improve awareness of prevention, reduce the chance of success of crime. Prevention and control of victimization of network fraud, efforts to enhance information disclosure of network fraud, strengthen early warning of network platform, overcome fear of victimization, and prevent the aggravation of harm results. After the victim of cyber fraud, the author advocates that the state compensation system should be followed up, the judicial remedies should be smooth, the anger of the victim should be suppressed, and the victim should not be turned into the victim.

Key words：Internet Fraud；Victimization Prevention；Victim；Crime Prevention

伴随网络经济日趋兴盛，网络交往日益频繁，网络新型诈骗行为不断涌现，并呈愈演愈烈之势，严重危害国家安全，损及人民利益，亟待有效抑制。对此，刑法修正案密集调整网络犯罪相关条文，独立关涉网络犯罪之预备行为、中立帮助行为的刑法罪名。但问题关键在于，刑法制裁以已然犯罪人为预防焦点，忽视被害主体预防，在实践中效果不彰，难以及时阻遏网络诈骗蔓延之势。❶ 一方面，犯罪的发生并非犯罪人单方面原因导致，被害人自身的易受侵害性亦是犯罪发生不可或缺的条件，需联袂犯罪预防和被害预防措施通力作用于预防网络犯罪。另一方面，网络空间较现实空间而言，隐蔽性强，延展面广，仅仅单方面依靠刑罚的重刑惩戒，而不是提高全民被害预防，无助于增加犯罪成本，抑制网络犯罪发生。被害预防立基潜在被害人与已然被害人视角，针对被害现象发生的危险性、倾向性状况，强调抑制被害原因，去除被害条件，申彰被害预防保护机制的形成，进而防止和减少初次被害或复次被害的出现，是一种行之有效的抑制网络犯罪的预防措施。然而，以往研究过于专注犯罪预防，倚重刑罚惩戒，而较少涉及被害预防，致使网络诈骗在阙如被害预防的情况下肆意生长。有鉴于此，本文拟以网络诈骗被害预防为视角，从被害人生理特征、心理因素，以及外在环境进行实证调查分析，深入探究被害前预防、被害中预防和被害后预防的优化路径，进而为公众提供一套切实可行的网络诈骗被害预防策略。

一、网络诈骗被害预防的理论根基

立基被害预防视角，研究网络诈骗旨在从源头上遏制网络犯罪的发生。被害预防侧重调整潜在被害人行为，而犯罪预防凸显抑制潜在犯罪人的行为倾向。两相比较，被害预防对遏制犯罪的效果更为明显。❷ 被害预防强调将被害人行为与犯罪结果相连，将犯罪预防的责任赋予被害人，申彰通过控制和减少自身被害性，达到预防被害、有效控制和减少网络诈骗的效果。

（一）被害预防是犯罪预防的必要补充

深入探究，提高刑法惩戒、加重处罚后果并不足以防止网络诈骗的滋生，

---

❶ 陈纯柱，刘娟. 网络诈骗的立案困境与路径研究 [J]. 重庆邮电大学学报（社会科学版），2017（2）：50.

❷ 黄东，何焗松，岳洋. 我国女大学生被害预防研究 [J]. 中国人民公安大学学报（社会科学版），2016（4）：10.

需结合被害预防予以实现。不可否认,被害预防是犯罪预防的另一侧面,它与犯罪预防互为补充,相辅相成,共同着力网络犯罪的发生,构成犯罪预防的对策体系。实际上,被害人方面的因素通常被认为是犯罪发生不可或缺的条件,因为犯罪人实施犯罪行为,并非单纯归因于自身因素,而通常是基于被害要因的诱惑或强化,具体表现为被害人生理特征、心理素质等方面体现的易受侵害性。从这个角度上说,被害预防需要从被害人层面展开,通过减少被害特征来实现被害预防。被害预防取径被害人保护视角,能够为犯罪预防提供一种良性指引,避免刑法威慑的负面影响,并有助于全民犯罪预防局面的形成。立基犯罪预防角度,国家将全民作为潜在犯罪者予以对抗性预防,公众多有悖反情绪,而少有合作意愿;相反,选择被害预防视角,国家将每个人当成潜在被害人,着力保护每一位公民利益,能够统一国家和公众立场,并形成一致预防犯罪的合力。❶ 这也是被害预防成为近年来犯罪学理论重点关注,并跃居犯罪预防特殊形式的重要原因。被害预防从提高被害人防范措施角度,实质性减少犯罪得逞机会,是一种直接指向犯罪对象,影响犯罪结果的预防措施;将其纳入网络犯罪的预防体系,有助于实质减少网络犯罪的发生。

(二)被害预防是犯罪治理体系的重要组成部分

纵观当今世界,多数国家已将被害预防纳入犯罪治理体系之中,并将犯罪预防的重心从犯罪人预防转移至被害人预防。被害预防最早可追溯至 20 世纪中期的欧美学者研究,并形成被害人学。随后,被害预防逐渐被世界各国所接受,并被纳入犯罪治理体系中予以综合考量。被害预防根据被害发生的过程,可细分为事前、事中、事后三个阶段。❷ 被害前预防指犯罪行为尚未实施或危害结果尚未发生之前,予以防患未然的源头预防;被害中预防指被害持续进行过程中,防止危害结果进一步扩大的止害预防;被害后预防指被害发生之后,国家跟进救济机制与补偿制度防止被害人转化为犯罪人的主体预防。必须强调的是,被害预防措施仅是犯罪治理体系的一部分,需与其他犯罪治理措施相互补充,共同施力,方能有效治疗网络犯罪的"综合病症"。

(三)被害预防的缺失是网络诈骗猖獗的重要原因

犯罪人与被害人是一种互动关系,两者之间存在相互转化的可能,应着力阻遏被害人向犯罪人的转化。白建军教授在《关系犯罪学》一书中曾明确提出

---

❶ 徐伟. 犯罪化策略与守法策略:博弈分析及其制度镜鉴 [J]. 理论导刊,2018(3):70.

❷ 王刚. 犯罪被害人学视阈中的被害性问题研究 [J]. 犯罪研究,2014(6):10.

"犯罪即互动"的观点，主张根据加害人与被害人之间相互关系的类别，将犯罪分为被迫型被害犯罪（如杀人、强奸、抢劫等）、缺席型被害犯罪（如盗窃、贪污等）和交易型被害犯罪（如诈骗等）。❶ 网络诈骗是一般诈骗的特殊类型，属交易型被害犯罪范畴。在此类被害关系中，犯罪侵害是通过犯罪人与加害人的直面交流发生；在犯罪过程中，被害人有机会阻断犯罪进程，但是由于自身甄别能力而无法察觉犯罪事实，并在陷入错误认识的情况下，自愿交付利益而遭受侵害，呈现为一种对犯罪侵害"积极"服从的样态。在网络诈骗中，倘若只有犯罪人的单方面策动实施，而没有被害人的互动回应，网络诈骗是绝无可能发生的。换言之，被害人与加害人的互动关系是网络诈骗得已发生的直接动因。❷ 详考网络诈骗的行为进程，犯罪人和加害人始终居于普遍联系的互动关系中。同时，这种互动关系并非一成不变的，而是运动发展的动态过程，随着周遭环境而改变。被害人不仅是加害人的施害对象，在某种场合亦可以转化为加害人。因此，取径被害主体，着力被害人自我防范意识的提升，有助于切断网络诈骗的犯罪进程，进而实现源头控制，有效抑制网络诈骗的发生。是故，在网络诈骗的犯罪预防中，应将被害人与加害人置于同等重要的地位，凸显被害人在互动关系中的核心地位，并着力被害预防措施的跟进。

（四）被害预防的实施对抑制网络诈骗具有多重效果

第一，被害预防能够有效降低被害概率并减少被害损失。被害人自身存在的某些容易招致犯罪侵害的因素对于网络犯罪的发生具有极为重要的影响，而被害预防能够消除或者减少这些因素影响，从而有效减少犯罪。在网络诈骗的预备阶段，被害预防可提高被害人的防范意识，降低被害概率；在网络诈骗的实行阶段，被害预防可使被害人及时醒悟，有效降低危害结果的发生概率，防止其向加害人转化。

第二，被害预防可显著提高网络诈骗的犯罪成本。被害预防通过提高被害人自我保护意识，间接增加犯罪成本。当被害人不再"呆萌"、易受骗时，犯罪人通常会更新犯罪手段，改进犯罪装备，而这些必然以经济成本的增加为代价。同时，被害人防范意识的提高，亦会增加犯罪被发现的风险，使犯罪人有随时担心东窗事发的顾虑。通过犯罪成本和犯罪收益比对，可直观发现，被害预防将直接增加犯罪成本，且可能使犯罪成本高于犯罪收益。在高风险、低回报的

---

❶ 白建军. 关系犯罪学 [M]. 3 版. 北京：中国人民大学出版社，2014：160.
❷ 陈晓娟. 我国电信网络诈骗犯罪的犯罪学分析 [J]. 山东警察学院学报，2017（5）：119.

情况下，犯罪人通常会基于理性考量，放弃犯罪意图，中止犯罪行为。

第三，被害预防可以防止网络诈骗被害人向犯罪人的角色转变。世界是普遍发展的，任何事物都处于运动发展的动态过程中。犯罪人与被害人亦不例外。在一定条件下，被害人可以转化为犯罪人。在网络诈骗中，被害人虽处于相对不利的状态，但是当这种不利状态累积到一定程度时，自我保护的本能将促使被害人改变消极角色，转化为加害人。而被害预防目的旨在通过卓有成效的措施，防止被害现象的产生。同时，当被害人不复存在时，被害人转化为犯罪人的现象也就无从发生。

第四，被害预防有利于灵活应对网络诈骗。针对网络诈骗的不同特点，被害预防均可作出有效应对。例如，针对网络诈骗种类繁多、形式多样的特点，国家可从完善网络平台审查制度着手，营造清朗的网络空间；同时，建立网络诈骗举报平台，使网络诈骗无处遁形。

第五，被害预防有助于提高公众自我保护意识，增加全民犯罪预防的积极性。明辨网络诈骗的严重危害后果，无疑可为被害人提供保护自身免受犯罪侵害的有效方法与合理路径。被害预防以被害人利益保护为中心，较传统的犯罪预防而言更具积极性。因为人人都有遭受网络诈骗侵害的可能，故人人都有承担预防被害的重任——无论是基于自身安全还是社会稳定，此份重任都不可推卸。此外，从预防效果来说，犯罪被害的事前预防优于事中和事后预防，应在被害预防中有所侧重。

二、网络诈骗被害预防的调查分析

网络诈骗的发生与被害人的易受侵害性特质密不可分，需从被害人因素予以切入。部分人之所以成为网络诈骗的被害人，最根本的原因在于其易受侵害性——较那些不易受骗的人群，他们总是犯罪人最理想的施害对象。为此，笔者通过线下线上相结合的方法收集调研数据，线上与线下问卷内容相同。线上以微信、QQ、微博、第三方调研网站等方式发布调查问卷链接，邀请不同层面、不同学历、不同性别、不同行业等的人群打开链接完成问卷调研。线下在重庆市不同地区针对不同群体发布并收集调研资料。此次调研一共收集问卷955份，剔除无效问卷126份，获得有效问卷829份。根据问卷内容从网络诈骗被害人的生理因素、心理因素和社会环境三个方面，通过实证数据统计分析，探讨被害特质。

（一）网络诈骗被害人生理因素分析

网络诈骗被害人生理因素主要包括性别因素和年龄因素两个方面，且因性别差异和年龄分化而存在较大区别，需在被害预防中予以针对性处理。

1. 性别因素

其一，不同性别受害人对网络安全的认知存在较大偏差。通过在线调查的数据比对，可直观获知男性较女性而言更确信网络环境安全，并持有较低的警惕意识。在随机调查的 470 名女性中，9 名女性认为当前网络环境非常安全，占比 2.0%；310 名女性认为当前网络环境比较安全，占比 65.9%；136 名女性认为当前网络环境不太安全，占比 28.9%；15 名女性认为当前网络环境不安全，占比 3.2%。反观随机调查的 359 名男性中，26 名男性认为当前网络环境非常安全，占比 7.2%；225 名男性认为当前网络环境比较安全，占比 62.7%；91 名男性认为当前网络环境不太安全，占比 25.4%；17 名男性认为当前网络环境不安全，占比 4.7%。两相比较，女性认为网络环境不太安全和不安全的比例大于男性，由此可知，女性的网络安全防范意识相对男性要高。

其二，不同性别受害人在网络诈骗中的救济方式存在差异。在 359 名受访男性中，33 位男性选择自认倒霉，占比 9.2%；78 位男性认为金额不大，不予理会，占比 21.7%；13 位男性寻求他人帮助，占比 3.6%；99 位男性选择依靠个人力量勇敢揭露，占比 27.6%；136 位男性选择报警，占比 37.9%。在 470 名受访女性中，这一数据存在明显变化：41 位女性选择自认倒霉，占比 8.7%；94 位女性认为金额不大，不予理会，占比 20%；57 位女性选择寻求他人帮助，占比 12.1%；112 位女性选择依靠个人力量勇敢揭露，占比 23.8%；166 位女性选择报警，占比 35.4%。由此可见，女性在遭遇网络诈骗时，维权意识较男性而言更为积极，但在维权手段的选择上稍显薄弱。女性更倾向于寻求亲人、朋友和老师的帮助，而男性更倾向于诉诸法律。

其三，不同性别受害人在预防被害手段上呈现差异。受访的 829 人中，有 741 人认为应该提高警惕，其中男性 311 人，占比 42.0%，女性 430 人，占比 58.0%；707 人选择加强相关部门管理，提高公安打击力度，其中男性 301 人，占比 42.6%，女性 406 人，占比 57.4%；598 人选择提高学校教育，加强社区宣传，其中男性 245 人，占比 41.0%，女性 353 人，占比 59.0%；536 人选择通过讲座形式让公众获知网络诈骗手段，其中男性 228 人，占比 42.5%，女性 308 人，占比 57.5%；662 人选择完善相关立法，提高网络诈骗成本，其中男性 284 人，占比 42.9%，女性 378 人，占比 57.1%。据此观之，绝大部分人还是认为提高自我防范意识是打击网络诈骗的有效方法。

2. 年龄因素

其一，对于有损失的网络诈骗，不同年龄层次被害人的救济措施不尽相同。将 829 个受访对象分为 18 岁以下、18～25 岁、26～35 岁、36～45 岁、45 岁以上五个年龄段。其中，18 岁以下的 36 人，在遇到网络诈骗并有一定损失的情况下，选择金额不大，不予理会的 7 人，占比 19.4%；选择寻求他人帮助的 3 人，占比 8.3%；选择依靠个人力量勇敢揭露的 2 人，占比 5.5%；选择报警的 14 人，占比 38.8%。18～25 岁的 445 人，在遇到网络诈骗并有一定损失的情况下，选择金额不大，不予理会的 37 人，占比 8.3%；选择寻求他人帮助的 112 人，占比 25.2%；选择依靠个人力量勇敢揭露的 49 人，占比 11.0%；选择报警的 139 人，占比 31.2%。26～35 岁的 72 人，在遇到网络诈骗并有一定损失的情况下，选择金额不大，不予理会的 6 人，占比 8.3%；选择寻求他人帮助的 12 人，占比 16.6%；选择依靠个人力量勇敢揭露的 6 人，占比 8.3%；选择报警的 17 人，占比 23.6%。36～45 岁的 148 人，在遇到网络诈骗并有一定损失的情况下，选择金额不大，不予理会的有 18 人，占比 12.2%；选择寻求他人帮助的 26 人，占比 17.6%；选择依靠个人力量勇敢揭露的 4 人，占比 2.7%；选择报警的 32 人，占比 21.6%。45 岁以上的有 128 人，在遇到网络诈骗并有一定损失的情况下，选择金额不大，不予理会的 6 人，占比 4.7%；选择寻求他人帮助的 19 人，占比 14.8%；选择依靠个人力量勇敢揭露的 9 人，占比 7.0%；选择报警的 9 人，占比 7.0%。综合来看，年龄越大的受害人越倾向于诉诸法律挽回损失，而年纪较轻的受害人则倾向选择不理会、不举报，个中原因值得深思。

其二，不同年龄阶段受害人对网络诈骗相关法律的了解程度不一。18 岁以下的 36 人，对于网络诈骗相关法律法规完全陌生的 11 人，占比 30.6%；稍微了解的 23 人，占比 63.9%；相当了解的仅 2 人，占比 5.5%。18～25 岁的共有 445 人，对于网络诈骗的相关法律完全陌生的 99 人，占比 22.2%；稍微了解的 321 人，占比 72.1%；相当了解的 25 人，占比 5.6%。26～35 岁的共有 72 人，对于网络诈骗的相关法律完全陌生的 27 人，占比 37.5%；稍微了解的 40 人，占比 55.6%；相当了解的 5 人，占比 6.9%。36～45 岁的 148 人，对于网络诈骗相关法律完全陌生的 48 人，占比 32.4%，稍微了解的 95 人，占比 64.2%；相当了解的 5 人，占比 3.4%。45 岁以上的共有 128 人，对于网络诈骗相关法律完全陌生的 40 人，占比 31.3%；稍微了解的 84 人，占比 65.6%；相当了解的 4 人，占比 3.1%。由此可见，大部分人对网络诈骗相关法律仅是微量了解，且年轻者较年长者而言对网络诈骗相关法律了解更多。

（二）网络诈骗被害人心理因素分析

网络诈骗被害人的心理因素包括认知因素、情感因素和意志因素三个方面，需在明辨各因素作用机制的基础上予以被害预防。

1. 认知因素

网络诈骗被害人的认知因素决定被害人判断是非、甄别善恶的能力，对预防被害具有举足轻重的作用。

其一，被害人阙如网络诈骗的过往经历，欠缺对网络诈骗手段的全面了解，则易于受骗。互联网技术的飞速发展和智能手机的全面普及，在不断便利人们日常生活的同时，也日益增加网络诈骗的高危风险。人们需在提高个人认知能力的基础上予以被害预防。接受本次调查的829人中，有780人明确表示了解电话诈骗，775人确知短信诈骗，527人确知代购诈骗，613人知晓钓鱼网站诈骗，670人知晓手机二维码支付诈骗，614人知晓网上招工诈骗，仅有52人知晓APP诈骗。通过数据调查，可直观发现公众对新型网络诈骗形式不甚了解是导致网络诈骗猖獗的重要原因。

其二，社会经验缺失、生活圈子狭窄的人对网络传播信息的甄别能力较弱，防范意识较差，极易落入诈骗者陷阱。最为典型的案例是网络链接的打开选择。在调查中，将近1/4的人在查询资料时会选择打开不安全链接，此举显然大大提升了网络诈骗者的犯罪得逞机会。同时，不安全链接的出现也与网络平台的审核力度有关，有必要在加强网络平台监管责任的基础上提升公众网络安全意识。

其三，认知偏差，知识缺乏，则难以应付诈骗。关于被害人的认知偏差共调查266人，其中35.7%的调查对象明确表示会主动学习网络相关知识，3.8%的调查对象表示被骗之后也许会主动学习网络相关知识，48.5%的调查对象表示有时会关注一些网络相关知识，12%的调查对象表示从不主动学习网络相关知识。

2. 情感因素

情感是情绪、感受的统称，是客观事物是否符合主观需要的内心体验，其心理外化过程对行为趋向有着加速或减缓的催化作用。不可否认，触动被害人的情感丝弦对诈骗目的的实现具有举足轻重的作用。这也是缘何犯罪分子屡屡利用亲人情感和朋友信任，炮制"车祸"信息、"病危"信号，并以寻求被害人帮助为借口，通过转账汇款骗取钱财。此种诈骗中，犯罪分子通常极力渲染紧张气氛，激发被害人的焦躁、恐慌情绪，使其无暇理性思考、冷静应对，进而在轻信和盲从中上当受骗。根据被害人的这一心理因素，调查组专门就网上借钱或充话费问题设计了问卷。接受此次调查的 829 人中，有 67 人认为自己会立即转账，占比较低，仅 8.1%；762 人选择不立即转账，而是先打电话确认信息，占比较高，达 91.9%。从调查数据可知，公众对网络"借钱""转账"等诈骗手段的防范意识总体较强，仅少数人警惕性较低，需加强宣传提高其情感认知能力。

3. 意志因素

其一，被害人自制力薄弱，难抵利益诱惑，极易掉入网络诈骗的"陷阱"。虚假中奖诈骗即为此类犯罪典型。此类网络诈骗充分利用被害人对金钱的强烈欲望，虚假传播中奖信息，使其陷入错误，"自愿"交付财物。问卷调查的 829 人中，面对此类虚假信息，选择忽视、不予理睬的人 625 人，占比 75.4%；选择相信，并且按照要求去做的 12 人，占比 1.4%；选择认识到是诈骗，拉黑并举报的 192 人，占比 23.2%。

其二，被害人的盲从意志。盲从具体可分为对权威的盲从和对大众行为的跟随两种。心理学家艾伦·兰格博士通过调查发现，人们在日常生活中通常较少深思熟虑，而是重复机械行为。此种情况下，可感知的权威必然使人产生无底限的机械响应。长久以来服从权威的习惯，往往导致人们主动放弃理性思考，而求助于权威人士的解答和建议。❶ 网络诈骗中的犯罪人即是充分利用公众的权威盲从心理，通过虚构权威，骗取钱财。此外，对大众行为的跟随心理，即随大流，也是导致网络诈骗得逞的重要原因。通常，公众在不确定事物前景的情况下，一般通过观察和习得他人行为来指导自身。犯罪人惯常利用被害人的此种社会认同感，实现网络诈骗目的。因为，就从众心理而言，人们通常认为"别人如此做，我也可跟随"，进而不去深究事情本身的正误，导致自己落入网络诈骗的圈套。此次问卷，调查组专门设计了二维码扫描获赠奖品的题目，829人作答中，有 45 人选择扫码领礼品，占比 5.4%；103 人选择跟随他人扫码，占比 12.4%；681 人拒绝扫码，占比 82.2%。从调查数据显示，近 18% 的人极有可能成为网络诈骗的被害人。

（三）网络诈骗被害人环境因素分析

其一，社会风气歪斜是网络诈骗滋生的诱因。近年来，贪污腐败等不正之风在一些地域和行业日渐蔓延，导致人们对潜规则、走后门等不正当行为习以

---

❶ 津巴多. 路西法效应［M］. 孙佩妏，译. 北京：生活·读书·新知三联书店，2015：504.

为常，并形成错误的思想意识，在自己或亲朋触犯法律之时，不相信司法机关能够秉公裁决，而是寄希望于贿赂官员，寻求庇护。据此，调查组设计了"遭遇诈骗向相关部门求助是否有用"的专项问卷，受访的264人中，17%的调查对象认为无用，38%的调查对象表示不管结果如何都会一试，23%的调查对象认为对犯罪人有警示作用，22%的调查对象表示肯定有用。

其二，维权环境的艰难使网络诈骗者有可乘之机。首先，网络诈骗防范宣传力度薄弱。关于网络诈骗的防范宣传未能覆盖所有犯罪场域，存在宣传盲区。当前网络诈骗的被害预防宣传一般局限于媒体传播和公共聚集地宣讲，而未能深入社区。其次，被害预防的宣传对象存在缺漏。针对流动人群和基层工人的被害宣传较少，而这些人群往往是网络诈骗的高危受害人群。再次，被害预防的宣传方式单一，内容枯燥，较难激发公众学习兴趣，宣传效果堪忧。网络诈骗的受害人群以低学历、高年龄为主，并聚集基层一线，无法通过媒体和板报使用的晦涩法律用语读取网络诈骗的妨害要点。通过通俗用语以公众喜闻乐见的方式呈现才更利于这些人群了解网络诈骗的妨害要点。显然，前者过多，而后者较少，难以实现网络诈骗被害预防的效果。最后，维权手段的宣传不到位，亦是被害人维权无径可循的重要原因。当然，维权手段的多样化也是必不可少的。对于被害人而言，拓宽维权渠道与充分利用维权路径同等重要，两者不可偏废。唯此，才能最大限度地保证被害人免受二次侵害。此次调查，针对维权环境亦设计了问卷，受访的829人中，611人将维权难度的增加归咎于被害人维权意识的缺乏，占比73.7%；593人归咎于缺乏维权渠道，占比71.5%；493人归咎于执法不力，占比59.5%；544人归咎于相关法律法规不够健全，占比65.6%；468人归咎于被诉方不明，占比56.5%；543人归咎于维权证据难以获取或保存，占比65.5%。通过此调查发现，多数人将网络诈骗的维权难归咎于维权意识的缺乏。

其三，网络环境缺乏安全保障。网络环境的不安全因素是导致网络诈骗的重要原因，而长久以来，以安全为基础的网络信任机制一直被忽视和边缘化。❶受访的829人中，认为网络环境非常安全的有35人，占比4.2%；认为比较安全的535人，占比64.5%；认为不太安全的227人，占比27.4%；认为不安全的32人，占比3.9%。由此可见，公众对当前的网络环境安全是较为信任的，

---

❶ 岳平. 信任机制：个体性被害风险聚集的现代性解读 [J]. 上海大学学报（社会科学版），2018 (2)：23.

但事实上，网络环境并非毫无漏洞，公众对网络环境安全仍应持警惕之心。实践中，网络诈骗者正是利用公众对网络环境的安全信任，探寻网络运行的若干罅隙，并付诸网络诈骗的行动。从这个角度上说，如何健全网络信任机制，提高网络安全保障屏障，仍然是网络安全管理部门今后较长一段时间的工作目标。

三、网络诈骗被害预防的优化路径

网络诈骗关乎被害人利益维护，关涉被害人角色转换。应立基被害人视角，针对网络诈骗调研中出现的现实问题、通过优化网络诈骗的被害预防路径实现被害预防。其具体路径包括被害前预防、被害中预防、被害后预防三个阶段，需以国家、社会、被害人三者为责任主体予以被害预防措施的跟进。

（一）被害前预防是被害预防的源头治理环节

1. 被害前预防的国家措施

首先，加强国家对网络安全、证件制作、广告宣传等紧密关联国民生活事务的社会管理。造成被害人轻信网络骗局的最大原因源于社会管理漏洞，有必要通过提高管理水平，减少网络诈骗的概率。纵观当前社会环境，无论是在网络平台还是现实生活中，各种虚假信息随处可见，需要敏锐的善恶甄别能力，才可能避免掉入网络诈骗的陷阱。显然，这种甄别能力并非每一普通民众所具有，由此给犯罪分子带来可乘之机。是故，应加强网络监管，完善网络平台审查制度，构建网络安全服务体系，提升网络诈骗技术防控水平，进而在虚假信息流入网络平台问题上设置层层堤坝，实质减少公众接触网络诈骗信息的概率，防止被害。与此同时，将网络平台的安全监管责任纳入网络诈骗的刑法规制范畴。从这个角度上说，《刑法修正案（九）》增加刑法第286条之一条款，明确将网络服务提供者拒不履行信息安全管理义务纳入刑法规制范畴是较为妥当的。不可否认，网络平台缺乏监管的信息推送无形中增加了网络空间的安全风险，并威胁公众财产安全。因此，依法追究网络平台监管不力的刑事责任，有助于为公众提供一个清朗的网络空间。

其次，建立网络诈骗举报平台，整合多元社会力量，形成防范和打击网络诈骗的合力。一方面，构建网络诈骗举报平台有助于提高被害人维权意识，拓宽网络诈骗维权渠道。基于网络诈骗查处与惩罚的双重难题，国家有必要建立统一的网络诈骗举报平台，让被害人能够快速、及时地进行维权举报，有效降低维权成本，让维权离公众更近。另一方面，网络诈骗平台的建立能够充分调动公众积极性，整合社会多元力量，使每一个人都有可能参与到举报网络诈骗中，进而通过提供网络诈骗线索，与国家协同侦破网络诈骗案件。此外，网络诈骗举报平台还是国家与公众之间的信息传递桥梁——国家通过对网络诈骗信息的及时公布，使公众深入了解网络诈骗的方式手段，并提高警惕意识。

2. 被害前预防的社会措施

社会主管机关是网络诈骗被害预防的践行部门，需做好相关调查与数据分析，及时掌握网络诈骗情况，并有针对性地采取被害预防措施。在具体落实中，应制订周密的被害预防计划，整合多方力量，协调各种社会关系，充分利用现有资源进行宣传教育，营造被害预防的氛围。值得注意的是，被害预防行为的实施依靠防范意识的支配，需从提高公众网络诈骗防范意识予以切入。立基被害预防的社会视角，开展广泛的网络安全宣传培育是提升公众防范意识的关键所在。其中，培育具有个人信息安全意识的文化是宣传教育的核心。对于学生而言，可在教学大纲中硬性设置网络安全教育课程，通过真实案例的宣讲揭开网络诈骗的面纱，提高学生网络诈骗的防范意识。对于公众而言，可培育公众安全意识文化，提升公众保护能力，身体力行帮助普通百姓了解网络诈骗形式，应对网络诈骗风险。在具体实践中，提升公众网络诈骗防范意识的方式应多样化，不应局限特定区域和固定形式，而应扩及社区、单位等基层组织，通过面对面座谈、一对一讲解等方式使公众深入了解网络诈骗的形式和手段。不可否认，信息安全是网络时代个人生存发展的基础，社会应以提高个人信息安全意识和能力为第一要务。在被害前预防社会措施的开展过程中，需充分强调网络诈骗宣讲工作的持续性。事实上，只有持续反复的宣讲，才能引起公众的关注与重视。信息安全意识并非一朝一夕遽然形成，而是持续学习过程的积淀；不可能通过一次宣讲实现，而必须付诸反复多次的细致讲解才有望形成。

3. 被害前预防的被害人措施

首先，面对网络诈骗，公众应树立被害预防意识，具体包括警惕意识、防范意识等，进而从源头上避免自己成为网络诈骗的被害人。在生活中做到全面了解网络诈骗的作用过程，并铭记在心，警惕在行。同时，对网络传递信息常存戒备之心，不轻信。提高甄别网络行为是非善恶、真假虚实的能力，做到不盲从，不跟随。此外，提高自律意识，严格遵循安全上网规则，谨慎选择交易平台和支付路径，理性取舍交易对象和贸易伙伴。其次，提高被害预防能力，要提升自身素质，积极学习网络诈骗的相关法律法规，挖掘多方渠道全面了解网络诈骗的常用手段、类型、情景等防骗基本知识；积极关注网络安全新闻报道；主动学习网络安全相关知识，提高个人网络技能，切实保护个人信息安全。

最后，加强心理建设与防骗训练，具体包括理性思维培养、从众心理克服和坚强意志塑造三个方面。

其一，理性思维培养方面，应通过"事故"或"中奖"情景的反复设置，引导公众有效管控焦虑、恐慌以及极度喜悦心理的能力，并时刻保持理性。理性思维是人区别于动物的特有形态，居于高级思维阶段。理性思维使人具有甄别善恶、辨别是非、判断正误的能力，进而从容面对社会生活的各种风险和困境。但是，理性思维并非人类与生俱来，亦非人人所有，需经后天训练方能形成。理性思维训练的核心是摒除外界情绪干扰，即排除情绪对大脑的控制。具体到网络诈骗中，面对虚假信息，即便是至亲家人的紧急事故信息，也不应阵脚慌乱、心神涣散，让情绪掌控大脑。在训练中应培养公众冷静情绪、调整心态的能力，并引导其从事实出发，核实信息，证实身份，并经由大脑分析，作出理性判断，合理应对。

其二，克服从众心理训练。从众心理具有极大的负面影响，不仅束缚思维，还限制独立思考，极易使人怀疑自身判断。随着互联网技术的飞速发展，网络信息的真实性变得愈发难以甄别，附随多数人的行为已不再是一条行之有效的捷径，而可能成为遁入诈骗深渊的黑途。因此，面对花样繁多、琳琅满目的网络信息，我们不能求助于他人行为的习得，而应着力对独立思考能力的培养，坚决杜绝盲从和跟随。切入教育、心理等多维视角，公众首先要培养独立思考和理性决策的能力，面对纷繁复杂的网络信息，能够进行过滤、筛选和分析，并判断真伪。其次，培养坚持己见的性格，对于准确的结论应一以贯之，始终坚持。凡遇转账、汇款等要求，应电话求实或当面核实，防止虚假信息妨碍个人理性判断。

其三，坚强意志塑造训练。训练的核心是不贪图凭空飞来之利，在具体实践中，需坚持以下两点：不为小利出卖个人信息，不为免费礼品轻易微信扫码，以此通过严守个人信息底线，提高被害预防效果。纵观以往的网络诈骗案件，犯罪分子惯常利用人们贪图小利的心理，设置"利益陷阱"，且屡试不爽。是故，公众必须塑造坚强意志，避免图一时之利遭重创之损。

（二）被害中预防是被害预防的止害防控环节

其一，被害中预防的国家措施层面。国家需不断披露常见网络诈骗手段，将网络诈骗案件全方位、多层次地公之于众。

其二，被害中预防的社会措施层面。社会相关机构应充分发挥网络平台的预警功能，及时向网络用户反馈相关信息。当诈骗人与被害人互动时，以"转账""密码"等敏感字眼的出现、犯罪人的信用程度、双方有无历史联系等为出发点，及时提醒被害人，使其醒悟。

其三，被害中预防的被害人层面。首先，公众不应点击网络上的可疑链接，不应打开来源不明的文件。其次，提高保密意识，不随意在网络上透露个人信息。再次，保持清醒头脑，避免巧言蒙骗。最后，增强心理抗压能力。犯罪危害中的被害人一般处于高度紧张、极端恐惧的心理状态，这种应激心理状态无形中会降减被害人的思考能力，扰乱思维进程，造成言行过激、行为失控的负面后果。如极度恐惧会造成四肢无力、手足发颤，致使被害人行动受限，实质减少对外求救的机会。过度紧张则会干扰情绪、紊乱心神，增加被害人错误判断的机会，有招致更加严重危害的风险。而过度愤怒则使人丧失理智，催生非理性激烈反抗，进一步加剧被害程度。由此可见，被害人身处网络诈骗的被害环境之时，务须稳住阵脚、冷静情绪，并与犯罪人理智周旋，在确保不增加危害风险的情况下，争取求救机会或采取妥当自救措施，最大限度地将被害程度降至最低。此外，被害人在察觉被害后，还应第一时间采取有效技术措施避免危害升级。

（三）被害后预防是被害预防的防害升级环节

其一，被害后预防的国家措施。国家应建立网络诈骗被害人救助机制。一般而言，恰当处理网络诈骗报案，并秉公裁决网络诈骗案件，有助于平抑被害人受害心理，消弭愤慨情绪，避免危害升级，防止被害人角色向加害人角色转换。同时，成立专门的网络诈骗执法队伍，并跟进相关立法。追根溯源，网络诈骗是互联网飞速发展的时代产物，存在立法滞后的问题，当通过立法完善，提高犯罪成本，加大处罚力度，以使网络诈骗无处遁形。❶ 此外，国家需提供被害修复基金，在加害人阙如赔偿能力的情况下，予以代为赔偿，以使被害人及时恢复受害，感知社会温暖，防止被害人报复心理的形成。

其二，被害后预防的社会措施。社会管理机构作为网络诈骗犯罪的管控机关，不仅担负网络诈骗的社会管控重任，亦承担帮助被害人走出受害阴影的要职。倘若被害人受害心理不能得到及时平复，极有可能在愤慨情绪的支配下发生心理扭曲，以至在丧失理智的情况下做出过激行为，甚或采用个体报复、社会报复的手段，从被害人走向犯罪人。有鉴于此，社会管理机构必须高度重视被害预防的特殊阶段，并予以必要的被害心理疏导，以及以公正裁判程序予以

---

❶ 魏淑艳，郑美玲. 协同治理理论视阈下我国电信诈骗共治研究 [J]. 学术探索，2018 (1)：68.

保障。此外，大力开展网络文明教育，提升网络文化品格，普及相关法律宣传，亦可为被害人网络诈骗维权提供智识帮助，应予以同步加强。

其三，被害后预防的被害人措施。网络诈骗的被害人应克服被害恐惧心理，在察觉受骗后及时向公安机关报案。然而，以往案例中，为数不少的被害人在面对网络诈骗行为时，因害怕名誉受损、秘密泄露，甚或担忧犯罪人报复，而选择隐忍不发不予报案，导致错失止害和严惩犯罪的良机。是故，被害人应克服恐惧心理，坚信公权执法能力，坚定加入被害预防行列。与此同时，被害人还应积极采取补救措施，防止危害后果进一步扩大。收集、保全相关证据，配合公安机关的侦查工作，是较为行之有效的方法。此外，被害人还应反省并改正自身不良行为，避免重复被害或再次被害。

四、结语

网络诈骗预防包括犯罪预防和被害预防两个方面，且两者同等重要，不可偏废。仅考虑犯罪人主动施害作用，忽视被害人易受侵害性之间接影响，无从实现网络诈骗的全面防控效果，是归于片面的犯罪预防策略，应联袂被害预防共同施力网络诈骗预防。● 事实上，着力两种不同方向的预防措施，动态预防网络诈骗犯罪的发生，必定收获较传统单项犯罪预防更佳之效果。不可否认，取径网络诈骗被害预防视角，致力犯罪人与被害人互动关系找寻，可以有效提高被害防范意识，直接降减犯罪得逞机会，防止网络诈骗的危害结果升级和主体角色转换，应在预防网络诈骗问题上予以深入推进。此外，依托实证数据，探究被害因素，并从国家、社会、被害人视角予以被害前预防、被害中预防和被害后预防的路径优化，可实质增加犯罪成本，降低案发概率，是一种协同多方参与的合作预防模式，具有聚合群众力量、协调社会关系、合力应对网络诈骗的积极作用。

（责任编辑：黄珊珊）

● 董邦俊，王法. 互联网＋背景下电信诈骗侦防对策研究［J］. 理论月刊，2016（8）：109.

人工智能时代的技术理性反思与知识产权制度回应

徐美玲[*]

摘要：人工智能时代的技术社会，无论在器物层面，还是抽象精神层面，均在改变甚至重构人类生存之环境；技术控制主线下的无限憧憬同时伴随着的是对技术失控的隐忧。启蒙运动后激发的技术理性经过批判与再批判的洗礼，最终形成价值理性和工具理性二元维度的动态均衡追求。法律的回应性品格是实现价值理性升格的重要机制，而其中的知识产权制度对技术和创新的回应最为敏锐。借助技术理性冷静思考当前人工智能的发展热潮，并以知识产权制度为实现基础，进而预控人工智能技术的异化演进以及技术失控的潜在风险。

关键词：技术理性　价值理性　工具理性　人工智能　知识产权

The Reflection of Technical Rationality and the Response of Intellectual Property System in the Age of Artificial Intelligence

Abstract： The technological society in the age of artificial intelligence

---

* 徐美玲，北京大学法学院/知识产权学院博士研究生，美国加州大学伯克利分校访问学者。

is changing or even reconstructing the environment for human existence, at both of material and spiritual levels. The boundless vision under the main line of technological control is accompanied by the concern over out – of – control technologies. The technical rationality inspired after the Enlightenment Movement was baptized with criticism and re – criticism, and finally formed a dynamic and balanced pursuit of the dual dimensions of value rationality and instrumental rationality. The legal response character is an important mechanism for realizing the upgrade of value rationality, and the intellectual property system therein is most responsive to technology and innovation. With the help of technological rationality, we should calmly reflect on the current development of artificial intelligence, and use the intellectual property system as the basis to avoid the alienation of the advancement of and evolution of artificial intelligence technology.

Key words: Technical Rationality; Value Rationality; Instrumental Rationality; Artificial Intelligence; Intellectual Property

引　言

大数据、云计算、区块链、深度学习、语音识别等技术的日益成熟将人工智能推向了前所未有的新高潮，但"欢呼雀跃"之下也逐渐显现了泡沫的迹象。正如 Jacques Ellul 所言，"如果技术存在使现实沦为灾难之可能，那么作为知识分子而言，应当予以必要的警示、谴责和批判，进而找出通向未来之路"❶，因此，在过分注重"理性算计"的技术文化中，貌似"格格不入"的审视与检讨实则非常必要。滥觞于启蒙运动后期的技术理性批判理论为人工智能的良性发展提供了重要的哲学分析工具。本文将首先梳理技术理性的缘起与流变，探寻法兰克福学派之后动态发展至今的技术理性之内涵与外延；其次，分析技术理性二元维度均衡的实现机制，即法律规范，而其中效用最佳的部门法当属知识产权法；最后，借助技术理性批判理论对人工智能的发展热潮作出冷思考，分析人工智能的应然发展方向，并借助技术理性的二元维度为人工智能时代知识

❶ ELLUL J. The Technological Society [M]. WILKIN SON J, trans. New York: Vintage Books, 1964: 159.

产权制度的应对研究提供新的分析视角。

一、技术理性之滥觞与批判

（一）技术与理性源流考

"秉心识本源，于事少凝滞"，析技术理性之脉，必先晓其言辞之义。构成技术理性架构之根本的"技术"（technology）一词来源于古希腊语中的"technē"，内含考究知其然并知其所以然的学问，也有工艺、技巧之意。就其本源来看，"技术"一词原初既强调了实践行为和技艺方法的物质层面，也涵盖诸如哲学深思之类的思维活动。现今，"技术"一词常与科学联体，被人们惯称为"科学技术"，但实则如苏力教授所言，"这两者实际上并不必然相联系，在历史上两者曾长期分离。科学一般以系统地理解世界为目的，是对人类知识的一种系统的整理和思考，在古代往往专属于有闲的贵族哲学家，科学因此并不总是等同于真理；而技术是人类在制造工具的过程中产生的，往往以便利为目的，尽管人们获得的技术可能符合科学原理，却与科学理论没有直接的关系。只是到了近代以后，由于商业制造业的发展，由于信息交流的增进，科学与技术的关系才密切起来，技术逐渐以现代科学实验和科学理论为基础发展起来。进入20世纪下半叶，科学技术已经有了高度的发展，这两者的关系日益密切。今天，人们一般认为科学是以实验观察为基础的、以系统地发现因果关系为目的的社会实践，侧重以认识世界为目的；而技术则是人类改变或控制客观环境的手段或活动，以改造世界为目的。"❶ 简言之，"科学是真理性价值，是公有性的，排斥商品化，有自律组织；而技术则是根据自然科学原理，与生产直接发生联系的各种工艺操作方法与技能，其具有功利性的价值，是专有和垄断的，追求商品化，依靠政府的他律来运行。"❷ 以探寻和趋近真理为本职的科学指引着技术的发展，而技术的实践则反映了科学内含和追求的理性方向。

构成技术理性架构之核心的"理性"（rationality）一词则最早源起于希腊语词语"逻各斯"（希腊语：λóγοϛ；英语：logos）。在罗马时代，该词被译成拉丁语"ratio"——其拉丁语原意是计算金钱，但在等同于"逻各斯"后，成为哲学上广泛使用的术语。从古希腊哲学到中世纪神学到启蒙运动的开展，人们对

---

❶ 苏力. 法律与科技问题的法理学重构 [J]. 中国社会科学，1999（5）：59.

❷ 李晟昱. To be or not to be：科技之于法律的迷思：读苏力《法律与科技问题的法理学重构》一文 [J]. 新学术，2008（3）：195.

"理性"一词的理解在不同的维度有不同的认知。理性概念最早出现于古希腊哲学，由苏格拉底最先提出。与此前的自然哲学家不同，苏格拉底将对世界本原的考究从"是什么"的物质层面转向了"为什么"和"怎么样"的精神层面，理性由此呈现出"意义"的形态。此后，柏拉图和亚里士多德扩展了理性的应用范围，理性进而被涵盖入"理念"和"概念"等思维模式之下。在中世纪神学统治时期，人们将一切未知、无法掌控和威胁着其生存环境的恐惧寄托于神的恩惠；理性在这一时期表现为上帝的权威。启蒙运动将人类从宗教的"蛊惑"中解脱出来，倡导理性地认知客观规律，坚定地信仰科学。❶ 在"控制自然"的强烈欲望下，科学成功取代上帝成为人们新的依赖，同时启蒙原初倡导的主体和主义宗旨也发生了扭曲，最终在科学的推动下走上了工具理性和科学理性❷的道路。此时作为理性运用最大胜利品的科学反倒侵蚀了理性的"善意"，限制了人性和自由的生长空间。启蒙运动之后，特别是历经 20 世纪两次世界大战的洗礼，先哲们被迫开始思考技术的潜在毁灭性，反思理性的负外部效应，探寻被扭曲和异化的那部分理性，进而拉开了技术理性反思与批判的帷幕。

（二）技术理性批判之嬗变

1. 技术理性批判的帷幕

德国社会学家韦伯和西方马克思主义的创始人卢卡奇最早发现理性的工具化倾向并对此展开批判。韦伯的"合理化论"和卢卡奇的"物化论"观点是二者针对走向"歧途"的理性进行批判的重要理论成果。虽然这一时期尚未正式形成技术理性的概念，但二位先贤的探究拉开了技术理性批判的序幕，其贡献也为后续法兰克福学派的集中批判奠定了思想和理论基础。

韦伯的"合理化论"主要体现在其《新教伦理与资本主义精神》《学术与政治》《经济与社会》等著作当中。在深入分析资本主义生产方式的基础上，韦伯提出了"合理化论"，认为资本主义的合理性论证全然在于技术之因而使其然。韦伯"用'祛魅'来说明这一合理化过程的实质"，❸ 即"从原则上说，再

---

❶ 刘秀. 马尔库塞技术理性批判研究 [D]. 长春：吉林大学，2016：8 – 9.

❷ 基于前文关于科学和技术差异之分析，科学理性和技术理性分属于不同的理性范畴，正如学者从认识论层面对二者的划分，"科学理性属于人类的理论理性，而技术理性则属于人类的实践理性。二者进行认识活动的思维方式也是不同的：科学理性的思维方式是认知，而技术理性的思维方式是设计。科学理性通过认知思维方式构建科学理论，技术理性则通过设计或筹划思维方式观念地建构实现理想客体的技术理论或方案。"参见：陈凡，王桂山. 从认识论看科学理性与技术理性的划界 [J]. 哲学研究，2006（3）：15 – 18.

❸ 赵海峰. 法兰克福学派"技术理性批判"之困境及启示 [J]. 学术交流，2012（9）：21.

也没有什么神秘莫测、无法计算的力量在起作用，人们可以通过计算掌握一切。而这就意味着为世界祛除巫魅。人们不必再像相信这种神秘力量存在的野蛮人那样，为了控制或祈求神灵而求助于魔法。技术和计算在发挥着这样的功效，而这比任何其他事情更明确地意味着理智化。"❶ 韦伯进而将合理性从形式和实质两个层面进行了划分，前者（工具理性）更加关注实现目的之方法的使用，而不关乎此等方法是否在实质层面（价值理性）符合伦理和道德等要求。在韦伯看来，此时的技术中立风潮达到了巅峰，人们对技术的应用已经演变成为对政治统治的服从。

卢卡奇则在其于1923年发表的《历史与阶级意识》中提出了"物化论"，并借助"量算"分析了人被物化的过程。马克思此前也曾就商品拜物主义提出了人类被物化的观点，指出资本主义生产方式下人与人之间的关系在商品交换中被物与物的关系所取代，劳动者沦为商品的附属物，沦为机器的附属物。❷ 在马克思对商品拜物主义分析的基础上，卢卡奇认为"人自身的活动，他自己的劳动变成了客观的、不以自己的意志转移的某种东西，变成了背离人的自律力而控制了人的某种东西"❸ 卢卡奇承接并综合了韦伯的合理化论和马克思的商品拜物主义论，以物化批判和阶级意识的生成作为解构技术奴役和技术异化的独特方式，为技术理性批判的逻辑发展奠定了理论基础。

2. 法兰克福学派的集中批判

霍克海默在《科学及其危机札记》中最早提出"科学是意识形态"的断言。❹ "意识形态"一词最初出现于18世纪晚期，由洛克及其门徒特拉西创造。❺ 汤普森指出，意识形态一般用来指"个别的信仰体系或象征形式，它们在世俗化以后出现，服务于发起政治运动或掌握现代社会中的合法政治权力"。❻关于科学技术与意识形态的关系，在西方发达国家存在"对立论"与"等同论"争论，争论的实质是割裂和否定科学与价值的辩证统一。马克思主义坚持科学与价值的辩证关系，认为科学技术与意识形态既有区别而不能等同，也有联系

---

❶ 韦伯. 学术与政治 [M]. 冯克利，译. 北京：生活·读书·新知三联书店，1998：29.

❷ 刘秀. 马尔库塞技术理性批判研究 [D]. 长春：吉林大学，2016：13.

❸ 卢卡奇. 历史和阶级意识 [M]. 张西平，译. 重庆：重庆出版社，1989：96.

❹ 吴长春，王洪彬. 马尔库塞技术理性的批判与反思 [J]. 河南师范大学学报（哲学社会科学版），2012（6）：30.

❺ 拉伦. 意识形态与文化身份：现代性和第三世界的在场 [M]. 戴从容，译. 上海：上海教育出版社，2005：1-2.

❻ 汤普森. 意识形态与现代文化 [M]. 高铦，等译. 南京：译林出版社，2005：318.

而不能对立。❶ 但霍克海默直指"科学技术起了将政治问题技术化、维持现有社会统治合理性的意识形态作用"❷，认为"不仅形而上学，而且还有它所批评的科学，皆为意识形态的东西；后者之所以复如是，是因为它保留着一种阻碍它发现社会危机真正原因的形式。说它是意识形态的，并不是说它的参与者们不关心纯粹真理。任何一种掩盖社会真实本性的人类行为方式，即便是建立在相互争执的基础上，皆为意识形态的东西。认为信仰、科学理论、法规、文化体制这些哲学的、道德的、宗教的活动皆具有意识形态功能的说法，并不是攻击那些发明这些行当的个人，而仅仅陈述了这些实在在社会中所起的客观作用。"❸ 霍克海默从主观和客观两个层面对理性进行了划分，前者对应工具理性，"本质上关心的是合于目的的手段，关心为实现那些多少被认为是理所当然的或显然自明的目的的手段的适用性，但它却很少关心目的本身是否合理的问题"❹；后者对应价值理性，指向的是"一个包括人和他的目的在内的所有存在的综合系统或等级观念"❺，是事物存在的意义和终极价值，关心的是目的而不是手段。

继霍克海默之后，赫伯特·马尔库塞在其 1936 年发表的《文化的肯定性质》一文中首次使用了"技术理性"这个概念，并在马克思《1844 年经济学哲学手稿》、韦伯"合理化论"、霍克海默的"科学意识形态"说以及弗洛伊德的精神分析学基础上，针对技术理性展开了最为全面深入的批判。马尔库塞的批判思想主要体现在其提出的"单向度"观点——这里的单向度可理解为一种弥漫在各个领域中的极端控制和奴役主义。如马尔库塞所言，在发达的工业社会中，技术流变成统治的工具，否定性思维被肯定性思维主导，"在这一社会中，生产装备趋向于变成极权性的，它不仅决定着社会需要的职业、技能和态度，而且还决定着个人的需要和愿望。因此，它消除了私人与公众之间、个人需要和社会需要之间的对立。对现存制度来说，技术成了社会控制和社会团结的新的、更有效的、更令人愉快的形式"。❻ 马尔库塞从批判理性和技术理性两个层面对理性进行了划分，前者类似于韦伯的价值理性和霍克海默的客观理性，指

❶ 郑永廷. 论科学技术与社会主义意识形态的互动共进 [J]. 高校理论战线，2012（9）：9.

❷ 张成岗. 从意识形态批判到"后技术理性"建构：马尔库塞技术批判理论的现代性诠释 [J]. 自然辩证法研究，2010（7）：44.

❸ 霍克海默. 批判理论 [M]. 李小兵，等译. 重庆：重庆出版社，1989：5.

❹ MAX H. Eclipse of reason [M]. New York：The Seabury Press，1974：3.

❺ MAX H. Eclipse of reason [M]. New York：The Seabury Press，1974：4.

❻ 马尔库塞. 单向度的人 [M]. 刘继，译. 上海：上海译文出版社，1989：111.

理性的辩证性、批判性、实践性和乌托邦性；后者则类似于韦伯的工具理性和霍克海默的主观理性，指把世界和理性都理解为工具，注重功能和操作，这种理性已经成为社会统治的工具，具有意识形态性。

继霍克海默和马尔库塞之后，尤尔根·哈贝马斯撰写了《作为"意识形态"的科学与技术》一书。他对科学技术的意识形态表征持赞同态度，但却反对机械地将科学技术的社会功效等同于传统意识形态的社会功效，反对盲目和单面地批判技术和排斥技术。正如其所言，"我们不把自然当作可以用技术来支配的对象，而是把它作为能够（同我们）相互作用的一方。我们不把自然当作开采对象，而试图把它看作（生存）伙伴。在主体通性尚不完善的情况下，我们可以要求动物、植物，甚至石头具有主观性，并且可以同自然界进行交往，在交往中断的情况下，不能对它进行单纯的改造。一种独特的吸引力可以说至少包含着这样一种观念：在人们的相互交往尚未摆脱统治之前，自然界的那种仍被束缚着的主观性就不会得到解放。只有当人们能够自由地进行交往，并且每个人都能在别人身上来认识自己的时候，人类方能把自然界当作另外一个主体来认识，而不像唯心主义所想的那样，把自然界当作人类自身之外的一种他物，而是把自己作为这个主体的他物来认识。"❶ 哈贝马斯用劳动和相互作用（交往）的概念，取代了经典马克思主义的生产力和生产关系概念。从这个逻辑出发，技术的合理化属于生产力范畴，而制度的合理化却属于交往行为范畴。从表面上看，异化的根源是技术合理性，而实际上，真正的根源却是制度的合理性、交往的合理性。❷ 哈贝马斯与此前先哲批判的最大区别是，其没有对技术理性采取一种全否的彻底批判态度，而是通过对交往异化部分进行改良来淡化技术理性中的"黑暗色彩"。

（三）技术理性批判之再批判

作为西方马克思主义社会批判理论的主导范式，技术理性批判从卢卡奇的物化批判到马尔库塞的技术理性批判，再延伸至哈贝马斯的交往理性重建的批判逻辑，呈现为一条纵向演进的发展轨迹。先哲们对技术理性的批判警示了人们对技术的盲目乐观和信奉的迷失风险，打压了启蒙运动后"科技为尊"的扭曲思潮。技术理性的批判不仅成为资产阶级野蛮剥削的有力抗争工具，也是后

---

❶ 哈贝马斯. 作为"意识形态"的技术与科学 [M]. 李黎，郭官义，译. 上海：学林出版社，1999：45.

❷ 赵海峰. 法兰克福学派"技术理性批判"之困境及启示 [J]. 学术交流，2012（9）：23.

人抑制因技术滥用造成的环境破坏、人性缺失等问题的重要砝码。然而，在肯定技术理性批判重要价值的同时，学者们也纷纷注意到了这一批判脉络中出现的"异轨"现象。"世间万物，张弛有度，物极必反"，在技术理性批判"一片欢声鼓舞"的氛围下，理性反思的演变和分析路径，实际上却是从一个极端走向了另一个极端。

正如学者所言，在技术理性的纵向演进轨迹中，每一个逻辑"节点"及其嬗变其实都隐藏着内在的困境。❶ 例如，霍克海默"科学即意识形态"以及马尔库塞"单向度"等论断，歪曲了技术理性的本质观，是将技术理性同价值理性对立起来的极端认识，从根本上抹杀了技术活动具有的积极社会功能。他们对于技术理性单向度的批判和解释，使得人们产生了这样一种思维定式，即：科学技术越是发展，人类就越是被束缚；古代天人合一的状态，才是人类真正自由的表征。这种忽略技术本身内含的价值理性而无限夸大对技术工具理性的单向度批判，本身就是一种单向度思维模式的体现。❷ 针对此种技术悲观主义的倾向，哈贝马斯虽然提出以交往行为来化解，但同样放大了技术理性的负面效应而否定了技术只是制度设计中的工具性的一面。另外，正如利奥塔指出的，哈贝马斯这种重建合法化的做法忽视了"规则的异质性和追求的分歧"❸ 的事实，实际上并未完全走出意识哲学的主客体模式。因此，以交往理性的重建扬弃技术异化的批判逻辑未免有沦为乌托邦之嫌。❹ 从卢卡奇到马尔库塞，再到哈贝马斯的技术批判，越来越离开技术的价值理性的观照而站在既定社会制度框架的内部批判技术本身——这正是这一批判的总体脉络陷入困境的原因所在。

技术之所以发生异化、技术理性之所以沦为单向度的工具理性，根源在于现代人的生存方式和发展方式的不合理化，在技术异化促逼和座架下的现代人正是技术异化的罪魁祸首。在我们生存于其中的现代技术世界中，"关键的问题当然不在于工具性，不在于为达到目的对手段的使用，而在于制作经验的普遍化，即有用和功利被确立为人的生活和世界的最终标准"。❺ 实际上，技术理性

---

❶ 刘祥乐. 技术理性批判的逻辑嬗变及其困境：从卢卡奇、马尔库塞到哈贝马斯 [J]. 内蒙古大学学报（哲学社会科学版），2017（5）：43.

❷ 孙悦. 论哈贝马斯对技术理性的批判与反思 [J]. 知与行，2017（5）：130-135.

❸ 利奥塔尔. 后现代状态：关于知识的报告 [M]. 车槿山，译. 北京：生活·读书·新知三联书店，1997：138.

❹ 刘祥乐. 技术理性批判的逻辑嬗变及其困境：从卢卡奇、马尔库塞到哈贝马斯 [J]. 内蒙古大学学报（哲学社会科学版），2017（5）：48.

❺ 阿伦特. 人的境况 [M]. 王寅丽，译. 上海：上海人民出版社，2009：120.

的双重维度是内在统一的，尽管在不同的历史时期出现此消彼长（多数场景中呈现的是工具理性过分膨胀导致价值理性的式微）的态势，但无论是展开对技术理性的批判还是扬弃技术的异化，哪一方都是不能偏废的，尤其是不能在技术的工具理性膨胀的今天忽视技术的价值理性和主体性向度，而应转向对技术的工具性的、人为设计的因素的批判和改造，走出技术批判的实体主义陷阱。❶基于对技术理性批判之再批判的分析，对于技术理性应当秉持的观点是：技术同时具有自然和社会双重属性，技术理性也内含工具理性和价值理性两个维度，双向不可偏废，而一切批判和再批判的基点则是促进技术理性的双重维度在具体作用机制中保持动态的均衡。

二、人工智能时代的技术理性反思

（一）人工智能的兴起与发展热潮

人工智能（artificial intelligence，AI），是研究、开发用于模拟、延伸和扩展人的智能的理论、方法、技术及应用系统的一门新的技术科学。1950 年，计算机科学之父图灵（A. M. Turing）提出著名的"图灵实验"，即如果一台计算机对人所提出的问题的回答足以达到与真人的回答相混的程度，就可认定这台计算机具有智能。❷ 1956 年夏天，数十名来自数学、心理学、神经学、电脑科学与电气工程等各种领域的学者，聚集在位于美国新罕布什尔州汉诺威市的达特茅斯学院，讨论如何用电脑的符号运算类比人的智慧，并根据会议发起人之一麦卡锡的建议，正式把这一学科领域命名为"人工智能"。❸ 在随后的 60 余年中，人工智能经历了"三起两落"，于近几年呈现爆发的趋势，迎来人工智能的第三个浪潮点。

随着大数据在互联网环境中的累积，算法和深度学习技术以及硬件水平的提高，人工智能的发展近年来取得了质的飞跃。诸如"谷歌 AlphaGo 在围棋人机大战中连胜世界冠军李世石、柯洁""无人驾驶汽车上路""沙特机器人公民索菲亚获得公民身份"等新闻的出现不断挑战人类的预想局限，刷新人们的认

---

❶ 刘伟，陈锡喜. "技术理性统治"何以可能：兼论哈贝马斯技术理性批判的反思向度 [J]. 上海交通大学学报（哲学社会科学版），2016（2）：51 – 58.

❷ 张翼翔. 人工智能邂逅知识产权，谁将成为主导者？[J]. 中国知识产权，2017（129）：50 – 51.

❸ 对于这一命名，有学者指出："所谓的'人工智能'事实上应该是'智能人工'的误写，这与蒸汽机、电话、电报、电脑等发明出现代替了许多之前效能较差的既有工具并无二致。"参见：孙远钊. 人工智能抑或智能人工？[J]. 中国知识产权，2017（127）：38 – 41.

知远点。在政策积极倡导和投资规模不断扩大的推动下，出现了新一轮的人工智能热潮，无论国家、企业还是个人无不对其施以了前所未有的关注。2018 年 4 月 16 日，英国议会下属的人工智能特别委员会发布长达 180 页的名为《英国人工智能发展的计划、能力与志向》的报告，认为英国在发展人工智能方面有能力成为世界领导者。2016 年 10 月，美国《国家人工智能研究和发展战略计划》提出政府资助人工智能研发的七项战略计划。在我国，人工智能自 2015 年开始逐渐进入人们的视野。从宏观层面看，从 2015 年 7 月 4 日国务院发布《关于积极推进"互联网＋"行动的指导意见》，到人工智能于 2017 年被首次写入两会政府工作报告，再到 2017 年 7 月 8 日国务院正式发布《新一代人工智能发展规划》，人工智能受到的重视程度可谓与日俱增；而微观层面，从无人驾驶上路，到自动语音识别、实时翻译，从人工智能机器人撰写新闻，到法律、财务服务机器人面世，人工智能离人们的日常工作和生活也越来越近。

从 18 世纪至今，300 余年间，世界通过三次产业革命，完成了自动化、电气化、信息化的改造。这三次产业革命，我国基本上都处在跟随地位，落后于欧美国家。而人工智能时代无疑让我们看到了"弯道超车"的历史机遇。为抢抓人工智能发展的重大战略机遇，构筑我国人工智能发展的先发优势，加快建设创新型国家和世界科技强国，《新一代人工智能发展规划》要求"推动人工智能与各行业融合创新，在制造、农业、物流、金融、商务、家居等重点行业和领域开展人工智能应用试点示范，推动人工智能规模化应用，全面提升产业发展智能化水平。"同时规划还提出了这一战略目标实现的三个具体阶段。❶ 除政府层面的布局外，引领人工智能产业发展的技术竞赛，主要还是企业巨头间的较量。目前，无论是苹果、谷歌、微软等美国巨头企业，还是国内互联网的引领者"BATJ"，无一不大力投入资源，将人工智能作为战略重点，而中美两国的技术竞赛格局也已初步显现。❷ 在当下人工智能的第三个发展热潮中，所有并无定论，一切似乎都在等待探索，因此，对于每一参与主体而言，既是机遇，也

---

❶ 首先要求人工智能的总体技术和应用到 2020 年与世界先进水平同步，相关产业成为新的重要经济增长点，而相关技术应用要成为改善民生的新途径；继而要求人工智能的基础理论到 2025 年实现重大突破，其中的部分技术与应用要达到世界领先水平，并成为带动产业升级和经济转型的主要动力；最终则是要求人工智能的理论、技术与应用总体在 2030 年达到世界领先水平，成为世界主要人工智能的创新中心，并让智能经济、智能社会取得明显成效，为跻身创新型国家前列、成为经济强国奠定重要基础。

❷ 腾讯研究院，中国信通院互联网法律研究中心，腾讯 AI Lab，等. 人工智能：国家人工智能战略行动抓手 [M]. 北京：中国人民大学出版社，2017：69.

是挑战。

（二）技术理性下的冷思考

反观技术发展的历史，从古代的经验技术到近代的理性技术再到现代的技术理性化，这是一种进步，是人类理性展开和深化的过程，是人类理性在现代文化中的表现和反映。发端于工业革命时代的技术理性批判理论让我们看到技术异化对自然资源以及生态环境的破坏，对正义、自由的歪曲以及反人类的表现，而技术理性异化下的单向度社会、单向度思想以及单向度人的出现更是共同呈现了一个病态的社会模式。继工业革命之后，人工智能再次引燃科学技术的爆点，有望在世界范围内引领一场新技术革命。工业革命促进了人类的历史发展进程，但其潜藏的诸多弊端也让人类付出了巨大牺牲。"以史为鉴，可以知兴替"，在人工智能全面席卷人类生存架构中的方方面面之前，借助工业革命时代下的技术理性批判理论，以窥见人工智能时代已经凸显、即将发生或者可能出现的技术异化势头，以防止人工智能发展的热高潮滑向新低谷。

1. 技术控制下的经济现实

技术控制社会最直接、最外在的表现是通过对各种需要的操纵使现存变得合理化。在工业社会中，"真实需要向虚假需要的转化集中表现为对个人消费的牵引、控制。人们在消费中逐步忘记最初的需求，自觉接受被提供的商品和服务。最终虚假需求取代真实需求，构成社会控制的手段，并直接奴役人的内心。虚假需要不仅仅在于由此产生的大量不合理消费，关键是虚假需求会妨碍人们找到最本真的东西。"❶ "在当代，技术的控制看来真正体现了有益于整个社会集团和社会利益的理性，以至于一切矛盾似乎都是不合理的，一切对抗似乎都是不切实际的。"❷ 在如火如荼的人工智能大浪潮下，新兴技术理念的牵引激化了人们内心的强烈需求，但其中有多少是人们本真切实的需求，则值得探究。各国竞相部署、市场资本一边倒地注入、相关研究机构和创业者如雨后春笋般不断出现；在各种政策和利益的诱导下，社会架构中的每一个主体竞相追逐着人工智能的步伐，那种想成为"皇亲国戚"的心态显露无遗。假象需求之下隐藏的不过是被技术完全控制的桎梏，呈现的则是一堆泡沫和新一轮的"圈地运动"。此外，法兰克福学派的贤哲们也指出，"生态危机"缘起于资本主义深层次矛盾所引发的经济危机。在资本主义社会中，资本积累的一般规律使得资本

❶ 刘秀. 马尔库塞技术理性批判研究 [D]. 长春：吉林大学，2016：17 – 18.

❷ 马尔库塞. 单向度的人 [M]. 刘继，译. 上海：上海译文出版社，1989：138.

利润率下降成为必然的事实,大批工人失业,工资普遍降低,生产相对过剩,从而使得资本主义社会中的经济危机不可避免。❶ 凯恩斯则将之称为"由于技术进步而产生的失业",即诺贝尔经济学奖得主列昂惕夫所担忧的"技术性失业"。较工业社会而言,人工智能对人力甚至智力劳动的替代程度更高,范围更广,持久性也更长,而由此导致的大批失业以及潜在的经济危机问题是不得不直面的。

2. 技术工具下的政治统治

技术工具理性的政治实现路径不是以往极权社会的暴力打压或者威吓,而是通过技术进步来消融阶级对抗,压制和扼杀自由意识。"在这种技术场景之下,人们成为整个社会机制中的一个零件,'随大流'地被迫不停地运转。一个失去了批判精神的社会,被精密地组织在一起,人们无法在其中去发现其作为整体或系统的不合理性,也更不可能去对据此构筑的社会进行批判。此时,作为意识形态的科学技术,现在已不再处于政治系统和社会生活的幕后,而是居于前台,对统治人们发挥着直接的工具性和奴役性的社会功能。并且,科学技术愈发达,人们所受到的奴役和统治程度就愈为深重。的确,科学技术的这种意识形态化是一种科学技术的'异化',它阻碍了人们对于真实事物的判断,将人们的行为捆绑在技术、机器之上,使人被物化,并成为科技的附属物。"❷ 运作人工智能的市场与市场主体(个人),不是抽象的存在,而是充斥着私利、欲望和价值诉求的。在大数据的席卷下,个人的隐私无从谈起,每个人无不赤裸裸地展现在信息控制主体的面前,等待着被宰割的结局。而深度学习的无节制开发更是让人畏惧。一旦人工智能独立演进到不再需要人的指令和数据"学习"便可自主作出决定的程度,人类是否将面临沦为人工智能的"宠儿"的命运则值得深思。

3. 技术计算下的文化迷失

世界对人来说不单纯是以好奇心挖掘奥秘的自然界,也不单纯是实用的、技术的世界。人们需要借助神话、诗歌去幻想、想象、超越现实的世界。人类社会的发展是理性设计与非理性的感性共同作用的结果。然而,科学技术"以'数、图形、量、位置'等这些能够在数字上得以表示的概念构成了一个'量'

---

❶ 孙越. 对"技术理性批判"的批判:法兰克福学派技术观的一个反拨 [J]. 南京工业大学学报(社会科学版), 2013(2): 90-94, 105.

❷ 易继明. 科学伦理与技术理性 [J]. 私法, 2016(1): 50.

的世界。相应地，人的主观感觉'冷、热、气味、颜色'等被认为是不真实的第二性质，要从属于第一性质'量'的世界。在数学框架内来规定量化的世界，把关于一切固有目的从现实中抽离出去，因而伦理的、道德的价值也从科学中分离出去"。❶ 如布尔特所言："从前，人们认为他们生活在其中的世界，是一个富有色彩、声韵和花香的世界，一个洋溢着欢乐、爱情和美善的世界，而现在的世界则变成了一个无声无色、又冷又硬的死气沉沉的世界，一个量的世界，一个像在机械齿轮上转动，可用数学方法精确计算的世界。"❷ 人类的每一次进步，同时也代表着人生存能力的某一方面的退步。反思人工智能，如若无节度地开发，让其能左右或者完全取代人的创造能力，如产出人工智能创作物，那么日后一切精神文化则是数字计算的结果，而非人文创造力的体现；人类将遭遇不仅仅是文化的迷失，还有创造力的削弱甚至消失。

4. 技术主导下的人性危机

技术异化除了导致各运作机制偏轨之外，技术主导下技术理性中价值理性的衰弱也引起了人的异化。虽然人类在认识和改造自然的过程中取得了巨大的成就，从天然自然发展到人化自然和人工自然，但人们把技术理性作为工具理性，忽视了技术理性中的价值、伦理和道德在社会中的应用，忽视了人存在的意义和价值，导致了人自身的异化，从而导致了人与人之间以及人与社会之间的异化，致使整个社会沦为一个被机械控制、被技术支配的单调乏味的世界，成为技术的奴仆。物质生活极大丰富的同时有可能伴随着的是精神生活的萎靡——在这个虚胖的时代，人们的精神是清瘦的。大工业社会的这一缩影在人工智能时代也可能再现甚至被放大。人们迷茫着活着的意义，感受着生存的压力，却又渴望着人工智能带自己走出这挣扎困境。矛盾心态之下作用的其实是人性本真的丧失，各种假象也随之而来。弗洛姆认为，非人道化的技术使得我们所生活的社会已经成为"一个致力于最大规模的物质生产和消费的，为整个机器的，由计算机所控制的，完全机械化的新社会"。❸ 在这个社会中，一方面是人类片面强调物质消费，丧失了与生命、宗教信仰的接触以及种种人道主义的价值；另一方面则过度倚重于技术所带来的物质的价值，失去了深层的情感

---

❶ 刘秀. 马尔库塞技术理性批判研究［D］. 长春：吉林大学，2016：33.

❷ 魏忠明. 走出生活技术化的生存论困境：技术的祛魅与生活的去远：试论"生活"与"技术"的关系［J］. 哲学分析，2015（3）：17-25.

❸ FROMM E. The revolution of hope：toward a humanized technology［M］. New York：Harper & Row, 1968：1.

体验的能力以及与这些体验相伴随的喜悦与悲伤。❶ 人工智能可以辅助和实现人类的"智性",但却不能吞噬人类的"心性"和"灵性"。❷ 因此,人类对人工智能的拥抱不能不假思索,一头扎入不望尽头;在技术理性批判理论的启发下,也应冷静思考这一技术发展潜藏的"雷弹"。

三、抑制技术理性异化的实现路径

（一）技术理性中价值理性的升格

春秋中期楚国有一名为"云纹铜禁"的青铜宝器,警示后人凡事需有"度"有"节",把握均衡刻度。云纹铜禁制作工艺十分复杂而又精良,令人叹为观止,彼时就是楚国鼎盛荣耀的表征。然云纹铜禁中的"禁"字同时代表着另一层深意,即禁戒饮酒之意;宝器四周盘龙踞虎,大概是取神兽警示世人勿重蹈夏商嗜酒无度而致灭国之道路。从古至今,无论技术如何革新,对人类依赖生存的自然环境都不得不怀着敬畏之心,遵循其"限度"而"知止",由此才能有张有弛、有节制、有秩序,才不会致使自然限度崩溃、自然世界失重。

技术理性内含价值理性和工具理性双重维度,二者内在统一。然而,历史长河中,两种理性之间的内在张力使得技术理性本身始终处于内在的矛盾运动中。随着人类技术实践活动的扩展和深入,技术理性内在的矛盾才以一种单向度的、异化的形式呈现出来,即工具理性压倒价值理性,技术的价值理性萎缩成极度膨胀的工具理性的单纯附属物。技术理性失去了价值理性的规约而以单纯工具理性的形式表现出来,使技术具有单纯客体性的外观,在理论层面上就表现为技术理性批判的总体逻辑的纵深发展而呈现出实体主义的倾向,在扬弃技术异化的策略方面表现为片面夸大技术的负面效应的倾向。由此,启蒙运动之后,被法兰克福学派大力抨击的技术异化的诸多罪状,盖因是技术理性中工具理性的过分膨胀;而弥合这一创伤正是需要对技术理性中价值理性地位的升格,寻求价值理性指引工具理性的恰当路径。同时,当然也需把握二者尺度,以免类似法兰克福学派的过激批判,导致工具理性"一无是处",出现技术严重悲观主义的倾向。

如控制论的创始人维纳所言,"技术的发展具有为善和作恶的两重性。"任

---

❶ 高亮华. 人文主义视野中的技术［M］. 北京：中国社会科学出版社,1996：99.

❷ "理想的人类社会应该是人的智性、心性和灵性都能高度发展的社会。"参见：於兴中. 算法社会与人的秉性［J］. 中国法律评论,2018,（2）：57.

何科学技术的实用效果还依赖创造和使用该技术之人的动机与目的。但是，"技术发展具有自身的理性，其运用往往具有不可回复的特点：一旦'试验'有误，灾难不可想象。因此，技术理性生长过程中，需要科学伦理道德约束，否则会成为一种'理性之蚀'，成为人们挥之不去的梦魇。""科技本身又欠缺'责任心'，并且科学家及技术人员往往带有浓厚的科学乐观主义倾向。"❶ 一旦人们对某项技术产生依赖，形成较强的网络效应和锁定效应，后果将难以想象。

伴随大数据时代的来临，互联网、人工智能、虚拟现实互相融合进而有可能重塑社会；特别是人工智能的蓬勃发展，似乎正在颠覆人类社会现有的组织、生产和生活形态。有观点指出，"当前正在发生的这场人工智能革命，实质是一场'退回到原点的运动'，而所有这一切都和人文精神的沦丧有关。"❷ 而"文明衰落则是科技过分发达被专业化异化和人文精神衰落引起的。"❸ 由此，在人工智能大肆铺开，全面席卷人类精神和生活的方方面面的预想面前，为了抵制和避免人工智能技术负面效应的侵略，应重视该技术中价值维度精神的注入，基于人本理念的核心，全面整合人工智能技术中的人文、道德、伦理标准，以确保和增进人类的福祉。

（二）价值理性中法律规范的规约作用

道德、宗教、伦理、法律都体现着人文精神，负载着人文价值取向。但与其他三者相较，法律对价值精神的维护和落实更为有效，因为"法律作为随着国家的出现而产生的，具有阶级性和社会性的人类社会赖以存在的特殊的制度因素，具有维护整个社会系统稳定和均衡，进而促进社会发展的特殊功能。"❹ "人们制定法律带有强烈的目的性，代表了人类对自己命运的安排和选择，蕴含着人们的价值追求和价值理性，因而法律理性能够对技术理性的无限扩张带来制约作用。"❺ "当科学技术的发展引发人与人、人与社会、人与自然的紧张时，我们总有可能诉诸人所固有的理性，通过法这一和平的秩序，实现人、社会与自然的和谐。"❻ 因此，技术理性中价值理性的升格需借助法之重器予以实现。

---

❶ 易继明. 科学伦理与技术理性 [J]. 私法, 2016 (1)：48.

❷ 金观涛. 反思：人工智能革命 [J]. 文化纵横, 2017 (4)：20.

❸ 刘青峰. 让科学的光芒照亮自己：近代科学为什么没有在中国产生 [M]. 北京：新星出版社, 2006.

❹❺ 范在峰, 李辉凤. 论技术理性与当代中国科技立法 [J]. 政法论坛, 2002 (6)：53.

❻ 罗玉中. 科技法学 [M]. 武汉：华中科技大学出版社, 2005：73.

数字经济时代下，技术使用行为的引导方式也在悄然发生着变化。Lawrence Lessig 就此总结道，现实世界存在四种规制手段：法律（law）、社会规范（social norms）、市场（market）与架构（architecture）。法律是国家所采取的强制性措施。社会规范指的是一个社群中人与人之间交互的准则。社会规范是特定社群中每个人的预期，很大程度上约束个人行为。市场对现实世界的规制则通过价格来进行。架构指已形成的现实世界。例如，被高速公路隔离开的村庄之间可能互动较少，而未被隔离的则有可能会互动更多。❶ 在网络环境下，"架构"的呈现形式是"代码"（code）。四种规制框架或模式具有各自不同的特征，但法律仍是其中最具有主动性意识（most self – conscious）的规制手段。在数据为王、算法为大的人工智能时代，一种"法律消亡论"的观点悄然出现。该观点认为科技革命将把人类带进一个"无法"的社会，取而代之的将是代码和算法的统治，届时"算力即权力"。对此，本文则认为，人工智能时代下代码或算法的此等规制并不是法律的消亡，而是法律功效实现的范式转变；法律的规制作用仍是最为凸显的。

"法律是治国之重器，良法是善治之前提。"❷ 良法之所在，在于其矫正社会行为之功效。然而，在技术革新频率不断加速的现实中，现有法律规制一方面与技术发展模式存在冲突，显得力不从心；另一方面由于规则缺位，面对新技术的种种问题又束手无措。在这一背景下，"立法要么主动创新，要么被动改革"❸。正如易继明教授所概括，"法律的稳定性丧失，回应性特征凸显"❹。此处所言的"回应性"即是法律灵活的实践品格的体现。法之原则性和灵活性两个属性似乎天然存在张力，难以处理。对于如何借助法之回应性功能来凸显价值理性的作用，易继明教授指出："对于回应型法律来说，内在价值在于实现'原初权利'或初始权利。"❺ 进一步而言，其实就是寻找支持我们人类不断进步与发展的那些最初信念——自由、平等、公平、正义等，在这些信念的支撑下矫正被意识形态化了的那部分技术理性扭曲的生活，重构人类真实需求和本

---

❶ LESSIG L. The law of the horse. what cyberlaw might teach［J］. Harvard Law Review, 1999, 113（2）：501 – 546.

❷ 中共中央关于全面推进依法治国若干重大问题的决定［M］//本书编写组.《中共中央关于全面推进依法治国若干重大问题的决定》辅导读本. 北京：人民出版社，2014：8.

❸ 江必新，郑礼华. 互联网、大数据、人工智能与科学立法［J］. 法学杂志，2018（5）：3.

❹ 易继明. 技术理性、社会发展与自由：科技法学导论［M］. 北京：北京大学出版社，2005：9.

❺ 易继明. 技术理性、社会发展与自由：科技法学导论［M］. 北京：北京大学出版社，2005：24.

真向往的美好。

四、人工智能时代技术理性偏差的知识产权制度回应

（一）知识产权制度的技术回应性

在技术理性的价值理性升格中，法律规范发挥着重要的作用。而在各法律部门中，以促进创新为宗旨的知识产权制度对技术以及新兴交易模式的嗅觉最为敏锐——因为科技催生了知识产权，而知识产权则是科技与法律相结合的产物。版权的诞生源于印刷技术的发展。正是为了回应当时印刷出版秩序的规范，出现了第一部近代意义的著作权法——《安娜法》。专利制度的形成源于中世纪欧洲：在科学技术不断发展和货币化的背景下，君主赋予商人或工匠特定期限的独家经营和使用特权，拉开了近代专利制度的序幕。而后威尼斯共和国为进一步鼓励技术发展，于1474年制定了世界上第一部专利法，规定了机器设备10年的独家使用权。威尼斯共和国的技术和制度后流向英国并进一步发展。为了限制特权被滥用而阻碍科技创新，英国于1623年颁布了《垄断法》。至于商标，最早则可追溯至古代陶器制作和刘家"功夫针"的"白兔"标记。❶ 此外，诸如集成电路布图设计、植物新品种、域名等知识产权制度的创设无一不是对新兴技术的及时回应。

知识产权制度应科学技术与商品经济的发展需要而诞生，并借助精巧的制度设计来引导和把控技术的正确运用。知识产权制度激励创新并鼓励创新成果传播，在知识产权权利产生、利用、保护与限制等环节，均体现着知识产权制度对待技术和创新的处理态度。例如《专利法》中规定对违反法律、社会公德或者妨害公共利益的发明创造，以及违反法律、行政法规的规定获取或者利用遗传资源并依赖该遗传资源完成的发明创造，不授予专利权。此外，知识产权对技术创新成果的保护仅提供特定时限的期间，对创新成果的使用也施加了一定程度的限制。技术虽本身无善恶之念，但是否可用以及如何应用则需正确的引导。知识产权制度通过对损及人类根本信念和本真需求的技术成果予以否定性评价或排除、限制保护等方式，表达了人们的价值需求，正确引导和规约技术理性中的工具理性作用。

承载着调和技术理性异化重要职能的知识产权制度主要基于"理性行为者"模型（假设人们的偏好选择是稳定，并能使其作出的决定实现效用的最大化）

---

❶ 乔磊，陈凡. 科技进步与知识产权变迁 [J]. 科学学研究，2011（3）：337 - 340.

来设计相应规则。但是，源于新古典经济学的这一模型正面临着挑战。"占有享受""厌恶损失"等认知和情感方面的偏见，导致人们的偏好选择通常是极为不稳定的，以至于人们对特定对象的态度存在差异：人们对自己已经拥有的物品所附加的价值要远远高于那些他们正在考虑购买的物品，这即是著名的"禀赋效应"。❶2017 年获得诺贝尔经济学奖的行为经济学家 Richard Thaler 采用独特的观察视角和敏锐的洞察力揭示了人是非理性的经济动物。也正是由于"禀赋效应""锚定效应"❷"心理账户"❸等因素的存在，人常常拥有的其实是感性的有限理性。然而，人类需要依靠理性思维来把握世界的秩序，因而也就需要寻找到超越此岸的感性世界而迈向彼岸的真理世界的有效途径。

知识产权制度是把控技术价值形态的重要关卡，且各法域的价值认知和选择不同，因此通过知识产权制度的设计可以有效实现技术发展的正确引导，避免知识产权制度成为技术异化的帮凶。随着科学技术的演进和推动，知识产权制度不断呈现扩张之势，例如保护对象和范围不断增加，而这些扩张表象背后潜藏着工具理性作用下资本投入利益主体的诉求和安排。知识产权制度的过度扩张逐渐使其不幸走向了被异化使用的结局，如各种"版权蟑螂""专利蟑螂"和"商标蟑螂"的出现，还有商标混淆理论的泛化趋势，已经严重扭曲了知识产权制度原初的宗旨，甚至威胁到了该制度正当性基础。因此，知识产权制度在回应科学技术，特别是当下人工智能产生的新兴创新成果时，应当同时关注制度的设计和实践效果，将正确的价值理性灌输到技术应用相关的每一个环节，以促进技术理性之价值理性和工具理性的动态均衡发展。

（二）人工智能时代下知识产权制度的理性应对

人工智能如火如荼的发展态势让人们似乎已经能够听到第四次产业革命全面来临。工业革命及产业革命根本上有赖于创新，而创新则有赖于知识产权的激励和保护。与互联网时代技术实乃人类手臂延伸之工具不同，人工智能时代的深度学习、算法等技术已不再是传统意义上的手臂延伸，而出现了摆脱人类

---

❶ BUCCAFUSCO C，SPRIGMAN C. Valuing intellectual property：an experiment ［J］. Cornell Law Review，2010，96（1）：1-46.

❷ 指人们在对某人某事作出判断时，非常容易受到第一印象或第一信息支配。这些印象或信息就像锚一样把人们的思想固定在某处，成为人们进一步思考和判断的参照点。该效应是一种常见的认知偏差。

❸ 人们会把在现实中客观等价的支出或收益在心理上划分到不同的"账户"中。比如，我们会把工资划归到靠辛苦劳动日积月累下来的"勤劳致富账户"中；把年终奖视为一种额外的恩赐，放到"奖励账户"中；而把买彩票赢来的钱，放到"天上掉下的馅饼账户"中。由于消费者心理"账户"的存在，个体在决策时往往会违背一些简单的经济运算法则，从而作出许多非理性的消费行为。

意志完全控制之可能。与人类史上的历次革命相较，此次革命浪潮不仅仅是以往机械化劳动的解放，也逐渐作用到了人类引以为豪的创作和研究领域，使得此次变革更为深远，也更为不可预测。当下人工智能的研发无论在基础设施、算法，还是在具体场景应用方面均取得了重大突破，但迄今为止还尚处于"弱人工智能"阶段，"类人智能""通用人工智能""强人工智能"或"超人工智能"在目前可预测的时间限度内仍难以实现。❶ 尽管如此，大数据、算法、区块链等技术的出现的确给知识产权制度带来了挑战，也再一次让知识产权制度站在了均衡技术理性双重维度的关键拐点。鉴于此，下文将围绕当前学界热议的有关问题，通过技术理性的价值批判牵引，力图以知识产权制度为实现基础，避免人工智能的发展出现异轨情况。

1. 知识产权制度中人工智能主体地位之辨思

随着人工智能创作诗集、音乐、电影，乃至编写代码的新闻不断曝出，知识产权领域也引发了人工智能是否可为"作者"和"发明人"的热议。2017年，沙特阿拉伯宣布授予机器人索菲亚以公民资格，由此也进一步推动了法学界对人工智能主体地位的思考。对于人工智能的知识产权法律主体资格讨论，目前大体存在两派观点。一是赞成派，主张应当赋予人工智能适当的法律人格，如欧盟的法律事务委员会就于2016年向欧盟委员会提交动议，要求将最先进的自动化机器人的身份定位为"电子人"，除赋予其"特定的权利和义务"外，还建议为智能自动化机器人进行登记，以便为其开设纳税、缴费、领取养老金的资金账号。此派观点倾向从工具理性的角度出发，试图通过认可和赋权的方式最大化激励人工智能技术的发展和应用，期冀通过人类规则表现出对当前弱人工智能，乃至日后强人工智能或超人工智能的友好姿态。二是反对派，以吴汉东教授为代表，认为模拟和扩展"人类智能"的机器人虽具有相当智性，但不具备人之心性和灵性，与具有"人类智慧"的自然人和自然人集合体是不能简

---

❶ 根据人工智能是否能真正实现推理、思考和解决问题，可以将人工智能分为弱人工智能和强人工智能。弱人工智能是指不能真正实现推理和解决问题的智能机器——这些机器表面看像是智能的，但是并不真正拥有智能，也不会有自主意识。强人工智能是指真正能思维的智能机器，并且这样的机器是被认为有知觉的和有自我意识的——这类机器可分为类人（机器的思考和推理类似人的思维）与非类人（机器产生了和人完全不一样的知觉和意识，使用和人完全不一样的推理方式）两大类。从一般意义来说，达到人类水平的、能够自适应地对外界环境挑战的、具有自我意识的人工智能被称为"通用人工智能""强人工智能"或"类人智能"；而超人工智能，则在所有领域都比人脑聪明。参见：中国电子技术标准化研究院. 人工智能标准化白皮书（2018版）[R]. 北京：中国电子技术标准化研究院，2018：6.

单等同的，因此，尚不足以取得独立的主体地位。❶ 此派观点则明显是价值理性维度的考量，认为人之根本的信念不应被动摇。如马克·毕晓普指出，计算机永远无法复制所有的人类认知能力和权利，人工智能和人类之间存在着"人性差距"：计算机缺乏主体性意识，计算机缺乏真正的理解，计算机缺乏对创造性的洞察力。尽管原始的计算机能力和随之而来的人工智能软件将会继续改进，但与未来人工智能一起工作的人类思维的组合仍将比未来的人工智能系统自身更强大，奇点将永远不会出现。❷ 因此，在以人为本的价值取向中，人工智能当发挥其辅助工具之效，并无必要赋之以民事主体资格。

人工智能的主体性质定位，不仅关涉权利的生成与归属，还涉及权利保护、限制以及责任承担等一系列问题。在当下的弱人工智能语境下，是否赋予人工智能法律主体地位，并不影响技术理性中工具理性的功效发挥。因为此时技术的研发尚在人类掌控的范畴，更需要关注的是价值理性的考量，即人本理念的体现。当前之所以引发人工智能主体地位的讨论，很大程度上在于人工智能较以往人类手臂简单之延伸有所不同。人工智能的深度学习技术，即所谓的"黑箱"运作使得人们在某种程度上表现出了对技术失控的恐慌。然而，不可忽视的是，实现可解释的、可信赖的人工智能，避免在特定重大领域采用"黑箱"算法，已成为各国和各大企业努力追求实现的目标。除了要求增加系统技术的透明度外，根据欧盟《通用数据保护条例》（GDPR）第22条的规定，数据主体有权利不接受由人工智能自动处理得出的结论并可以要求提供解释。这也在一定程度上体现了人类试图将人工智能控制在其可管控范围的努力。而王利明教授也指出，从目前人工智能的发展来看，其尚未对传统民事法律主体理论提出颠覆性的挑战；我们在短时期内仍然应当坚守传统民事主体理论，而不宜将智能机器人规定为民事主体。❸ 因此，笔者认为，在当前的人工智能发展阶段，应当切实保障人类的切身利益；对人工智能赋予等同于人类或者类人类的法律地位尚不适宜，且也不具有现实可操作性，甚至可能引发一系列混乱。

2. 人工智能生成物的知识产权保护研析

正如 Jane C. Ginsburg 教授所言，每一次技术的革新和发展均会导致版权制

---

❶ 吴汉东. 人工智能时代的制度安排与法律规制 [J]. 法律科学（西北政法大学学报），2017，35（5）：131.

❷ MÜLLER V C. Risks of artificial intelligence [D]. Oxford：University of Oxford，Thessaloníki：UK and American College of Thessaloniki/Anatolia College，2016：273.

❸ 王利明. 人工智能时代对民法学的新挑战 [J]. 东方法学，2018（3）：5.

度原有的平衡机制被打破❶，专利制度亦是如此。知识产权制度拟平衡之天平的两端也不再局限在作品的权利人和使用者之间，而是新兴技术新催发的新的集创作和使用为一体的新主体。面对这一新兴技术产生的创新成果是否应当给予保护、如何保护等问题，知识产权制度应当秉持何种价值立场并如何应对？这是知识产权制度目前不得不直面，也不得不作出选择的难题。一方面，人工智能的创作过程实则为通过算法对一定量数据进行分析、解构、再重建的过程。由此，人工智能的创作/创造必然离不开对现有人类享有之知识产权的利用。那么，此等近乎海量的使用是否需要获得权利人的许可？又会否构成侵权？对于这些问题，在当下的弱人工智能背景下，作者认为，人工智能的研发者/所有者在给技术"喂养"数据时，数据中所涉的人类享有之知识产权应当得到必然的尊重，不可肆意侵犯。另一方面，对于人工智能技术本身，以及其创作/创造出的涵盖诸多领域的成果❷，知识产权制度是否应予保护？下文予以详述。

（1）人工智能技术中算法的可专利性

当前人工智能热潮的出现，除了得力于因互联网兴起而聚集起的庞大数据体量，算法和算力的提高也功不可没。在人工智能的层次结构中，除了底层基础设施中的硬件和大数据外，技术层面的算法则是人工智能技术最为核心、也最具创造性的部分。对于人工智能技术的研发者和投资者而言，算法可谓其命脉之处，虽可采取诸如商业秘密等手段进行保护，但实践效果却十分不如人意。当下企业人员流动之快速、算法之无形性等特征致使商业秘密保护一度被架空，实践中算法保护"裸露"现象严重，因此算法的研发者和投资者们转而寄希望于寻求专利法的保护。

然而，根据我国《专利法》第25条的规定，对科学发现、智力活动的规则和方法等，不授予专利权。此处的科学发现指对自然界中已经客观存在的未知物质、现象、变化过程及其特性和规律的发现和认识。这些发现和认识本身并

---

❶ GINSBURG J C. Copyright and control over new technologies of dissemination [J]. Columbia Law Review, 2001, 101 (7): 1613 – 1647.

❷ 例如，人工智能技术的变革，给版权领域带了翻天覆地的变化。文学方面，2017年5月，微软小冰创作的诗集《阳光失了玻璃窗》出版，是人类历史上第一部完全由人工智能创作的诗集。微软小冰通过100小时学习共创作了70928首现代诗，《阳光失了玻璃窗》诗集从中挑选了139首。音乐方面，索尼公司的 AI（Flow Machines）通过分析13000首来自全世界的不同类型的乐曲，创作了一首带有浓浓的披头士风格的单曲《爸爸的车》（Daddy's Car）。影视方面，IBM 公布了超级计算机 Watson 为即将上映的悬疑恐怖电影《Morgan》创作的有史以来第一部"认知电影预告片"。新闻创作方面，美联社的人工智能新闻写作平台 Wordsmith 的创作稿件速度也达到了每季度3000余篇。

不是一种技术方案，不是专利法意义上所说的发明创造，不能直接实施用以解决一定领域内的特定技术问题，因而不能被授予专利权。智力活动的规则和方法指人的思维运动，是人的大脑进行精神和智能活动的手段或过程，是一种抽象的东西。它的作用仅是指导人们对其表达的信息进行思维、判断和记忆，不需要采用技术手段或者遵守自然法则，不具备技术特征，因而不能被授予专利权。鉴于此，算法专利保护的供需之间出现了鸿沟。

从技术理性的工具理性角度而言，算法之创制发明确有保护之必要。一方面，专利法之根本宗旨在于鼓励发明创造，推动发明创造的应用，提高创新能力，促进科学技术进步和经济社会发展。另一方面，用于判断某一发明创造是否可专利性的新颖性、创造性和实用性标准，算法皆可满足。如果单纯因为属于智力活动的规则和方法而将其排除于保护客体之外，实有不妥。此外，回顾整个专利法的发展史，专利的保护客体范围也在不断扩张，类似于计算机软件、商业方法等对象也逐渐具备了可专利性，这在很大程度上是产业发展之需所致。在世界各国的人工智能"军备赛"中，我国专利制度保护客体的研究应充分考虑相关规则和政策给整个产业带来的冲击和影响。因此，不应绝对将算法排除出专利保护的客体范围之外。至于价值理性维度的考量，则可通过对规则制定以及规则实施过程中原则性和灵活性的把握来实现，例如授予标准以及例外限制等具体规则的设计应当与人类价值取向保持一致。因此，笔者认为，如果一项权利要求包括的单纯的算法本身采用了技术手段、解决了技术问题并由此也获得了相应技术效果，则亦可考虑赋予专利权保护。

（2）人工智能生成物的可知识产权性

如果说知识产权制度对人工智能的回应是一场科学与技术的"恋爱"，那么版权、专利、商标等制度对人工智能生成物的回应则是对这段"恋爱"的"结晶"的态度。以版权保护为例，目前学界对于人工智能创作物的版权保护问题形成了旗帜鲜明的两派观点。反对派以王迁教授为代表，认为"人工智能生成的内容在表现形式上不符合作品的构成要件，人工智能生成的内容在表现形式上与人类创作的作品类似，但迄今为止这些内容都是应用算法、规则和模板的结果，不能体现创作者独特的个性，并不能被认定为作品。"❶ 而赞成派则以易继明教授为代表，认为"对人工智能创作物的可版权性判断，应该以'额头出

---

❶ 王迁. 论人工智能生成的内容在著作权法中的定性［J］. 法律科学（西北政法大学学报），2017，35（5）：148.

汗'原则建立起独创性判断的客观标准。虽然人工智能不是'人',但也不是'物'。不能因为人工智能创作物的创作主体不是自然人,就否定其可版权性。"❶ 除此之外,还有其他学者也从不同的角度对这一问题进行了论证。在这一难题上,无论赞成派还是反对派的论证理由,均各有其合理之处,可以说难分伯仲。

从技术理性的工具理性维护角度而言,这项新兴技术成果的确也丰富了我们的物质和精神文化生活,并有望形成新的产业链和商业模式。如果一味以类似于法兰克福学派的过激批判方式来对待这一技术,不为这些生成物提供相应的保护,则也可能产生技术悲观主义的倾向,会对新兴技术的研发产生"寒蝉效应"。但从技术理性的价值理性维护角度而言,版权是人类精神文化生活的重要领地;脱离于人类智力控制的、由人工智能创作的成果则不再是人类思想的真实表达,其所传播的价值理念不再是人的输出,而是人工智能深度学习计算的产物,这在某种程度上有可能表现为人工智能对人类的"意识形态"统治。Jane C. Ginsburg 教授在《新技术传播时代的版权与控制》(Copyright and Control Over New Technologies of Dissemination) 一文最后强调回归作品创作的本源,指出作者应当成为版权控制的更优受益者。此处对作者之地位的强调,笔者认为正是价值理性中人本精神的体现。

鉴于此,笔者认为,在当前的弱人工智能背景下,对于人工智能创作/创造/设计出的作品/发明/商标等新生成物,如若满足相应的赋权标准和条件,则具有可知识产权性,应当提供相应的保护,因为此时知识产权制度的激励功能作用的对象仍然是开发、使用和控制人工智能技术的人类。基于工具理性的考量,人类借助人工智能技术实现知识产权制度所倡导之宗旨,而为人工智能生成物提供知识产权保护则能反向激励人类生成更多有益于人类发展的作品和技术方案。基于价值理性的考量,对这些生成物的保护范围则应作出适当限制,即采取反向排除保护的方法来划定符合人类伦理、道德和安全标准的保护范围。以专利为例,如果人工智能生成的是违反国家法律、社会公德或妨害公共利益的发明,则应排除赋权。例如,完全自主性武器和杀人机器人的研发就不应予以鼓励。此外,基于前文所述,目前尚无必要对人工智能赋予等同于人类或者类人类的法律地位,因此,人工智能生成物的知识产权权利归属当归于开发、使用和控制人工智能技术的人类所有,具体可根据投入的诸如劳动等要素的贡献

---

❶ 易继明. 人工智能创作物是作品吗? [J]. 法律科学(西北政法大学学报),2017,35(5):137.

比例来确定，而责任之承担也应由相应的人类主体来担当。

3. 人工智能助力知识产权制度智慧运作之良性发展

人工智能技术的兴起在实体层面影响着知识产权制度的发展，而在制度实践中则同时面临挑战和机遇。人工智能的工具价值（特别是效率价值）在知识产权制度的具体运作过程中得以充分体现。伴随着人工智能技术的不断精进，"智慧/智能＋"也出现在知识产权制度所涉的各个领域，例如，企业利用人工智能强大的数据收集和分析能力为其专利布局智慧地打造情报价值，以提前预知潜在的商机或侵权风险；律师事务所也开始研发诸如 Ross 等人工智能律师，以增加案件处理的效率；法院则依托人工智能，引入智能书记员、类案推送、电子卷宗随案生成及智能校对等系统；此外，还有知识产权局等部门，也开始积极探索人工智能的魅力，或许在不久的将来即可实现由人工智能来审查原本只需形式审查的实用新型和外观设计专利，以此提高专利审查的效率和质量。

人工智能为知识产权制度的智慧运行做出了重大贡献，但在潜在取得的巨大成就以及可能为人类带来的诸多福祉面前，也常常容易滋生技术乐观主义和盲目主义思潮。在这种思潮下，"人们认为，只有以数学和统计方法为基础的科学技术才是可靠的，借此人类可以驯服概率和不确定性，从而控制自然和风险。"❶ 以智慧司法为例，目前大力推进的依托大数据和人工智能的类案推送引起了不少学者对司法公正的担忧，因为相似案件的收集、分析和精准推送等一整套技术和系统均掌握在企业手中，法官在案件裁决时是否会被"操控"？此外，法官对所推送案件之处理结果的过度依赖，也可能导致个案处理时出现偏差，因为此前已决案件并不全是正确的，且海量的裁判文书也仅仅是制度运行中的一小部分内容的体现，并不能体现整个制度运行的全貌。此外，与过度依赖人工智能相对的，还有另一个有趣的现象，即人工智能虽然发展得如火如荼，但有些部门却仅仅让其发挥了"花瓶"的作用，并未实质性加以充分利用。

从工具理性角度而言，人工智能在效率方面给人类提供的巨大便利是不可忽视的；实践中出现的技术排斥和与之相应的强制推动现象，均不能较好地发挥工具理性之功效。因此，知识产权制度的从业者也需要相应转变理念和工作方式，从以往固化的框架中解放出来，积极拥抱人工智能技术有益于人类发展的部分，以适应新时代的发展步伐。另外，从价值理性角度而言，人类对知识产权制度的正义、创新乃至安全等价值的本真追求仍应由人类决定。人类对人

---

❶ 张成岗. 人工智能时代：技术发展、风险挑战与秩序重构 [J]. 南京社会科学，2018（5）：46.

工智能"计算"结果过度依赖，则会沦为前文所述的"单向度人"——主动的辩证思索消失，取而代之的仅剩被动地接受，于是"技术奴役"会再次出现。因此，在人工智能时代，知识产权制度之运行在适用一些类新兴技术的同时，仍应基于人本理念，让技术发挥辅助处理的功能，而不是辅助判断甚至是决定结果的功能。

五、结语

本文借助滥觞于启蒙运动后期的技术理性批判理论，分析了技术理性中工具理性和价值理性的二元维度，进而基于技术理性的二元维度分析了人工智能时代已经存在或潜在可能出现的技术异化现象。针对这一困境，本文探索了抑制技术理性异化的实现路径，即法律规范，而其中效用最佳的部门法当属知识产权法。本文立足于当下弱人工智能阶段的发展实际，基于技术理性二元维度的分析，提出了知识产权制度扼制人工智能技术偏差的可能应对措施。而面对强人工智能时代的挑战，在观望技术实现的同时，仍需加紧相关配置制度的研究。在这一过程中，技术理性批判理论亦可发挥应有作用。此外，知识产权制度仍需要与其他有益于升格价值理性的方式（如道德、伦理等）相呼应、相配合，形成多位一体的正义、创新和安全等价值指引。

（责任编辑：严丹华）

论数字经济时代电商平台经营者的
侵权责任[*]

——以《电子商务法》第38条为中心

张文斐[**]

摘要： 数字经济是推动未来世界经济发展的重要动力，在自发形成市场内生秩序、改变生产生活方式的同时，亦带来全球性经济风险，需构建外生秩序加以规制。电子商务是数字经济的重要内容。我国于2018年8月颁布《电子商务法》，其中第38条明确规定了电商平台经营者的侵权责任。该条第1款中的"连带责任"以"共同侵权"为理论基础，但存在双方无意思联络的逻辑悖论；第2款中的"相应责任"以"技术中立"为理论基础，但亦存有滥用技术中立原则逃避法律责任的适用困境。为实现电商平台侵权责任的帕累托改进（Pareto Improvement），优化资源配置，应根据控制程度与业务管理形态的不同，将电商平台进行类型化分类，区别界定其侵权责任：具有市场属性的电商平台，重在运作以实现自主交易，侵权责任以精细化为主；具有企业属性的电商平台，重在管理以实现控制交易，侵权责任以严格化的连带责任为主，以节约交易成本，促进电商产业及数字经济发展。

关键词： 数字经济 电子商务平台经营者 侵权责任 外生秩序 帕累托改进

---

[*] 本文系国家社会科学基金一般项目"植物新品种知识产权保护困境与制度创新研究"（项目编号：16BFX168）的阶段性研究成果。

[**] 张文斐，首都经济贸易大学法学院2018级博士研究生。

Tort Liability on E – Commerce Platform Business in Digital Economy Era: Centered on Article 38 of *Chinese E – Commerce Law*

Abstract: Digital economy is an important driving force for the economic development of the world in the future. While spontaneously forming market endogenous order, and changing the mode of production and life, it also brings global economic risks. It is necessary to construct an exogenous order to regulate it. E – commerce is an important part of digital economy. China promulgated *E – Commerce Law* in August 2018. Article 38 clearly stipulates the tort liability on e – commerce platform business. "Joint liability" in Paragraph 1 is based on "joint infringement", but there is a logical paradox of no communication between two parties. "Corresponding liability" in Paragraph 2 is based on "technology neutrality", but there is also the possibility of abusing the technology neutrality principle to evade legal liability. In order to carry out the Pareto improvement for tort liability on e – commerce platform businesses and to optimize resource allocation, e – commerce platform businesses should be classified according to the degree of control and the form of business management to define their tort liability respectively. E – commerce platform businesses with market attribute focus on operation for autonomous trading, whose tort liability should be refined. E – commerce platform businesses with enterprise attribute focus on management for controlling trading, whose tort liability should be mostly strict joint liability, which, as a result, would save transaction cost and promote the development of e – commerce industry and digital economy.

Key words: Digital Economy; E – Commerce Platform Business; Tort Liability; Exogenous Order; Pareto Improvement

一、问题的提出

数字经济是全球经济增长日益重要的驱动力,在加速经济发展、培育新市场与产业新增长点、实现包容性增长与可持续增长中正发挥着重要作用。截至

2017 年 6 月，全球已有 28 个国家制定了数字经济国家发展战略。❶ 电子商务（electronic commerce）❷ 作为数字经济的重要内容，直接影响着国民日常生活及产业竞争发展。企业的研究与生产投入对抑制其他企业技术进步的影响即技术溢出效应，是正外部性的一种潜在、重要的类型。政府应鼓励产生最大溢出效应的行业发展，适当干预制定产业政策以促进技术进步，实现市场均衡发展与社会总利益的最大化。❸ 2018 年 8 月 31 日，《电子商务法》由第十三届全国人民代表大会常务委员会第五次会议通过，自 2019 年 1 月 1 日起施行。该法对电子商务经营者乃至仓储、物流、支付结算等多个电子商务环节的问题均进行了法律层面的界定，并针对"评价被删""押金难退""差评被骚扰"等问题，作出诸如不得搭售商品或服务、不得对押金退还设置不合理条件、不得指定不利于消费者的格式条款等详细规定，以更好地保障数字经济时代个人信息安全等消费者的合法权益。

现有文献对数字经济时代电子商务平台经营者❹（e－commerce platform business，以下简称"电商平台"）的侵权责任问题研究较少，多集中于电子商务规则与共享经济的发展❺、电商平台对数据的应用❻、电商平台的版权法规制❼、电商平台的注意义务与事前审查义务❽。亦有学者基于我国《消费者权益保护

---

❶ 28 个制定数字经济国家发展战略的国家包括：澳大利亚、比利时、加拿大、捷克、丹麦、爱沙尼亚、芬兰、法国、德国、希腊、爱尔兰、意大利、日本、韩国、卢森堡、墨西哥、荷兰、挪威、波兰、葡萄牙、斯洛伐克、斯洛文尼亚、西班牙、土耳其、英国、埃及、拉脱维亚和立陶宛。参见：郑党党，赵宏亮. 国外数字经济战略的供给侧实施路径及对中国的启示［J］. 经济研究导刊，2017（6）：154.

❷ 根据我国《电子商务法》第 2 条的规定，电子商务是指通过互联网等信息网络销售商品或者提供服务的经营活动，其种类包括企业与消费者之间的电子商务（Business to Consumer，B2C）、企业与企业之间的电子商务（Business to Business，B2B）、消费者与消费者之间的电子商务（Consumer to Consumer，C2C）。参见：王肃之. 电子商务用户信息安全的法律保护：兼评《电子商务法（草案）》相关立法条款［J］. 南京航空航天大学学报（社会科学版），2017，19（2）：69.

❸ 曼昆. 经济学原理：第 7 版：微观经济学分册［M］. 梁小民，梁砾，译. 北京：北京大学出版社，2015：211－217.

❹ 根据我国《电子商务法》第 9 条第 2 款的规定，电子商务平台经营者，是指在电子商务中为交易双方或者多方提供网络经营场所、交易撮合、信息发布等服务，供交易双方或者多方独立开展交易活动的法人或非法人组织。

❺ 林英泽. 电商平台规则与共享经济发展［J］. 中国流通经济，2018，32（1）：85.

❻ 刘育升. 电商平台大数据应用［J］. 台湾经济研究月刊，2016，39（2）：72.

❼ 梁志文. 网络服务提供者的版权法规制模式［J］. 法律科学（西北政法大学学报），2017，35（2）：100－108.

❽ 李一笑. 网络交易平台间接侵权之相关问题分析：以利益平衡为中心的考量［J］. 网络法律评论，2016（1）：73－82.

法》与《侵权责任法》等相关法律规定的对比，探讨网络平台提供者的附条件不真正连带责任与部分连带责任❶，或分析《电子商务法（草案）》（以下简称《草案》）中电商平台侵权责任的相关条款。综上可知，现有研究多基于电商平台的金融创新与法律定位，或立足于我国《侵权责任法》及《草案》分析电商平台的法律责任，而未结合电商平台的法律属性进行分析。我国《电子商务法》通过之后，关于电商平台侵权责任的研究也较少，且缺乏对其理论基础及适用困境的论证支撑。法律主体性质的界定决定其法律责任的承担。本文立足于数字经济背景，认为内生秩序（endogenous order）的均衡发展需外生秩序（exogenous order）的适当干预，通过对电商平台"连带责任"与"相应责任"理论基础及逻辑悖论的探讨，结合对电商平台企业属性与市场属性的分析，对我国《电子商务法》第38条提出帕累托改进（Pareto Improvement）之策略建议，以期促进法律的有效实施，实现电子商务市场的均衡发展。

二、《电子商务法》颁布的动因：数字经济

2016年9月，杭州G20峰会《数字经济发展与合作倡议》明确了数字经济❷（digital economy）的定义。数字经济的发展形成了特有的网络市场内生秩序。为避免部分市场主体为追求自身利益而破坏内生秩序，应制定与内生秩序相契合的外生秩序，以维护市场秩序稳定。

（一）内生秩序形成

随着全球网络信息技术的迅速发展，数字经济规模不断扩大，行业数字化将推动数字经济实现下一轮爆炸性增长。2018全球联接指数报告指出，过去15年，数字经济的增速是全球GDP增速的2.5倍；数字经济的规模已达到12.9万亿美元，占全球GDP的17.1%；预计到2025年，数字经济规模将达23万亿美元。❸数字经济的快速发展在促进产业生产方式改革与人类生活方式创新的同时，更成为世界各国实现经济可持续发展的重要支撑，各国间的市场竞争已转

---

❶ 杨立新. 网络平台提供者的附条件不真正连带责任与部分连带责任［J］. 法律科学（西北政法大学学报），2015，33（1）：166.

❷ 数字经济，是指以使用数字化的知识和信息作为关键生产要素，以现代信息网络作为重要载体，以信息通信技术的有效使用作为效率提升和经济结构优化的重要推动力的一系列经济活动。参见：二十国集团数字经济发展与合作倡议［EB/OL］.（2016 - 09 - 20）［2018 - 09 - 27］. http：//www. g20chn. org/hywj/dncgwj/201609/t20160920_3474. html.

❸ 驶入智能联接新赛道：全球联接指数2018，量化数字经济进程［EB/OL］.［2018 - 10 - 14］. https：//www. huawei. com/minisite/gci/assets/files/gci_2018_whitepaper_cn. pdf？v = 20180816.

为数字经济发展中的利益博弈。2017 年 12 月，世界贸易组织（WTO）召开第 11 次部长会议，发布《关于电子商务的联合声明》，启动 WTO 谈判与贸易相关的电子商务议题。21 世纪是数字经济发展的关键时期。❶ 美国于 20 世纪 90 年代便提出"信息高速公路"计划，底层技术创新是其数字经济商业模式创新的主要方式，如 Uber 基于大数据进行交通规划的完善。❷

我国经济新常态要求在经济结构对称态基础上实现经济可持续发展，经济可持续稳定增长将表现为保持 L 型增长趋势的中高速增长。❸ 数字经济不断取代传统经济模式推动经济发展。2016 年我国数字经济的市场规模占当年 GDP 比重已达 30.3%，在电子商务领域实现 22.6 万亿元的交易额。❹ 我国目前各类跨境电商平台企业已超过 5000 家。❺ 信息技术创新是我国科技创新战略发展的关键着力点，亦是发展数字经济技术产业的战略支撑。为推动数字经济产业发展，我国先后出台系列扶持政策，引导国内各行业向数字化领域创新转型，从传统制造业、农业到高端金融、电子商务、能源等行业，均不断尝试数字化创新，且国家职能部门亦已开展互联网技术的推广运用。❻ 目前，数字经济已涉及市场经济秩序各个领域，成为一种新型经济形态，并自发形成其网络市场交易的内生秩序，在全球范围内对政治、经济、文化等各领域均有不可替代的作用。

（二）外生秩序规制

全球在经历数字经济变革的同时，亦面临数字经济危机，对现有法律制度亦构成新的挑战。❼ 首先，信息和隐私的威胁将持续蔓延。❽ 线上交易及电子支

---

❶ 逄健，朱欣民. 国外数字经济发展趋势与数字经济国家发展战略 [J]. 科技进步与对策，2013，30（8）：125.

❷ 向坤. 从数字经济视角看数字丝绸之路建设的内涵、结构和发展路径 [J]. 西部论坛，2017，27（6）：12.

❸ BARRO R J. Economic growth and convergence, applied to China [J]. China & World Economy, 2016（5）：5 –19.

❹ 中国信息通信研究院. 中国数字经济发展白皮书：2017 年 [EB/OL]. （2017 –07 –13）[2018 –10 –07]. http：//ftp. shujuju. cn/platform/file/2017 –07 –13/7b6fc141a49e4becac876ba3da01ead4. pdf.

❺ 何勇. 电子商务平台"寡头化"趋势的经济学分析 [J]. 上海经济研究，2016（3）：109.

❻ 钟春平，刘诚，李勇坚. 中美比较视角下我国数字经济发展的对策建议 [J]. 经济纵横，2017（4）：36.

❼ 齐白. 全球风险社会与信息社会中的刑法：21 世纪刑法模式的转换 [M]. 周遵友，江溯，译. 北京：中国法制出版社，2012：273.

❽ DODD J D. Data security law：State Statutory requirements for protection personal data [J]. American Journal of Trial Advocacy, 2015, 38（3）：623.

付将引发一系列个人信息安全问题，如非法公开、收集、泄露及利用个人信息，危及财务安全与网络安全，影响经济与社会的稳定发展。世界范围内每年个人信息泄露所造成的经济损失高达 60 亿美元，且仍在不断扩大。❶ 其次，劳动密集型就业机会被迫减少。随着产业发展中业务形态愈加数字化，鉴于数字经济技术性、服务性的特点，其在大幅提升产业生产效率的同时，也意味着更多的技术产品对人类劳动力的替代。最后，新型社会矛盾增多，新型网络犯罪率大幅提高。数字经济的发展打破固有的利益链条，产生新的问题与社会矛盾。❷ 由于数据的碎片化特点，一方面碎片整合之后公民与社会组织将毫无隐私可言；另一方面相关证据收集的困难程度将提高，不利于消费者合法权益的维护。

内生市场秩序的失灵需要政府适当干预构建外生秩序。哈耶克（Hayek）的"自发秩序理论"指出，社会秩序并非由个人或群体创造设计，而是市场为适应社会变迁不断演化而成的内在秩序化状态。❸ 然内生秩序具有抽象性与目的独立性，市场主体均追求自身利润最大化，而非社会效用最大化。为维护市场经济秩序稳定，促进数字经济有序发展，须制定与内生秩序相契合的外生秩序，规范电子商务交易行为。❹ 2017 年 12 月 3 日，第四届世界互联网大会中，多国代表共同发起《"一带一路"数字经济国际合作倡议》，倡导共同利用数字机遇、应对挑战。❺ 我国《电子商务法》旨在"保障电子商务各方主体的合法权益"，"维护市场秩序，促进电子商务持续健康发展"。该法第 38 条❻明确了电商平台的侵权责任。其第 1 款规定电商平台的连带责任，即知道或应当知道平台内经营者（以下简称"经营者"）侵害消费者合法权益但未采取必要措施的，电商平

❶ TSCHIDER C A. Experimenting with privacy：driving efficiency through a state - informed federal data breach notification and data protection law［J］. Tulane Journal of Technology & Intellectual Property, 2015, 18（1）：45 – 82.

❷ 蓝庆新，窦凯. 共享时代数字经济发展趋势与对策［J］. 理论学刊, 2017（6）：59.

❸ 谢志刚. "共享经济"的知识经济学分析：基于哈耶克知识与秩序理论的一个创新合作框架［J］. 经济学动态, 2015（12）：81.

❹ 邓正来. 社会秩序规则二元观：哈耶克法律理论的研究［J］. 北大法律评论, 1999（2）：404.

❺ 张伯超，沈开艳. "一带一路"沿线国家数字经济发展就绪度定量评估与特征分析［J］. 上海经济研究, 2018（1）：103.

❻ 根据我国《电子商务法》第 38 条规定："电子商务平台经营者知道或者应当知道平台内经营者销售的商品或者提供的服务不符合保障人身、财产安全的要求，或者有其他侵害消费者合法权益行为，未采取必要措施的，依法与该平台内经营者承担连带责任。对关系消费者生命健康的商品或者服务，电子商务平台经营者对平台内经营者的资质资格未尽到审核义务，或者对消费者未尽到安全保障义务，造成消费者损害的，依法承担相应的责任。"

台与该经营者承担连带责任；第 2 款规定电商平台的相应责任，即对关系消费者生命健康的商品或服务，未尽资质审核义务或安全保障义务而造成消费者损害的，电商平台承担相应的责任。

三、《电子商务法》连带责任规定的理论基础与逻辑悖论

"利用网络实施侵权行为的用户，是造成被侵权人损害之全部原因，其行为对损害结果发生之作用力为 100%，其过错程度亦为 100%。"[❶] 网络侵权中，被侵权人传统的救济渠道即要求侵权的经营者承担责任，然互联网技术的匿名性、无界性及众多用户参与性等特点，导致传统的这一救济途径在电子商务领域大为失效乃至完全失灵。鉴于此，基于"共同侵权"（joint infringement）理论，《电子商务法》规定了电商平台的连带责任，然该理论有悖于侵权法一般原理。

（一）电商平台连带责任的理论基础：共同侵权

目前，我国法律规定及学理解释层面均将"共同侵权"作为电商平台与经营者承担连带责任的理论基础。

第一，法律规定层面。除《电子商务法》的规定外，《侵权责任法》第 36 条"明知规则"亦规定了网络服务提供者（internet service provider）的连带责任。《侵权责任法》颁布之前，《最高人民法院关于审理侵害信息网络传播权民事纠纷案件适用法律若干问题的规定》第 4 条与第 7 条规定，电商平台明知或应知经营者侵害信息网络传播权而未采取必要措施的，电商平台构成共同侵权行为，应与经营者承担连带责任。此外，《最高人民法院关于审理涉及计算机网络著作权纠纷案件适用法律若干问题的解释》第 4 条[❷] 及《信息网络传播权保护条例》第 23 条[❸] 均有类似规定，即电商平台与经营者承担共同侵权责任。

第二，学理解释层面。诸多学者认为，电商平台与经营者承担连带责任的主要原因是电商平台"构成帮助侵权"。吴汉东在解释《侵权责任法》第 36 条时提出，网络侵权中正是电商平台的帮助行为，促成经营者的侵权行为，二者

---

❶ 杨立新.《侵权责任法》规定的网络侵权责任的理解与解释 [J]. 国家检察官学院学报, 2010, 18（2）: 10.

❷ 根据《最高人民法院关于审理涉及计算机网络著作权纠纷案件适用法律若干问题的解释》（2006 年修正）第 4 条的规定，提供内容服务的网络服务提供者，明知网络用户通过网络实施侵犯他人著作权的行为，或者经著作权人提出确有证据的警告，但仍不采取移除侵权内容等措施以消除侵权后果的，人民法院应当根据《民法通则》第 130 条的规定，追究其与该网络用户的共同侵权责任。

❸ 根据《信息网络传播权保护条例》（2013 年修订）第 23 条的规定，网络服务提供者为服务对象提供搜索或链接服务……明知或应知所链接的作品、表演、录音录像制品侵权的，应承担共同侵权责任。

具有直接的、不可辩驳的因果关系。❶ 王胜明亦认为，若电商平台知道经营者利用平台实施侵权，其有采取必要措施的义务；若未履行该义务，则认定其构成帮助侵权，承担连带责任并无不当。❷ 因此，共同侵权尤其是帮助侵权，是我国学界解释与论证电商平台与经营者之所以承担连带责任的通行观点。

（二）电商平台连带责任的逻辑悖论：意思联络

根据《侵权责任法》第 8～12 条，国内立法中"共同侵权"应以意思联络（intention liaison）为必要。❸ "意思联络即数个行为人对加害行为存在'必要之共谋'，包括事先协商、分工及策划等。"❹ 网络侵权中，若电商平台与经营者构成共同侵权，应与经营者存在共同意思联络，或对经营者的侵权行为存在教唆行为。❺ 但实践中电商平台仅为经营者提供市场交易"平台"，且往往会在平台注册协议、公告须知中要求经营者不得实施侵害行为。此种情况下，若判定电商平台与经营者构成"共同侵权"并承担连带责任，往往依据"帮助侵权"。❻

然由于电商平台与经营者并未事先协商、分工及策划，并无共同意思联络，因此该依据亦不妥当。德国也有学者认为，搜索引擎等技术传播者，原则上不负赔偿责任，因其与被链者无主观意思联络；而人为传播者则原则上负赔偿责任。❼ 亦有学者认为，若设链者与被链者间存在意思联合，则被链内容可视为设链者"自己的"内容，适用内容提供者规则，❽ 属于一般侵权而非共同侵权。从国内司法裁判看，2014～2016 年北京地区 70 余件电商平台网络侵权纠纷中，法

❶ 吴汉东. 论网络服务提供者的著作权侵权责任［J］. 中国法学，2011（2）：47.

❷ 王胜明. 中华人民共和国侵权责任法解读［M］. 北京：中国法制出版社，2010：187.

❸ 奚晓明.《中华人民共和国侵权责任法》条文理解与适用［M］. 北京：人民法院出版社，2010：58-68；张新宝. 侵权责任法［M］. 北京：中国人民大学出版社，2010：49；梁慧星. 中国侵权责任法解说［J］. 北方法学，2011，5（1）：9-11；刘海安. 共同侵权之"共同"标准：反思与重构［J］. 西南政法大学学报，2010，12（3）：52-62.

❹ 张新宝. 侵权责任法［M］. 北京：中国人民大学出版社，2010：49；马俊驹，余延满. 民法原论［M］. 北京：法律出版社，2010：1017.

❺ 徐伟. 网络服务提供者连带责任之质疑［J］. 法学，2012（5）：84.

❻ 例如上海市高级人民法院（2008）沪高民三（知）终字第 62 号民事判决书；北京市第二中级人民法院（2007）二中民初字第 02621～02631 号民事判决书；广东省广州市中级人民法院（2006）穗中法民三初字第 179 号民事判决书；北京市第一中级人民法院（2005）一中民初字第 7965 号、第 7978 号、第 8474 号、第 8478 号、第 8488 号、第 8995 号、第 10170 号民事判决书.

❼ KÖSTER O，JÜRGENS U. Liability for links in germany：liability of information location tools under german law after the implementation of the European directive on e-commerce［M］. Hamburg：Verlag Hans-Bredow-Institut，2003：9-10.

❽ HOEREN T. Liability for online services in Germany［J］. German Law Journal，2009（10）：569.

院判决电商平台承担责任的只占 10%❶，且法院裁判依据多为《消费者权益保护法》第 44 条❷而非共同侵权。

基于上述分析，"共同侵权"作为电商平台连带责任的理论基础尚存有逻辑悖论，是否由于理论基础判定有误？连带责任的理论基础除共同侵权之外，还包括叠加的分别侵权。叠加的分别侵权要求两个以上的行为人针对同一个侵害目标分别实施侵权行为，数个侵权行为导致同一个损害后果，且该损害后果可分割。❸而网络侵权中，电商平台往往仅提供技术层面支持，并未单独施行侵权行为，侵权损害后果单一且不可分割，因此，电商平台与经营者并不构成叠加的分别侵权行为，仍应属于客观关联的共同侵权行为。笔者认为，在共同侵权的理论框架内，将"意思联络"进行扩大化解释不失为一个削弱逻辑悖论的有效论证途径。以常情常理来判断电商平台对经营者的侵权行为是否"明知或应知"，若明知或应知，则视为电商平台默认经营者的侵权行为，即电商平台与经营者具有"共同意思联络"，进而构成共同侵权且应承担连带责任。

四、《电子商务法》相应责任规定的理论基础与适用困境

《电子商务法》第 38 条第 2 款对电商平台相应责任的规定，借鉴了美国的立法模式，以技术中立为内在逻辑，设计较为科学的法律制度，平衡私权保护与产业技术发展之间的紧张关系。

（一）电商平台相应责任的理论基础：技术中立

电商平台对经营者资质资格主动审查义务的出发点固然重要，然调整网络侵权有赖于电商平台技术成本的投入。电商平台为经营者提供网络交易平台，更多的是技术层面的支持，若裁判时忽略电商平台的技术特质，一味要求电商平台的主动审查义务，将降低电商平台产业投入的积极性；且要求电商平台对浩如烟海的数据信息进行无疏漏的审查亦不现实。其一，技术层面，电商平台

---

❶ 夏智华，陶雪松. 电商平台的法律责任之界定：浅议《电子商务法》第三十八条 [EB/OL].（2018 – 09 – 04）[2018 – 10 – 11]. http：//www. tylaw. com. cn/CN/news_content. aspx？Lan = CN&MenuID = 00000000000000000006&contentID = 00000000000000002286.

❷ 根据我国《消费者权益保护法》第 44 条的规定，消费者通过网络交易平台购买商品或者接受服务，其合法权益受到损害的，可向销售者或服务者要求赔偿。网络交易平台提供者不能提供销售者或服务者的真实名称、地址和有效联系方式的，消费者也可向网络交易平台提供者要求赔偿……网络交易平台提供者明知或应知销售者或服务者利用其平台侵害消费者合法权益，未采取必要措施的，依法与该销售者或服务者承担连带责任。

❸ 杨立新，陶盈. 论分别侵权行为 [J]. 晋阳学刊，2014（1）：110 – 121.

虽可通过技术操作对经营者进行审查过滤，但显然将增加电商平台运营成本，且不利于信息迅速传播，与网络便捷之效力价值相背离；其二，产业层面，电商平台主动审查义务将加大其工作负担，不利于电子商务产业的升级转型；其三，法律层面，电商平台的审查义务或可能侵犯公民个人隐私及言论自由，与宪法所维护的自由价值相违背；其四，道德层面，电商平台营业目的在于盈利，若作为"裁判者"承担主动审查职责，极易因利益诱惑而引发道德风险。

美国 1998 年《数字千年版权法》（Digital Millennium Copyright Act，DMCA）基于技术中立原则（Technology Neutrality Principle），免除电商平台的主动审查义务，正视其技术特质，设置避风港规则。❶ 同时以"过错"作为电商平台归责及免责的构成要件，规定"实际知道经营者构成侵权、虽未实际知道但从明显的事实中可推出侵权存在、发现侵权后未及时移除"三种避风港规则的例外情形。❷ 在美国 DMCA 的影响下，欧盟也规定了类似的规则。❸ 我国《电子商务法》第 38 条第 2 款亦以技术中立为基础，基于审慎的原则，规定电商平台的"相应责任"。

（二）电商平台相应责任的适用困境：规定不明

对"相应责任"的理解需明确两个原则。其一，该相应责任为侵权责任而非违约责任。原因在于电商平台并不属于电子商务合同的主体，在电子商务交易中仅起到推动经营者与消费者达成交易的作用。《电子商务法》第 10 条明确要求电子商务经营者应依法办理市场主体登记，第 27 条要求电商平台对经营者的主体信息进行核验与登记。虽在司法实践中曾存在法院判令电商平台与经营者共同作为合同相对方向消费者承担违约责任的案例，但该判决结果系电商平台并未在其经营网站上披露经营者名称及其与经营者之关系，从而导致消费者无法准确判断合同相对方所致。❹

---

❶ 避风港规则，是指在发生网络著作权侵权时，除非事先明知或接到通知后未及时删除或断开链接，网络服务提供者不对侵权行为承担赔偿责任。当被通知其提供网络服务的内容中有侵权行为，网络服务提供商有义务将侵权内容删除，否则将被视为侵权的帮助行为。参见：何培育，刘梦雪. 技术中立原则在信息网络传播权保护领域的适用 [J]. 重庆邮电大学学报（社会科学版），2017，29（3）：43.

❷ 谢雪凯. 网络服务提供者第三方责任理论与立法之再审视：以版权法与侵权法互动为视角 [J]. 东方法学，2013（2）：151–152.

❸ GINSBURG J C. Separating the Sony sheep from the Grokster goats: reckoning the future business plans of copyright–dependent technology entrepreneurs [J]. Arizona Law Review，2008，50（2）：577，602.

❹ 例如上海朗智机械设备有限公司诉北京京东叁佰陆拾度电子商务有限公司等买卖合同纠纷案 [上海市第一中级人民法院（2012）沪一中民四（商）终字第 865 号]。

其二，第 38 条第 2 款的适用仍以该条第 1 款为前提，即若经营者销售的特殊商品与服务涉及消费者生命健康，电商平台对经营者的侵权行为知情或应当知情却不作为的，仍须依第 1 款承担连带责任。第 38 条第 2 款的规定可防止电商平台滥用《消费者权益保护法》第 44 条免责条款规避法律责任：尽管电商平台对经营者的侵权行为不知情，且采取了必要措施，但因其未对经营者资质尽到审核义务或未对消费者尽到安全保障义务，并造成消费者损失，仍须承担相应责任。电商平台及时向消费者提供经营者真实名称、地址及有效联系方式不再成为其免责理由。该规定体现了监管部门对电商平台乱象的整治态度，同时也督促电商平台加强经营者资质资格的审查核验，建立信息登记档案，不断健全消费者的安全保障措施，实现电商平台、经营者与消费者之间的利益平衡。

根据不同的法条语境，"相应责任"可解读为包括但不限于连带责任、替代性责任、补充责任，规定尚不明确。连带责任与补充责任区别显著：当承担连带责任时，对于网络侵权行为，消费者既可起诉电商平台，亦可起诉经营者；而承担补充责任时，消费者只能起诉电商平台之外的经营者，若经营者无力赔偿，方可向电商平台提出诉求。美国 DMCA 规定的避风港规则亦存有逐步僵化无法适应新技术发展的风险，故在实践中已逐渐被替代性责任规则所架空。❶ 其正当性基础即风险分担理论：当电商平台有能力控制经营者的直接侵权行为，同时与该行为有直接经济利益关系时，电商平台应为经营者的侵权行为承担替代责任。

法律规定不明导致在实践中，唯有指望电商平台更多靠"自律"而非"他律"约束自身行为，具体责任承担还须依赖司法部门根据特定情形而定，势必增加消费者索赔难度与维权成本，也易使电商平台逃避法律责任。笔者认为，电商平台的法律责任应结合对电商平台法律属性的判定。电商平台同时具有企业与市场两种属性，对电商平台相应责任的认定，应依据其属性倾向于企业或是市场。若倾向于企业，电商平台要同企业一般参与市场竞争，其目标系追求效益最大化；若倾向于市场（更确切地说，即市场的守护者或规制者），则要对其运行状况进行有效治理，目标为维持市场秩序稳定。

五、电商平台侵权责任的帕累托改进

帕累托改进是福利经济学中的概念，与"利益补偿"的卡尔多改进

---

❶ 崔国斌. 网络服务提供商共同侵权制度之重塑 [J]. 法学研究, 2013 (4)：138 – 159.

（Cardozo Improvement）❶ 相对应，指在不使任何一方境况恶化的情形下，通过改进制度设计，改变现有资源配置，使得其中至少一方境况变好，即"利益无损"。将电商平台进行类型化界定，划分为具有企业属性的电商平台与具有市场属性的电商平台。根据平台不同的法律属性，区分电商平台的法律责任，可有效避免利益分配冲突，维护消费者的合法权益。以社会效用的最大化为目标，推进电商平台侵权责任的帕累托改进，优化配置社会资源，节约社会成本，以实现"双赢博弈"（win – win game），即所有社会群体都从中获益，而非有人以其他人受损为获利基础的"零和博弈"（zero – sum game）。❷

（一）电商平台的类型化界定

类型化的思考方式从整体、宏观、系统的角度出发来界定事物，在考察被界定的事物（客体）的各个构成要素的前提下，从要素构成的整体出发来认识客体的一般特征。"物或事务在类型归属上必须就其特征整体观察，不得执于一端，这中间必须特别注意量变（特征）到质变（类变）的情形。"❸ 电商平台的类型化界定，是更精细化地考究其应负义务与应担责任的一种有效途径。

笔者认为，电商平台可划分为具有企业属性的电商平台与具有市场属性的电商平台，两者的界定标准可借鉴科斯（Coase）对市场与企业进行区别的参考要素。科斯在《企业的性质》中，为解释企业存在的原因及企业的性质，引入了"交易成本"（transaction cost）概念，提出"尽管生产可以通过个体间的合约而采取完全分散的方式进行，但事实是，进行交易需要花费成本，这意味着：企业将会出现，以组织那些通过市场交易也可以完成的活动——只要在企业组织生产的成本小于通过市场展开交易的成本"。❹ 基于"控制程度"的不同，市场与企业各具不同的运作与管理（或控制）的功能。运作意味着预测和通过签订新的契约，利用价格机制进行操作而不直接干预交易。管理则意味着仅仅对价格变化作出反应，并在其控制之下重新安排生产要素。

基于此，根据电商平台对经营者的控制程度与业务管理形态，可对电商平

---

❶ 卡尔多改进，是指制度改进给受益者带来的好处在补偿受损者损失后仍有剩余，增加社会整体福利，推动社会效益最大化，即"利益补偿"。

❷ 王绍光. 开放性、分配性冲突和社会保障：中国加入 WTO 的社会和政治意义 [M] //胡鞍钢. 国情报告：第三卷：2000 年：下. 北京：党建读物出版社，2012：22.

❸ 黄茂荣. 法学方法与当代民法 [M]. 北京：中国政法大学出版社，2001：480.

❹ COASE R H. The nature of firm [J]. Economica, 1937 (4)：386 – 405. 转引自：科斯. 企业、市场与法律 [M]. 盛洪，陈郁，译. 上海：格致出版社，上海三联书店，上海人民出版社，2009：7.

台进行类型化处理,将之划分为具有企业属性的电商平台与具有市场属性的电商平台。首先,根据电商平台对经营者的控制程度划分。企业对下游企业的控制程度与市场对市场内经营者的控制程度明显不同。若电商平台对经营者有较强的控制力,则类似于企业,为经营者提供交易平台,并配置较为严格的管理审核机制,重在管理以实现控制交易。若电商平台对经营者控制力较弱,则类似于市场,是仅为经营者提供商品或服务交易的平台,重在运作以实现自主交易。其次,根据电商平台对经营者的业务管理形态划分。若电商平台统一接受消费者订单后分配或指派给具体经营者,即消费者通常不能根据自主意愿选择具体经营者,则电商平台具备企业属性,具有系统统一分配业务的管理形态。若电商平台不负责系统分配业务,而由消费者自主选择经营者,则电商平台具备市场属性,系自主经营业务的管理形态。

制度经济学家康芒斯将"交易"分为三种基本类型:买卖的交易,即平等人之间的交换关系;管理的交易,即上下级之间的命令和服从关系;限额的交易,主要指政府对个人的关系。❶ 于电商平台而言,具有市场属性的电商平台内的交易类似于买卖的交易,电商平台与经营者之间系平等关系;而具有企业属性的电商平台内的交易则类似于管理的交易,电商平台与经营者系从属关系。

总体而言,市场类型的电商平台具有如下特征:一是价格决定业务资源分配,价格变动决定商品生产或服务,通过一系列市场交易进行协调;二是由于市场的运行需要成本,其交易成本具体化为搜寻与信息成本、讨价还价与决策成本、监督与执行成本等,一项交易的完成需要包括谈判和签约在内的一系列契约。而企业类型的电商平台具有如下特征。一是将自主的市场交易排除在外,业务资源分配变为行政决定的结果。通过形成一个"组织"并允许权威管理者(电商平台)来支配资源,以节约某些市场运行成本。伴随着交易的复杂的市场结构被电商平台替代,平台将直接指挥商品或服务的生产与交易活动。二是交易活动完成所需的一系列契约被一个契约所替代。通过契约,经营者为获得一定的报酬,同意在一定限度内服从电商平台的指挥。契约的本质仅在于它限定了电商平台的权力范围,只有在限定范围内,电商平台方能指挥经营者的交易行为。

(二) 具有市场属性电商平台责任的精细化

具有市场属性的电商平台,譬如网络购物平台(如阿里巴巴、京东商城)、

---

❶ 康芒斯. 制度经济学:上册 [M]. 北京:商务印书馆,1981:74 - 86.

网络外卖平台（如美团外卖）等，对经营者的控制力较弱，且经营者的业务由消费者自主选择而非电商平台分配。该种电商平台内的经营者具有较强的自主性，《电子商务法》第38条所规定侵权责任的适用应以精细化为主，根据不同的侵权类型作区别处理。

对于《电子商务法》第38条第1款规定的共同侵权行为，为削弱"共同侵权"理论的逻辑悖论，应将电商平台与经营者共同的"意思联络"进行扩大解释。以常情常理来判断电商平台对经营者的侵权行为是否"明知或应知"。若明知或应知，则视为电商平台默认经营者的侵权行为，即双方存有共同的意思联络，构成侵权行为。如商品已标明"高仿"，但仍以过分高于正常品牌的价格诱骗消费者点击，或是已有大量消费者投诉，或已有媒体进行报道，或工商执法部门已介入调查等，在此情况下均可视为电商平台默认经营者的侵权行为，则电商平台不应推卸责任。然鉴于信息的动态性，掌握相关信息者的"应知"不应被自动理解为电商平台的"应知"。一个电商平台内通常有成百上千家经营者，要求平台掌握其所有情况并进行动态监督尚不现实。此外，在法律执行过程中，须尽快出台更精细化的司法解释，就不同情况的处理办法作出规定，以保证电商平台与经营者责任的公平分配，保护消费者之合法权益。

对于《电子商务法》第38条第2款未尽审核义务情形下电商平台承担相应责任的规定，根据科斯"在零交易费用的情况下，资源配置不受法律规定影响"的观点，在正交易费用的情况下，法律在决定资源如何利用方面起着极为重要的作用。而法律对"相应责任"的规定不明，必然导致在实践中权利义务分配不均，交易谈判等社会成本增加，不利于社会效用的最大化。对电商平台相应责任的明确界定，是电商平台侵权责任帕累托改进的必要举措。笔者认为，具有市场属性的电商平台重在平台整体运作而非管理交易活动，因此其应负的资质资格审查义务以形式审查为主，包括申请人提交的申请材料是否齐备、形式上是否合规、签章有无缺漏等。经营者的商品或服务造成消费者生命健康损害的大多是由于经营者本身的产品瑕疵，而非电商平台未尽资质审核义务，若要求电商平台与经营者承担连带责任显失公平，故实践中《电子商务法》第38条第2款电商平台的"相应责任"应界定为补充责任。

（三）具有企业属性电商平台责任的严格化

具有企业属性的电商平台，如网约车平台（如滴滴出行、神州专车）等，对经营者的控制力较强，经营者的业务由电商平台指派，而非消费者自主选择，且该类电商平台通常配置更为严格的平台准入退出机制及审核监管措施，消费者对其内经营者所提供商品或服务的合理期待程度较高，故应承担更为严格的法律责任。

譬如网约车平台内经营者提供的运输服务，直接关系到社会公众的生命健康权，消费者对该服务安全系数的合理期待程度高于其他服务。其中，顺风车更将民法上的好意施惠行为与商法上的经营盈利行为相混淆，其责任承担亦应重于一般民事责任。具有企业属性的电商平台，重在控制管理交易活动，与经营者的关系类似于企业与下游企业的关系，经营者对电商平台处于从属而非平等地位。因此，经营者的商品或服务侵害消费者合法权益的，若电商平台构成《电子商务法》第38条第1款的共同侵权行为，当然应与经营者承担连带责任；若电商平台未尽《电子商务法》第38条第2款规定的资质审核或安全保障义务，其"相应责任"亦应界定为较补充责任更为严格的连带责任。

"如果我们想达到资源的最优配置，那么理想状态应是双方当事人在决定他们的行动计划时都考虑有害影响（即妨害）。"❶ 具有企业属性电商平台责任的帕累托改进，即需电商平台综合考虑其未尽审核义务将造成的有害影响，及应负连带责任的法律后果。鉴于电商平台技术性的特点，应从信息技术与制度安排两个层面实现平台责任的帕累托改进。其一，制度层面，以实质审查为主完善平台准入机制。具有企业属性的电商平台应负有较高标准的注意义务与勤勉义务，对经营者的资质资格审查在形式审查基础上，还应包括实质审查，如申请人是否具备主体资格条件、是否具有实质内容、签章是否真实、是否符合国家法律法规的规定等。其二，技术层面，在软件设计中应提前预留技术补丁，避免出现意想不到的错误与漏洞而给平台运营带来安全性及稳定性方面的隐患，保持软件更新与系统安全。在平台准入的技术设计中，可设置经营者主体资质公式，安装资格过滤器，自动将符合资格要求的经营者筛选出来，节省审核的时间成本；亦可设置与政府数据系统的超链接，由相关政府部门分享互联网市场主体的数据信息，如信用资质、银行借贷记录、刑事犯罪记录等。技术改进与制度完善相结合，降低市场成本，优化资源配置，以实现帕累托最优。

六、结语

数字化系新时代经济发展的重要特征。数字经济背景下电子商务呈现技术

---

❶ 萨缪尔斯，米德玛. 罗纳德·科斯的经济政策分析：框架和含义 [M] //米德玛. 科斯经济学：法与经济学和新制度经济学. 罗君丽，李井奎，茹玉骢，译. 上海：格致出版社，上海三联书店，上海人民出版社，2010：223.

化、数据化、信息化等发展趋势，其独有的特点使其在传统市场经济基础上产生新的交易主体、交易方式及交易规则，构成数字市场经济内生秩序。为规制其带来的信息泄露及数据安全等风险，我国颁布《电子商务法》，并于第 38 条明确规定电商平台的侵权责任。其中关于"连带责任"与"相应责任"的法律规定均有一定的理论依据，但同时亦存有逻辑悖论。根据本文研究结论，应根据电商平台对经营者的控制程度与业务管理形态，将电商平台进行类型化界定，划分为具有企业属性的电商平台与具有市场属性的电商平台，区分电商平台的侵权责任——前者以精细化为主，后者以严格化为主。通过信息技术的改进与制度的完善优化，合理配置社会资源，以实现电商平台侵权责任制度的帕累托最优。

然电商平台侵权责任不仅包括私权利益冲突，还涉及国家网络市场及电子商务产业的发展，其侵权责任制度完善须处理好以下关系：一是电商平台、经营者及消费者之间的关系，二是数据安全与电子商务产业发展之间的关系。本文所探讨的仅是电商平台经营者的侵权责任。要使电子商务产业稳定持续发展，达成国际社会共识，应满足电子商务领域各方的利益诉求，建立国际网络监管者、电商平台经营者、平台内经营者、物流运输方及消费者等各方主体共享收益与共担风险的统一规则。至于政府数据开放制度、电子商务产业收益分享制度及数字经济时代多元主体风险共担制度的构建与完善，均是《电子商务法》颁布后需进一步研究的问题。

（责任编辑：李婕）

论互联网群组管理者管理权责的法律性质及其制度完善

——兼评《互联网群组信息服务管理规定》相关条款[*]

蒋都都[**]　冯泽华[***]

摘要：互联网群组建立者、管理者对具有公共性质的群组的管理权，是公民社会监督权和社会管理参与权的具体化；其管理义务来源于公民的社会安全注意义务，是该义务在网络群组中的延伸和演变；其管理责任是在群组中的行政协力责任。《互联网群组信息服务管理规定》在实现互联网群组良性治理的进程中仍显不足，应规范管理权行使并完善群组管理权的内容。基于互联网群组建立者、管理者不同的管理行为具有不同的违法程度，国家应适当修正《刑法》以确保罪刑法定，建立以行政责任为主的群组管理责任体系；同时，强化平台对互联网群组建立者、管理者履行管理义务的监督责任。

关键词：群主责任　群组管理权　群组管理责任　微信群　互联网群组

---

[*] 本文系 2019 年度湖南省哲学社会科学基金青年项目"社会信用法基本理论的体系建构"（编号：19YBQ098）成果。

[**] 蒋都都，湘潭大学信用风险管理学院研究人员，主要从事宪法学与行政法学、网络信息法、社会信用法的研究工作。

[***] 冯泽华，广东财经大学法学院与武汉大学法学院联合培养博士后研究人员，主要从事行政法学、网络与电子商务法等领域的研究工作。

On the Legal Character and the System Improvement of the Internet Group Administrators' Administration and Responsibility: Also Comment on the *Rules to Regulate Internet Group Information Services*

Abstract: The administration of the Internet group founders and administrators, which for the group with public character, is a concreteness of citizen's rights social supervision and social administrative participation. And its administrator's obligation comes from the citizen's social security attention obligation, which is the extension and evolution of the obligation in the network group, and its responsibility is an administrative cooperation obligation in the group. *The Rules to Regulate Internet Group Information Services* is still insufficient in the process of achieving good governance of Internet groups. Therefore, we should standardize the administration and improve the content of group administrative power. Different management behaviors of Internet group founders and administrators have different degrees of illegality, legislature properly amend the criminal law to ensure the principle of legality, and establish the responsibility system which based on administrative responsibility, and strengthen the platform's supervisory responsibility for Internet group founders and administrators to perform their administrative obligations.

Key words: Group Administrator Responsibility; Administrative Power of Group; Group Administrative Responsibility; WeChat Group; Internet Group

2017 年 9 月 7 日，国家互联网信息办公室印发了《互联网群组信息服务管理规定》（以下简称《规定》）。《规定》于 2017 年 10 月 8 日正式施行。《规定》旨在"规范群组网络行为和信息发布，构建文明有序的网络群体空间"❶，主要规定了互联网群组信息服务提供者和使用者（包括群组建立者、管理者和成员）的相关法律责任。不过，《规定》之所以引人注目，主要在于其明确规定了互联网群组建立者、管理者的管理责任，尤其是民间乃至官方所解读出的"谁建群

---

❶ 《互联网群组信息服务管理规定》第 9 条。

谁负责"❶"成员违法，群主有责"❷之类的观点，使得《规定》瞬间成为当时的焦点话题。虽然舆论对《规定》中所述的互联网群组建立者、管理者的责任有过分渲染之嫌，但是广泛的社会议论折射出社会对互联网群组建立者、管理者法律责任的关注与担忧。毕竟，在网络生活中，诸多公民均是《规定》所认定的互联网群组建立者、管理者。在公众的热议与担忧之下，有必要对《规定》中互联网群组建立者、管理者的管理权及责任之法律性质予以探究，并完善相关制度。同时，厘清群组管理权及责任性质，也是明确《规定》的合法性、为执法实践提供指引，以及防止公民合法权利受到侵害的需要。鉴于实践中，互联网群组建立者可以转让"群主"身份且"群主"也是管理者或管理者之一，为论述之便，下文主要以"群组管理者"指代《规定》中的互联网群组建立者、管理者。

一、《规定》中关于群组管理者的管理权与责任之规定

《规定》的出台引起了社会对群组管理者管理权及责任的关注。因而，在探讨群组管理者管理权与责任的性质之前，需要弄清楚《规定》对群组管理者规定了何种形式的权力与责任。同时，由于《规定》较为简略，其难以明确群组管理者管理权限与责任的性质，也不能在执法中为相关部门追究群组管理者的管理责任提供具有操作性的依据。为此，需要通过体系解释方法将《规定》与相关规定及实践中的实际操作进行综合分析，以探究群组管理者之管理权具体内容及承担责任的形式。

（一）《规定》中关于群组管理者管理权的规定及实践形式

1.《规定》中关于群组管理者管理权之规定

《规定》中关于管理权的规定极为概括和简洁。《规定》第 9 条第 1 款规定了群组管理者的管理权，表述为"互联网群组建立者、管理者……依据法律法规、用户协议和平台公约，规范群组网络行为和信息发布，构建文明有序的网络群体空间。"从该款可见，群组管理者具有规范其群组中的网络行为和信息发布的权力。同时，第 9 条第 3 款对群组管理者的权力作了补充规定，要求互联网

---

❶ 张晓娜. 国家网信办解读《互联网群组信息服务管理规定》［N］. 民主与法制时报，2017 – 09 – 09（1）.

❷ 李剑平. 微信群成员违法群主要担责［N］. 中国青年报，2016 – 06 – 05（2）. 当然，该报在《规定》出台前就已经有此报道，但在《规定》出台时引起的反响很大，不过后来相关学者澄清"群成员'犯事儿'群主要担责"系误读。

群组信息服务提供者为群组管理者提供必要的功能权限以方便群组管理。除此之外，并无其他条款对群组管理权进行规定。

2. 实践中群组管理者之管理权

与《规定》的模糊规定不同，互联网群组服务平台在互联网群组应用程序中为群组管理者提供了相对具体的管理权限和方式。以腾讯 QQ 的网络群组应用程序为例，群组建立者的管理权限有对成员禁言（包括特定成员和全体群组成员）、从本群中删除成员、举报特定成员（此举报是向服务平台举报），群组建立者之外的管理员的管理权限有对成员禁言（只能是建立者、管理员之外的其他群成员）、从本群中删除成员、举报特定成员。❶ 可见，群组管理者具有限制成员网络言论、网络结社等网络行为及举报相关成员的管理权。除群组服务平台为群组管理者提供的这些技术性权限外，实践中还常见群组管理者通过批评、警告的方式行使管理权或通过发布群公告的方式制定相关群组活动规则。当然，这些警告、批评都是以剔除成员资格为威慑或以其他软力量为基础。QQ 网络群组应用程序所设置的管理权限，类似地存在于在其他诸多互联网群组应用程序中。❷ 可见，群组管理者的管理权限是一种事实的存在，是其在群组建立之后所拥有的一种技术性权力，也是一种合同权力（群组管理者与群组服务平台、成员之间的协议）。不过，随着《规定》出台，这些技术性权力、合同权力具有公法地位和公法属性。❸

（二）《规定》中关于群组管理者管理责任的规定及实践形式

1. 《规定》中关于群组管理者管理责任之规定

《规定》首先在第 9 条第 1 款中阐明了"互联网群组建立者、管理者应当履行群组管理责任"，概括地陈述了群组管理者对群组的管理责任。同时，在该款的后半部分描述了管理责任的主要内容是"规范群组网络行为和信息发布"。❹

其次，《规定》第 11 条规定了群组管理者的协议责任，即当群组管理者不履行管理责任时，群组信息服务提供者可以依约对其采取降低信用等级、暂停

---

❶ 结论来自对腾讯 QQ 应用程序的考察。考察时间：2018 年 4 月 25 日。

❷ 当然，不同平台群组管理员的管理权限略有不同，如微信群缺少禁言权。

❸ 此处及本文第二部分所提及的"公法地位"与"公法属性"，是从《规定》对群组管理者赋权后，使群组管理者与成员之间基于法（规范性文件）形成的一种管理关系和强制关系这一意义而言的，尤其是使群组管理者、管理权分别具有了一种类似行政主体、行政权的效果。至于这种"公法地位""公法属性"的具体内容，由于《规定》的简略，具有讨论的空间。同时，本文在第三部分和第四部分也谈了笔者的看法。

❹ 《规定》第 9 条既是赋权规定也是义务性规定。

管理权限、取消建群资格等管理措施，或将违法违约情节严重的群组及建立者、管理者纳入黑名单，并限制群组服务功能。❶ 由于第 11 条主要规定的是协议责任，因此，本文不作重点讨论。

最后，《规定》第 14 条对群组管理者之管理责任以准用性规则的方式进行规定，表述为"互联网群组信息服务提供者和使用者违反本规定的，由有关部门依照相关法律法规处理"。由于第 2 条已经阐明使用者包括建立者、管理者，因此，第 14 条之规定蕴含了若群组管理者不履行《规定》所规定的管理义务，将受到相关法律法规的处罚。

2. 实践中群组管理者承担责任的方式

《规定》虽然明确了群组管理者应承担管理责任，但对具体责任只设定了准用性规则。然而，目前关于群组管理者之管理责任的具体法律规定尚未制定，使得准用性规则暂时难有作为。不过，早在《规定》出台之前，司法实践中已经浮现出些许关于群组管理者管理责任的案例。不妨从中归纳总结。

从实践中已有的几个案例来看，目前司法机关选择了共同犯罪、共同违法的路径对群组管理者进行追责，即当群成员在群组内违法犯罪而群组管理者不行使管理职责而放任之，司法机关将对群组管理者以相同犯罪或违法论处。例如，浙江省云和县的一名微信群建立者谢某因放任群内成员张某传播淫秽物品而未进行管理，被判定为"二被告人的行为均构成传播淫秽物品罪，系共同犯罪。"❷ 同样，浙江省的绍兴市某微信群管理者秦某亦因"未尽到群主的管理职责"与传播淫秽视频的群成员王某被认定为共同犯罪而被判处传播淫秽物品罪。❸ 除了传播淫秽物品类型的案例，亦有关于群组管理者因群成员其他方面的违法而被追责的新闻报道，如因群组成员传播谣言等虚假信息致使群组管理者

---

❶ 参见：《规定》第 11 条第 2 款、第 3 款。

❷ 参见：浙江省云和县人民法院（2015）丽云刑初字第 189 号刑事判决书。不过，存在争议的是，一些观点认为法官作出该判决，是依据《最高人民法院、最高人民检察院关于办理利用互联网、移动通讯终端、声讯台制作、复制、出版、贩卖、传播淫秽电子信息刑事案件具体应用法律若干问题的解释（二）》第 3 条（该条规定：利用互联网建立主要用于传播淫秽电子信息的群组，成员达三十人以上或者造成严重后果的，对建立者、管理者和主要传播者，依照刑法第三百六十四条第一款的规定，以传播淫秽物品罪定罪处罚）。笔者认为，该条并不能作为互联网群组管理者之管理责任的依据之一，因为其主观行为要件主要限于群组的建立"主要用于传播淫秽电子信息"。这一主观行为要件与群组管理者的管理失职存在本质区别。该条所规定是针对群组在建立之时就主要以传播淫秽电子信息为目的，群组管理者具有传播淫秽物品的主观故意；而《规定》的群组责任，针对的是正常群组中群组管理者对其他成员的管理责任，防止群组中出现违法犯罪的网络行为，但群组管理者并无直接故意。

❸ 参见：浙江省绍兴市越城区人民法院（2016）浙 0602 刑初 760 号刑事判决书。

被追责。❶

从实践案例及国家互联网信息办公室对《规定》的答问❷来看，目前群组管理者所承担的责任，是根据群组内具体违法犯罪行为人所触犯的法律法规而定，主要以共同犯罪（或共同违法）方式论处。❸ 按照责任性质而言，根据群组成员违法程度不同，可能产生刑事责任、行政责任以及对群组服务平台的违约责任，若涉及第三方被害人则还可能承担连带赔偿责任。

二、现行群组管理者管理权责规定及实践之检讨

前文归纳了现行的关于群组管理者管理权和责任的规定以及在实践中的运行方式。笔者认为，目前对群组管理者之管理权责的规定及实践存在诸多缺陷，不符合法治要求。

（一）群组管理者之管理权来源不明，合法性存疑

一切权力都要求为自身辩护❹，都应当证明其合法性。然而，关于群组管理者管理权的来源与性质，不仅法律文件付之阙如，司法实践亦未加以认定，法院仅直接追究群组管理者之管理责任。例如，云和县的微信群传播淫秽物品案判决书仅仅指出被告人具有管理权❺而对微信群中传播淫秽视频的行为未采取任何制止措施，并未对被告人群组管理权的法律依据及性质予以说明。❻

虽然群组的管理权是事实与技术上的存在，但在《规定》赋权后，群组的管理权不仅被承认，还获得了公法地位，而且可以影响到群组成员的言论自由、

---

❶ 参见：公安紧急提醒：多名群主已被拘留处分！9种消息千万别发！［EB/OL］.（2017 – 09 – 11）［2018 – 03 – 03］. http：//www. legaldaily. com. cn/index/content/2017 – 09/11/content_7312534. htm？node = 20908&bsh_bid = 1814463127&from = groupmessage. 不过，报道中的相关案例的后续进展缺少跟踪报道。

❷ 国家互联网信息办公室答记者时强调"谁建群谁负责""谁管理谁负责"，参见：国家互联网信息办公室有关负责人就《互联网群组信息服务管理规定》答记者问［EB/OL］.（2017 – 09 – 07）［2018 – 03 – 03］. http：//www. xinhuanet. com/2017 – 09/07/c_1121625422. htm.

❸ 也有观点认为二者不是共同犯罪。参见：李秋霞. 微信群里发布淫秽视频的定罪分析：浙江瑞安法院判决阮紫阳、张峰传播淫秽物品案［EB/OL］. ［2018 – 03 – 03］. http：//dwxcb. yzu. edu. cn/art/2015/11/11/art_1934_494571. html. 当然，该案具体情况不同。该案中微信群在建立之初即是以传播淫秽物品为目的。不过，在具体犯罪过程中群主与成员之主观故意关系与本文所讨论的群主与成员关系相似。如果按照该评析的逻辑，该案例评析作者也将认为本文所列举的案例不是共同犯罪，但法院判决却判定为共同犯罪。

❹ 贝马斯. 合法性危机［M］. 刘北成，曹卫东，译. 上海：上海人民出版社，2000：127.

❺ 根据判决书的文义，此处的"管理权"是群组管理者的一种技术性权力。参见：浙江省云和县人民法院（2015）丽云刑初字第189号刑事判决书。

❻ 参见：浙江省云和县人民法院（2015）丽云刑初字第189号刑事判决书。

网络结社及相关权利。这种在依据和性质未明确的情况下，仅通过规范性文件便赋予群组管理者公法属性的规范群组内成员网络行为的权力，显然是有悖行政法治的。

（二）管理责任性质不明，责任具有不确定性

《规定》虽然准用性地说明"由有关部门依照相关法律法规处理"，但现有其他法律、法规对群组管理责任并无规定。在此种情况下，《规定》对群组管理者应履行管理责任的笼统宣告值得检视。因为《规定》作为位阶较低的部门规章对管理责任的规定应当是符合现有法制要求的，而不是先课予公民义务，再由法律、法规接受《规定》的"委任立法"。具体而言，笔者认为《规定》关于管理责任的规定，其性质不够明确❶，将使得群组管理者责任在实践中具有不确定性，容易违背法治原则，置群组管理者于危险境地。笔者继续以前文述及的司法案例论之。

对于上述司法案例中关于管理责任的追究方式，一方面，司法机关对群组管理者责任的追究在原理上参照的是容留型犯罪，即对群组管理者的惩罚是基于其允许或放任他人在其创建或管理的群组内实施违法行为。❷ 然而，我国《刑法》关于容留型犯罪的规定仅有两罪：容留他人吸食、注射毒品罪与容留他人卖淫罪。可见，司法实践对群组管理者责任的此种追责方式有违罪刑法定之嫌。当然，《刑法》今后可修订增设"互联网群组容留他人犯罪、违法罪"，使其符合罪刑法定原则。但是，即使增设"互联网群组容留他人犯罪、违法罪"，也难以将此与现有的两个容留型犯罪相等同。一是因为，刑法通说认为，容留是指允许他人在自己管理的场所从事特定违法行为❸或者为他人特定违法行为提供场所的行为。❹ 这表明"容留型犯罪的场所应当是指行为人有一定程度的管理或控制权的场所"❺，而网络群组在某种程度上并非群组管理者完全控制，而且互联网群组多数更类似于虚拟的公共场所（容留型犯罪中的场所则为个人场所）。这显然与容留型犯罪中行为人和场所的关系及场所的性质具有较大不同。二是因

---

❶ 《规定》作为规范性文件，如果只是规定群主具有协助执法的责任或类似责任，那么就不会存在问题。

❷ 云和县微信群传播淫秽物品罪一案中对群主的处罚理由即是如此。参见：浙江省云和县人民法院（2015）丽云刑初字第 189 号刑事判决书。

❸ 《刑法》规定了吸食、注射毒品和卖淫两种违法行为。

❹ 张明楷. 刑法学 [M]. 3 版. 北京：法律出版社，2007：837 – 840.

❺ 贾元. 提供犯罪场所的法律责任 [J]. 人民司法（案例），2017（2）：50 – 52.

为，若设立互联网群组容留类型的罪，其客观行为方面具有较大概括性。例如，同一疏忽管理行为可能构成容留传播虚假信息、容留传播淫秽物品、容留侮辱诽谤他人、容留宣扬恐怖主义、容留颠覆国家政权等罪。这与刑法的确定性原则❶不符。三是因为，容留型犯罪在主观方面都表现为故意，过失不构成此类罪❷，而实践中，群组管理者责任的产生多是由于群组管理者"疏于管理"。由是观之，对群组管理者参照容留型犯罪（或违法）追究其责任将对现有容留型犯罪的构成理论形成冲击。

另一方面，司法实践中虽然在理论基础上参照的是容留型犯罪，但在判决路径上却采用了共同犯罪的方式（前文已述及）。事实上，群组管理者多数情况下仅仅只是对群组中的违法行为置之不理（包括云和县一案在内），并无共同犯罪之故意。如此，以共同犯罪（或违法）的路径追究群组管理者的法律责任略显牵强。

综上，这种在原理上参照容留型犯罪、容留型违法，但在路径上采取共同犯罪、违法的追责方式，不仅明显不符合法治要求，有违罪刑法定原则，而且在理论上也存在"两张皮"。不过，更为重要的是，这种责任的追究方式，使得责任的承担具有很大的不确定性。因为群组管理者承担的责任内容基本上取决于具体行为人所从事的具体违法行为。诚如前文所述，同一管理疏忽行为，责任形式可能是行政责任也可能是刑事责任，而行政责任或刑事责任之下其具体责任仍然具有较大不确定性。这显然不符合法律的确定性和预见性原则。

三、群组管理者之管理权责正当性及其性质的法理分析

互联网群组在方便人们生产生活、满足人们信息时代结社需求的同时，"少数群组成为败坏公序良俗、破坏社会秩序、违法犯罪的源头"❸。《规定》的出台，旨在有效预防网络群组中的各种违法悖德的现象，维护网络空间的公共秩序。然而，对网络群组空间的治理，不能为了方便有效管理而随意地为公民设定义务和责任，也不能随意赋予公民管理权，而应当在法治原则下设定公民义

---

❶ 贝卡利亚. 论犯罪与刑罚 [M]. 黄风，译. 北京：中国法制出版社，2005：72.

❷ 章经华. 容留型犯罪研究 [D]. 上海：华东政法大学，2011.

❸ 刘继忠，肖子木. 互联网群组的交流特性及其信息安全管理研究 [J]. 新闻春秋，2018（1）：75－80.

务与责任，给予相关权利。为此，需要探析《规定》中群组管理者的管理责任是基于何种义务，其管理权是何种性质、何种来源，从而为网络群组治理提供正当性与合法性，并进而建立与之相应的法律制度。

（一）群组管理者管理义务之正当性

《规定》设定了群组管理者的管理责任，意味着为群组管理者设定了一种对群组的注意和管理义务。为此，有必要先分析和理解这一注意与管理义务。具体而言，群组管理者的管理义务，主要体现在群组存续期间应注意群组内成员在群组活动中是否出现违法犯罪和违背公序良俗的行为，并应在成员出现这些网络行为时及时予以制止❶或采取其他相关措施。那么，这种义务来源于何处？其设定是否有其正当性？违反此种义务应当承担何种责任？有必要对这些问题予以回答。对于群组管理者义务的来源与正当性，笔者认为有两方面，一是现有法律中已经规定的注意义务（只是常被忽略），二是因网络群组的特点所引发的特定义务。

首先，现行法律制度为公民设定了一种普遍的社会注意义务，即当发现周围存在违法犯罪及危险事件时，公民有进行报案、举报甚至参与相关制止措施的义务。例如，《刑事诉讼法》规定，任何单位和个人发现有犯罪事实或者犯罪嫌疑人，有权利也有义务向公安机关、人民检察院或者人民法院报案或者举报❷；又如，《消防法》第5条规定，"任何单位和个人都有维护消防安全、保护消防设施、预防火灾、报告火警的义务。任何单位和成年人都有参加有组织的灭火工作的义务。"这些义务是一个社会共同体得以安全持续发展的基本要求。因此，为群组管理者在群组内设定类似的注意义务，也是基于同样的义务来源原理。有所不同的是，在传统的法律制度中很少设定相应的法律责任，仅宣告了其义务，而《规定》和实践中却为群组管理者增加了相应的法律责任。这主要是因为，在现实社会中，当违法犯罪出现时，即使公民怠于履行义务，公共部门和执法也容易发现和察觉；同时，现实中的违法犯罪行为，其传播速度和影响对象相对有限。法律基于轻刑主义，往往不会追究公民怠于履行该义务的责任。但在互联网群组中，由于群组具有一定封闭性，其中的行为具有一定的隐秘性，同时又具有传播速度快、影响广的特点，因而公民在互联网群组中的注意义务对网络空间秩序的维护显得异常重要，于是法律责任与义务有必要相

---

❶ 前述云和县案例在判决书中即指出群主"未采取任何制止措施"。

❷ 参见《刑事诉讼法》第108条。

伴出现。

其次，在互联网群组中，群组管理者是群组的发起人，是群组的技术掌管者，是群组活动的引领者。基于先行行为理论和危险控制理论，群组管理者理应对群组内的行为承担起更多的注意义务。同时，由于群组管理者具有事实上的技术管理权力，具有管理群组的便利，因而，基于便利原则，群组管理者可以承担起群组内一定的管理义务，以防止群内出现违法犯罪。

综上可见，设定群组管理者的管理义务实质上是公民社会安全注意义务在网络群组中的延伸和演变，是基于互联网群组的特点而引起的演变。

（二）群组管理者管理权及责任之性质

1. 群组管理者管理权之性质

《规定》为群组管理者设定责任的同时，也赋予了其对群组的管理权：规范和管理群组内网络行为和信息发布的权力。为此，有必要弄清楚这项管理权之性质，明确其合法性，以便为其行使设定必要界限和规则。

对于群组管理者管理权的性质，需要分情况而定。若该群组是群主个人纯粹出于休闲娱乐而创建且其成员是由其个人邀请或批准而加入，此类型群组则属于其私人群组，群主管理权力之行使则属于"私权力"，群成员被禁止发言或被踢出群组并不会招致权利受损，因为该成员可以另行加入甚至自创相关休闲娱乐群组。若该群组是基于现实具有公共性质的组织❶而建立的作为辅助工作平台的互联网群组，群组则是群成员获取信息、参与组织管理、表达意见的重要途径。❷ 此时，这类群组则承载着群成员的一系列政治性与非政治性权利，如结社权、表达权、参与公共管理权及相关组织的成员权。那么，此种网络群里的管理权不再是一项"私权力"，而是具有公权力性质。同时，由于需要对群组内的行为进行管理，其在内容上具有行政管理权的影子。不过，根据法治原则和现有法律授权制度，普通公民个人不可能成为行政主体而行使行政权力。❸ 所以，群组管理者的管理权虽有行政管理权的影子，但其法律性质却不可能是一

---

❶　如基层组织、社会团体、机关单位、社群组织、论坛等组织。

❷　当前，越来越多的社会管理、参政议政通过网络群组平台进行。参见：丁盛熔，唐礼勇. 新媒体背景下公众参与城市管理的有效途径及机制创新：以微信公众平台为例［J］. 理论导刊，2015（10）：26 - 30；王轲. 打造"互联网＋"参政议政新生态［N］. 佛山日报，2015 - 08 - 04（A01）；陈正军. 微信"三圈"激发村民参政议政［N］. 绍兴日报，2016 - 06 - 12（001）.

❸　《规定》既无授权权力，也不符合授权规则。根据现有法律制度，普通公民个人不在法律法规可授权范围之内。

种行政管理权。

要理解那些承载公共权利的网络群组的管理权之具体性质，需要从这种管理权运行的过程来看。首先，在群组活动中，群组管理者主要是需要制止群成员的违法网络行为，这类权力（利）在法律中早已存在类似规定，如现有法律制度中的"公民扭送"❶"劝阻他人在禁烟场所吸烟"❷等制度。这类权力（利）实质上是公民的社会监督权和社会管理参与权。其次，群组管理者在提醒和劝阻群成员停止网络违法行为无效的情况下，对该成员采取"禁止发言""从本群中删除成员"等管理措施时，可以理解为一种暂时性的强制措施。❸不过，这种强制措施只是行政机关强制措施的辅助或协力行为。因为，公共空间秩序的维护和执法只能是行政机关（或授权组织）的职权，其管理和执法只能由行政机关依法进行。但由于行政机关监控和执法力量有限，因而赋权群组管理者以辅助和协助执法，将其社会监督权和社会管理参与权具体化，以积极协助行政机关执法。

2. 群组管理者管理责任之性质

虽然明确了群组管理者的管理义务是公民社会安全注意义务在网络群组中的延伸和演变，是基于其在群组中的危险控制与便利原则而产生，但是，群组管理者违反这种义务的管理责任之性质仍然有待明确。下文从实然和应然层面对此进行分析。

在实然层面，目前实践中对群组管理者的追责方式，是参照容留型犯罪或容留违法的原理，以共同犯罪或共同违法的方式追究管理者的责任。因此，其责任性质自然就是与行为人在刑事上或行政上的共同责任。刑事责任上，具体需要根据群组内行为人的犯罪类型而确定；在行政责任上，是根据群内行为人尚不构成犯罪的违法事实确定承担责任，一般是"面临共同的治安处罚"。❹除此之外，目前对群组管理责任的具体性质别无其他规定，实践中亦无区分。

---

❶ 参见《刑事诉讼法》（2012 年修正）第 82 条："对于有下列情形的人，任何公民都可以立即扭送公安机关、人民检察院或者人民法院处理：（一）正在实行犯罪或者在犯罪后即时被发觉的……"

❷ 例如，《北京市控制吸烟条例》第 15 条规定："个人在禁止吸烟场所内发现吸烟行为的，可以行使下列权利：（一）劝阻吸烟者停止吸烟……"

❸ "禁止发言"在一定时间后将失效，而"从本群中删除成员"则可以事后再重新申请加入或受邀请加入。

❹ 群主被处罚四大案例！全面解读"最严群规"［EB/OL］.［2018 - 09 - 07］. https：//www.sohu.com/a/191347965_238982.

诚如前文述及的，实然层面的责任确定方式存在诸多弊端，不符合法治要求。因而，有必要探讨群组管理者责任的应然性质。在刑事责任上，群组管理者责任应当遵循罪刑法定原则。根据《刑法》，若群组管理者没有参与犯罪行为，则不应当追究其刑事上的群组管理者责任。若要对群组管理者责任入罪，则必须规定其独立的犯罪构成要件，使刑罚具有可预见性和相对确定性。在行政责任上，群组管理者责任的法律性质应当从行政法治的视野把握。根据法治原则及现行法律制度，公共秩序的执法是由公安机关及相关部门依法进行，互联网群组在某种程度上是一个公共空间（这也是有必要规范群组活动的重要原因），其执法监管也应当是由具有合法职权的行政机关或组织负责。只是基于危险控制理论和便利原则以及行政机关执法力量有限，才要求将群组内的一定"执法"权限赋予群组管理者以协助执法，并课以群组管理者对群组内的监管责任，从而协助"维护国家安全和公共利益"。❶ 这种管理行为，实际上就是"行政主体基于公共利益的需求而请求（或要求）其他私主体所为的行为"，是公众的行政协力。❷ 只是，由于互联网群组监管中的这种协助需求具有普遍性和长期性，便通过规范性文件作了抽象的规定。因此，群组管理者的这种责任在行政法上属于行政协力责任。同时，需要注意的是，不管在刑事上还是行政上，群组管理者责任应当是一种独立责任，该责任的具体承担不应当完全根据群成员违法行为的内容而确定。因为，这种责任虽然是将群组管理者的疏忽或放任群内成员违法作为客观条件，但责任真正来源于其建立群组的行为及对群组的危险控制能力和对群组的管理义务，而非单纯的疏忽或放任。

四、群组管理权及责任的制度完善

（一）群组管理权的完善与控制

1. 群组管理权的内容完善

群组管理权虽然经过了《规定》的确认，但内容上缺乏具体规定，在操作中依赖于互联网群组服务平台的技术设置。目前，各平台群组管理权的技术设置较为粗糙，不利于群组管理者及时、恰当行使管理权。例如，微信提供的群组管理权限仅有"踢出成员"和"群聊邀请确认"两项，这使得微信群组管理者的管理权限十分有限，管理权作用难以发挥。因为，实践中有些成员虽然有

---

❶ 《规定》第1条。

❷ 陈峰. 行政协力行为初论［J］. 东方法学，2009（4）：139－149.

一定的违规行为，但剥夺其成员资格亦不合理，若不剥夺又无其他制止手段。如此，掣肘了群组管理。对此，应当要求互联网群组服务提供者为群组建立者、管理者完善管理技术权限，如在管理权限中增加"警告提示""禁止发言""提醒管理"等技术权限，以便群组管理者拥有更为丰富、灵活及合理的管理方式，而不是直接以删除成员的方式进行管理。在立法上，应当规定群组管理权的基本类型，并作为群组服务提供者必须设置的基本技术权限类型。如此，既有效实现群组管理，又不破坏群组的正常运行，保障群组成员的正当权利，也是确保群组管理遵循比例原则的内在要求。

2. 群组管理权的控制

与其他任何权力一样，群组管理权同样存在滥用的可能。虽然这种管理权滥用的现象尚无案例，滥用的影响也似乎微不足道，但是，随着网络群组在公民生产生活及政治参与中作用的推广和深入❶，网络群组管理权对公民权利的影响将逐步扩大。为防止群组管理者假借管理之名而行排除异己之实，不当限制相关成员的成员权、表达权和参与权，必须在赋予群组管理者管理权的同时，制定管理权的相关行使规则和界限（即使这种滥用的可能性极低）。为此，可以对《规定》加以修改充实或制定行政法规予以规定。此外，还应当为群成员提供一定的救济途径。例如，群成员在被禁言时间过长或被不当删除成员资格且被拒绝重新加入时，有权向平台申诉，并可在经过一定程序后通过诉讼获得救济，或可诉诸其他简易救济程序。如此，以保持对群组管理权的最低控制。当然，对群组管理权的法律控制，应限于涉及公共利益和成员基本权利的那些群组，而对于那些纯粹娱乐性的、不具公共性质的群组的群组管理权，法律则无须干预。

（二）群组管理责任的法律制度完善

前文述及实践中责任追究的问题，在某种程度上体现了法律的滞后性与网络治理法治化需求之间的矛盾：一方面，互联网群组的治理，亟需群组管理者发挥应有的角色并承担相应的责任；另一方面，法律的滞后性使得现行法律缺少对群组管理者法律责任的规定，导致实践中对群组管理者法律责任的追究有违法之嫌。基于群组管理者不同的管理行为具有不同的违法程度——有的具有一定的社会危害性而构成犯罪，有的仅怠于履行行政协力责任而触犯行政责任

---

❶ 截至 2018 年 9 月 15 日，在百度搜索引擎上以"微信群参与议政"为关键词搜索新闻，共搜到 360 篇网页新闻，涉及范围有村民自治、政协参政、人大履职、民间协会等。

或违约责任，在完善群组管理责任的法律制度中必然需要建构多元化的责任追究形式，从而实现互联网群组治理目标，避免责任追究与行为违法程度不相符而违背法治原则。

1. 适当修正《刑法》：谨慎增设群组管理者管理失职罪名

目前，我国刑法尚无关于互联网群组管理者方面的罪名，实践中追究群组管理者刑事责任的方式涉嫌违反罪刑法定原则。事实上，任何一种行为都可能演变为具有社会危害性的犯罪行为，群组管理者从事的管理行为亦然。因此，如须将群组管理者责任入罪，则需要修正《刑法》，适当增设针对网络群组管理者之关于管理责任的罪名，并适当设置刑事责任。不过，在《刑法》增设罪名时，需要谨慎论证是否有必要增设罪名、增设何种罪名、设定何种程度的刑罚。在此，笔者认为可以增设"互联网群组建立者、管理者严重不履行群组管理责任罪"。该犯罪构成要件必须包含以下几项。（1）主体要件上，只能针对在规模上已经形成虚拟公共空间的互联网群组，对于规模较小具有私人空间性质的群组，则不能入罪。例如，在四人及以下规模的群组内传播淫秽视频的行为，不宜干预。对此，立法或司法解释宜规定相关标准。（2）客观行为上，必须是群组建立者、管理者"严重"不履行管理责任。（3）行为后果上，必须因严重不履行管理责任而导致群内出现"严重"违法犯罪行为。同时，《刑法》必须明确"严重"不履行管理责任、"严重"违法犯罪行为的标准。

基于降低刑事法律在群组管理中的不当干预程度以及保障互联网繁荣发展的需要，在刑罚的设定上，应当坚持轻刑主义。因为，群组管理责任本质上是一种监管责任、行政协力责任，而非行为人积极作为而引起的刑事责任，主观恶意较轻，社会危害性较小；同时，互联网群组多基于正当事由而建立，群组建立者、管理者多无主观犯罪故意，较轻的刑罚设定足以震慑并迫使群组建立者、管理者行使管理责任。❶ 无论如何，在《刑法》修正之前，司法机关对群组管理者刑事责任的追究应保持谦抑，将刑事追责作为保护互联网法益的最后手段，并严格遵循罪责刑相适应的原则。

2. 建立以行政责任为主的法律责任追究制度

上文为建构群组管理者责任而设定的刑事责任并不意味着该责任率先出场，相反，群组管理者责任是互联网群组中的共同治理责任，是群组管理者对行政

---

❶ 这需要区分为了违法犯罪而建立的群组。若为方便违法犯罪而建立群组，则群组建立者、管理者承担的不是管理责任，而是以其所犯罪名承担相关责任。

机关的协力责任，具有很强的行政性。因此，互联网群组的治理，需要首先且重点建立起群组管理者的行政责任制度。同时，为避免使群组管理者承担过重的法律责任，减少刑事责任的适用，行政责任适合作为群组管理者履行群组管理义务的主要责任。

具体而言，可以在《行政强制法》中规定互联网群组管理者具有协助行政机关在群组内执法的义务，要求当群组内出现违法犯罪行为时，群组管理者有权且有义务及时先行采取暂时性强制措施。如此，既明确群组管理权的法律依据，又明确了群组管理者的管理义务。同时，在《治安管理处罚法》中增设"群组建立者、管理者不履行管理责任"的相关行政处罚，或由全国人大常委会专门制定有关的互联网管理规范予以规定，并根据群组内违法行为的影响后果和管理失职的程度，规定不同形式和程度的处罚。如此一来，既可强化群组管理者的管理义务和明确其责任，保持违法行为与法律责任相适应，又不妨碍互联网的正常运行。

3. 建立强制合同责任与强化群组平台责任制度

随着互联网的发展，互联网群组日益增多，数以亿计的群组使得行政机关的监管力量相形见绌。要想实现互联网群组的良好治理，还需要具有技术优势的互联网群组服务提供者一同监督"群主"的管理情况。

《规定》运用较多的条文规定了互联网群组服务提供者的责任，但是笔者发现《规定》生效前后，群组应用程序并没有相应的变化。究其原因，主要是《规定》虽对群组服务提供者提出了相关指引，但缺少未履行该义务的责任规定。为此，需要建立起针对互联网群组服务提供者的责任制度。具体而言，法律可要求互联网群组服务提供者应当通过服务协议，规定群组管理者的管理义务；同时，要求群组服务提供者在发现群组管理者未积极履行管理义务时，应当根据其合同协议及时追究群组管理者的相关合同责任，如取消群主资格、限制群组权利、限制新建群组权利以及拉入黑名单等。同时，法律应规定，当互联网群组服务提供者严重不行使合同监督责任，即不追究群组管理者违约责任时，相关机关可追究互联网群组服务提供者的平台监管责任。如此，通过公权力的间接强制，使更多主体参与到互联网群组治理当中来，既能减轻行政机关的执法压力，又能减少公权力的直接介入，避免公权力的不当行使。

五、结语

互联网群组的治理离不开群组管理者的参与，但是群组管理者的参与应当遵循法治原则。《规定》的出台，虽然明确了群组管理者的管理责任，却也由于其对群组管理者权力与责任的简单规定，引起了公众的过度反应，甚至质疑。为此，夯实群组管理权和管理责任的理论基础、进一步完善群组管理法律制度成为当务之急。互联网群组管理者之管理义务，在理论上是公民社会安全注意义务在互联网群组中的延伸和演变。群组管理权，对于纯粹休闲娱乐性质的群组而言，仅是一种"私权力"，而对于具有公共性质的群组而言，则是公民的一种社会监督权和社会管理参与权。群组管理责任则是因群组管理者的社会安全注意义务并基于其危险控制能力和便利原则而引起，是一种行政协力责任。同时，为加强互联网群组的治理和保障公民的权利，立法应当继续完善群组管理者之管理权与责任的法律制度。在群组管理者管理权上，法律应要求服务提供者丰富技术权限，并对具有公共性质的群组管理权予以适当控制；在管理责任上，应当坚持罪刑法定原则，坚持轻刑主义，并建立起以行政责任为主的法律责任体系；同时，建立强制合同制度，加强平台责任。如此，既能够依法追究群组管理者的管理责任，实现互联网群组的共治，又能保障公民的互联网群组权利，避免群组管理者承担与其行为不相应的责任。

（责任编辑：姜聪）

智能商业时代声音利益的法律保护探讨

金光耀[*]

摘要：声音体现的法益复杂和多样，声音利益的保护和研究往往在人格权法域和知识产权法域形成交叉。随着新技术和新商业形态的发展，声音利益保护在学理探讨、民事立法、侵权判定和法律适用等层面均不同程度地引发了学者、法官和当事人的迷思。笔者着眼于当前商业领域的发展态势，回顾和反思了先前研究的共识及分歧，探讨了保护声音利益的可行途径、行使声音权利的限制以及侵权例外。笔者认为，法律制度因应科技和经济发展对声音利益保护作出调整，既要及时、适度地保护声音具有的精神利益和财产权益，激发创新主体的能动性和活力，也要警惕过度保护声音利益，损害社会公共利益和适度竞争秩序。

关键词：声音利益　声音人格权　声音商标权　人工智能生成物

Legal Protection of Sound Interest
in Smart Business Era

Abstract：The legal interests embodied by sound are highly complex and diverse. The protection and research of sound interests often intersect in the fields of personality rights and intellectual property rights. With the devel-

---

* 金光耀，北京电影学院摄影学院 2017 级硕士研究生。

opment of new technology and new business structures, the protection of sound interests has often aroused the puzzles of scholars, judges and parties to varying degrees in the aspects of theoretical discussion, civil legislation, tort determination and legal application. Focusing on the current development situation in the commercial field, the author reviews and reflects on the consensus and differences of previous studies, and explores the feasible ways to protect the interests of sound, the limitations of the exercise of sound rights and the exceptions to infringement. The author believes that the legal system should adjust the protection of sound interests in response to the development of science and technology and economy. It should not only protect the spiritual and property rights of voice in a timely and appropriate manner, stimulate the initiative and vitality of innovators, but also be vigilant against the excessive protection of sound interests and damage the social public interests and moderate competition order.

Key words: Sound Interests; Voice Personality Right; Sound trademark; Products of Artificial Intelligence

引言

技术创新正在深刻改变以声音为交易对象的商业模式和业务形态，并挑战传统法学理论和现实秩序。根据笔者在中国知网（www. cnki. net）的检索，除传统著作权法对音乐作品和影视作品的保护之外，国内关于声音利益的研究兴起于 2010 年，可概括为人格权法域的声音权研究和知识产权法域的声音商标与人工智能生成物研究。其中，人格权法域的声音权研究集中于声音利益的民法保护途径，具体探讨是通过一般人格权还是具体人格权保护，其中主张确立声音权为具体人格权的观点占据主流。知识产权法域的声音商标研究则较为广泛，涉及声音商标的可注册性、显著性、功能性、审查标准、侵权认定等领域。人工智能生成物在 2017 年迅速成为研究热点并热度持续至今，以虚拟偶像声音作品为代表的人工智能生成物蕴含的声音利益的权利归属与保护、侵权判定等问题开始对传统知识产权制度形成挑战。

一、保护声音利益的商业和法律背景

随着录音录制、声音处理、声纹识别和鉴定、信息传播网络以及人工智能与深度学习等现代科技的发展，传统上基于声音的业务形态和商业模式正在发生深刻变革。例如，以追音、鱼泡泡为代表的声音交易专业电子商务平台和以淘宝为代表的综合性电子商务平台，以喜马拉雅 FM 和荔枝 FM 等为代表的在线音频 APP，以初音未来、洛天依等为代表的虚拟偶像，以及以抖音、快手等为代表的声音社交 APP 等新型业务形态不断涌现。在二次元经济和人工智能经济的牵引和推动下，未来 5~10 年内，人类社会将进入智能商业时代。❶

声音在音乐作品创作与表演、影视节目配音、企业和商品形象宣传、商标注册、网络教育和培训、司法鉴定、智能语音软件、网络游戏、有声文学及动漫等领域以多种形式被广泛使用。声音产品和服务与特定自然人的成就通过消费者的关注而形成消费关联，产生了显著的商业价值。与此同时，恶意模仿或滥用声音也会贬损特定自然人的声誉。从法律层面保护基于声音产生的精神利益和财产权益，有利于企业在智能商业时代合法追寻商业利益、激发市场主体创新活力、维护适当竞争秩序。但是，当前我国民事立法对声音利益的保护还存在显著不足。现实生活中，当人们发出声音来传递信息和标表人格特征时，由于声音很难同人的姓名和肖像等整体形象抽离，往往导致声音利益的保护被忽视。并且，由于能够主张自然人声音利益的往往是知名人物，对声音利益的人格保护也还没有涵盖普通民众。此外，通过现代声音处理技术、智能语音合成技术和深度学习技术等发出的声音或创作的声音作品已不再是简单的复制和模仿，其与作为素材的原始声音之间的关联度变弱，甚至再度成为知识产权法域的保护客体。现代技术推动声音利益、造就商业价值的同时，也为恶意模仿、歪曲、偷录、未经许可剪接或公开、仿冒、搭便车等侵权行为带来了便利，对消费者造成了混淆和误导。众多侵权现象的发生，既贬损了声音利益主体的精神利益，也侵犯了其本应享有的财产权益。因此，探讨智能商业时代声音利益的保护，既有理论上的挑战，也有现实上的必要。

二、"声音"及声音利益的界定

（一）法律意义上的声音及声音利益

根据声源的不同，声音可分为人类、动物、自然界现象、机器等物体发出

---

❶ 相关研究的预测认为，仅因人工智能技术产生的产业经济规模就将从 2016 年的 80 亿美元增加到 2020 年的 470 亿美元，智能机器、机器学习算法、机器人和神经网络将渗透到我们日常生活的方方面面。参见：CEIP. Artificial Intelligence and Intellectual Property [EB/OL]. (2017 - 01 - 11) [2019 - 04 - 12]. www. ceipi. edu/en/training - seminars/artificial - intelligence - and - intellectual - property/.

的不同声音。在声音采集和存储技术发明之前，声音是无法脱离声源振动的时空限制而单独存在的。随着声音采集、存储、传播和加工处理技术以及现代传媒和智能声音合成引擎的创新发展，声音的利用范围不断扩展，表现形式不断丰富。

自然人的声音是一种标表性人格特征，具有较强的人身专属性，这是因为自然人的声带在长度、厚度、弹性和振动频率等方面的差异形成了声音在音色、音调和响度方面的特殊性。在成年变声以后，自然人的声音基本处于稳定状态；对同一段语音或乐曲，经过多次正常复制翻录，其声谱特征基本上不会发生改变。[1]自然人的声音关系到个人的尊严，实践中上升到法律层面的现象多为对声音精神利益的侵犯。如在涉及低俗、淫秽、贬损等的娱乐和商业场景下，模仿知名人物的声音来博取关注或搞笑效果，容易引起受众的自然联想，将模仿者与被模仿者的声音混淆，造成被模仿者的人格贬损和精神利益损害。与肖像和姓名相比，声音的利用空间更大、传达的信息也更丰富，一旦被滥用，法律后果不堪设想。实践中，与自然人分离的"声音"往往是"声音的表现形式"，主要通过传统著作权法的保护获得声音利益。

声音利益兼具精神利益和财产权益。具有财产权益的声音则不限于自然人的声音——自然界的声音、机器的声音等，也可基于智力劳动产生具备商业价值和艺术价值的财产权益。目前，可以产生财产权益的声音商业利用和声音表现形式可归纳为五类：一是作为商品或服务出售许可，如录音、配音等声音产品的使用、表演和销售等，主要通过合同约定；二是作为商标使用，如腾讯将QQ提示音在第 38 类"媒体宣传及通讯服务"下注册为声音商标；三是进行声音作品创作，通过著作权法赋予的财产权和邻接权实现收益；四是将自然人的声音用于商业广告、影视剧、综艺娱乐节目、社交 APP 等媒体中，依靠名人的知名度和特有魅力获得关注并产生收益；五是利用人工智能、深度学习等智能技术开发运营虚拟偶像等二次元商业模式获利。

（二）基于声音利益的权利界定

近些年，随着侵犯声音利益案件的出现，一些学者开始关注声音利益并对声音权进行界定。

1. 基于声音产生的声音权

从人格权法来看，基于声音产生的声音权是一种与生俱来的人格权利，兼

---

[1] 张志勇，孟庆华，郑玉玲. 音像光盘声源鉴定的研究［J］. 广东公安科技，2009（3）：56.

有精神利益和财产权益。其精神利益为自然人在世期间专属，财产权益可以继承。声音权是自然人对其声音所享有的录制、使用及处分的专有权利，自然人可以根据自己的意志自由决定如何使用自己的声音。声音权人将声音作为一种产品或服务在市场上进行交易，可以同使用人签订有偿的声音使用许可合同，为使用人提供配音、录音等服务，约定同意使用人使用自己的声音。使用人根据合同的约定，可以获得权利人的声音使用权和处分权。同时，如果两个以上自然人合作提供声音的录制，则可以共享声音权；当事人具有共有支配权，适用人格利益的准共有规则。❶

和肖像、姓名、名誉、荣誉等人格权一样，当声音利益受到侵犯时，声音权人应享有请求法律保护的人格权请求权和侵权请求权。人格权请求权旨在恢复人格权的圆满状态，侵权请求权则旨在弥补和救济受害人的损失。二者相比，人格权请求权不适用诉讼时效的规定。在主张人格权请求权时，权利人只需证明妨害行为的违法性、妨害行为正在进行或者可能发生以及因果关系。在声音权受到侵害的情况下，声音权人可以综合使用两种权利，请求特定的相对人（一般为侵害声音权人声音权的侵权人）停止侵害、消除影响以及赔礼道歉等，从而使得自己的声音权益得到维护和保障，并在声音权利受到不法侵害时得到充分必要的救济。

2. 基于声音表现形式产生的知识产权

对于声音利益来讲，知识产权法保护的是声音的表现形式。知识产权是通过法定程序创设的权利，具有无形性、专有性、时间性、地域性、排他性和可转移性等特征，旨在保护智力成果，激发创新的积极性。根据我国现行《著作权法》的规定，达到创作高度的声音作品（如音乐、歌曲、相声等文艺作品和虚拟偶像等二次元声音作品），其独特的表达形式，将享有署名权、发表权、修改权和保护作品完整权四项人身权，以及复制权、广播权、信息网络传播权、改编权、汇编权等财产权。❷

著作人身权主要反映作者的资格，并不反映作者的人格。著作财产权与声音权在保护声音的财产权益上有一定的交叉，但如果仅以著作权来保护声音利益，就不能充分保护声音权的精神利益。

对于具有区别商品和服务来源功能的声音标记，可以申请注册为声音商标，

---

❶ 杨立新. 中国人格权法立法报告［M］. 北京：知识产权出版社，2005：379.
❷ 值得注意的是，计算机软件著作权的人身权类型中不含有保护作品完整权。

进而享有专有使用权、禁止权、许可权、转让权、到期续展等权利。

人工智能是大数据时代的产物，在经济社会发展需求的强烈驱动下，呈现出了高度学习、跨界融合、人机协同、群智开放、自主操控等新特征。❶ 值得注意的是，随着人工智能技术的发展，利用智能程序或机器创作的声音被视为一种人工智能生成物，这种特殊的声音表现形式受到各界广泛关注。一些传统产业模式和工作流程日益受到冲击，甚至是颠覆。但在现阶段下，人工智能还远未达到具备独立人格的程度，尚未脱离人类的操作和控制，其本质上仍是人类智力活动成果。

三、声音利益保护的法律探讨

自然人的声音兼具人身利益和财产权益，民事立法应确立声音权的具体人格权地位，保护声音财产权益。对于具有显著性和功能性的自然人声音标识和其他声音标识，通过注册声音商标成为商标法和竞争法的保护客体。对于达到创作高度的人工智能生成物，通过调整作品含义和制度创新给予传统著作权法的保护。对声音和声音表现形式体现的利益适度给予多重保护，有利于维护人格尊严和自由、激发创造创新活力、平衡私人利益和公共利益、彰显法律的向善价值。

（一）民法框架下人格权法域的声音利益保护

我国法律至今尚未明文规定自然人对其声音享有声音权，声音权仅在理论层面进行探讨。人格权法域下，声音权的保护对象是自然人的声音，强调的是与人格鉴别有关的独特性。关于声音权的保护，主要有以下几种观点。

1. 声音权独立说

杨立新认为：声音权是指自然人自主支配自己的声音利益，决定对自己的声音进行使用或处分的具体人格权；声音权应予独立，并得到民法的确认与保护。❷ 笔者亦认同此观点。一方面，从比较法来看，法国❸、前捷克斯洛伐克社会主义共和国、加拿大魁北克省、美国部分州、德国❹等在民事立法中明确保护声音利益。另一方面，从我国民事法律体系中人格权范畴的变化来看，《民法通

---

❶ 国务院关于印发新一代人工智能发展规划的通知［EB/OL］.（2017 – 07 – 20）［2019 – 04 – 18］. http：//www. gov. cn/zhengce/content/2017 – 07/20/content_5211996. htm.

❷ 杨立新，袁雪石. 论声音权的独立及其民法保护［J］. 法商研究，2005（4）：103.

❸ 法国民法典：上册［M］. 罗结珍，译. 北京：法律出版社，2005：48.

❹ 杨立新，袁雪石. 论声音权的独立及其民法保护［J］. 法商研究，2005（4）：104 – 105.

则》最初只原则性地规定了生命健康权、姓名权、肖像权、名誉权和荣誉权五种具体人格权，而 2001 年《最高人民法院关于确定民事侵权精神损害赔偿责任若干问题的解释》已扩充性规定了生命权、健康权、身体权、姓名权、肖像权、名誉权、荣誉权、人格尊严权和人身自由权九种权利。从立法的演进和变化来看，今后将声音权明确为人格权来保护声音利益是可行的。从保护声音利益到声音权独立为一项具体人格权，也是科技推动法律制度不断完善的结果。

2. 声音语言权说

王泽鉴将声音利益同语言利益的保护合并称为"声音语言权"❶，理由是：声音语言是个人的重要特征，与姓名、肖像同属人格利益。但是，随着技术和商业形态的发展以及法律制度的进步，语言权已成为自然人与生俱来的基本人权，而声音权则成为一种同时具备标表功能、兼具精神利益和物质利益的具体人格权。二者属于不同的法域，不宜将二者合并保护。❷

3. 声音肖像权说

徐国栋认为，应当将肖像权和声音权合并起来加以民法保护。❸ 王利明也认为，自然人发出的声音同其他人格（肖像、姓名等）一样，含有部分人格利益；但无须将声音确立为声音权加以保护，仅需通过肖像权内涵的扩张来对声音利益保护即可。❹ 但是，声音表达内容的范围要比肖像大得多，当行为人通过模仿"声音"的手段去侵害其他具体人格权，如隐私权等权利时，是无法类推适用肖像权的规则的。因此，二者不宜合并保护，应当各自独立为一项具体的人格权。

4. 形象权说

形象权又称"公开权"（商品化的人格权），是指自然人对其人格要素，如姓名、肖像、声音等，在商业领域享有的权利，包括自己使用和许可他人使用，并排除他人未经许可使用的权利。这种权利是财产权利，可以转让、许可他人使用，也可继承。❺ 因此，声音权属于形象权的应有之义。但是，形象权的立法主要是规制声音权、肖像权和姓名权涉及的财产性权益，不涉及精神利益的保

---

❶ 王泽鉴. 侵权行为法：第 1 册［M］. 台北：三民书局，1999：157.

❷ 声音和语言权的产生和独立，受到了录音、存储和广播等技术的显著影响。以我国当前的广播影视立法来看，即具有明显的技术立法特点。在智能商业时代，随着声音和语言权的分立，具有人身和财产属性的其他自然人享有的权利也可能与新技术相伴生，以适应社会生产关系的调整，解放生产力。

❸ 徐国栋. 绿色民法典草案［M］. 北京：社会科学文献出版社，2004：92.

❹ 王利明. 人格权法研究［M］. 北京：中国人民大学出版社，2005：473.

❺ 唐宇. 形象权探析［J］. 贵州警官职业学院学报，2007（6）：60.

护。在 Midler v. Ford Motor Co. 案中，被告 Ford Motor Co. 雇用某演唱人员故意模仿原告 Bette Midler 的声音进行演唱，并以此推销自己的产品。法院认为被告的行为所取得的效果和播放原告录音磁带所取得的效果是相同的，系侵害了原告的公开权，并认为"当某一专业演唱家的声音广为人知的时候，当他的独特声音被刻意模仿以销售某种产品时，销售者就盗取了不属于他们自己的东西，就在加利福尼亚州侵犯了他人的权利"。❶

5. 隐私权说

加拿大魁北克省主要通过隐私权保护声音利益❷，事实上，其对于姓名和肖像的保护也是通过隐私权。因此，在加拿大魁北克省是没有姓名权、肖像权等概念的，这些权益都在隐私权的外延之内。

虽然关于声音利益的保护途径众说纷纭，且将声音权单独确立为具体人格权似乎是大势所趋，但上述其他学说在特定场景和语境中的合理性仍不容轻易推翻。笔者认为，实践中，究竟是采用一般人格权，还是声音权、肖像权、隐私权等具体人格权进行保护，需要根据侵权行为所侵害的具体法益来确定，不宜完全使用声音权来保护声音利益。当声音利益并非通过"声音"自身，而是通过声音所传达的内容受到侵害时，如通过语音合成软件模仿他人声音，且涉及编造他人隐私或名誉，则可结合"隐私权"和"名誉权"保护途径另行探讨。这里的"编造他人隐私或名誉"包括但不限于无中生有、歪曲演绎、嘲讽搞笑、人身恶意攻击以及过度娱乐等情形。如果同时侵害多种法益，则还将涉及与其他保护方式的竞合。

（二）知识产权法域的声音利益保护

知识产权法域下，声音的范畴可以扩展到自然人声音之外的自然界声音、动物声音、机器声音等；声音利益的权利人可以为自然人，也可以为法人或非法人团体。具体涉及声音利益保护的主要是著作权和商标法律制度，其中著作权法保护具有独创性的声音相关智力成果，核心是经过智力创造加工的、具有独创性的表达形式；商标法保护具有区别产品和服务来源功能的声音标记，核心是声音标记自身固有或经过长期使用所具备的商业独特性和显著性。

---

❶　参见：Midler v. Ford Motor Co. 849 F. 3d 460（1988）。

❷　加拿大魁北克省民法典第36条规定："特别是有下列行为之一的，为侵犯他人隐私：……（5）使用他人的姓名、肖像、形象或者声音，但向大众合理公开信息的除外……"

1. 著作权法对声音表现形式的保护

对于声音的模仿，要注意模仿者自身的声音特质和体现出的创作成分。把模仿者的声音完全归于被模仿者是有欠妥当的。尤其是当技术和业态创新赋予了声音更多的表达可能时，对声音表达所体现出的创作成分的保护就显得更为复杂一些。因此，传统法律对声音模仿的机械式保护需要切合时宜地予以调整，并适应社会生产关系的新变化。例如，人们已经开展关注并探讨人工智能技术的发展目前正在以及今后将对声音模仿作品产生的重要影响。对于人工智能生成物，现阶段可通过调整作品的含义来进行保护。如果人工智能创作物符合作品独创性要求，应该赋予其作品以法律性质。❶ 如果不赋予人工智能创作物以法律性质，社会将产生大量的"孤儿作品"或"无主作品"，既不利于激励新作品的创作和新人工智能的开发，也无益于著作权市场的合规性和稳定性。❷

2. 商标法对声音标记的保护

声音商标可以是创作的作品，也可以是自然界的声音、人或动物的声音或各类声音的组合。根据我国《商标法》的规定，可以区别商品和服务来源的声音可以作为商标申请注册。"中国国际广播电台广播节目开始曲"已成为我国初审公告拟核准注册的首个声音商标。

声音商标在本质上是一种工商业标记，核心是赋予产品和服务以显著性，进而影响消费行为。这种显著性既源自声音本身的独特性，也源自声音的长期和高频使用。构建声音商标权符合我国产业升级转型和创新驱动发展战略的需要，更有利于激发我国民族创造力，维护我国国家利益和公共利益。❸

四、行使声音权利的限制及例外

王泽鉴概括提出了三种侵犯声音和语言利益的形态：一是未经允许擅自对声音语言进行录音或使用，二是窃听他人电话或谈话，三是模仿他人声音而用

---

❶ 享有著作权的产品的智能化程度越高，越呈现出自主和独立的特征，也更加接近自然人独立创作的作品。无论是保护自然人因开发虚拟偶像所享有的计算机软件著作权，还是保护虚拟偶像创作的声音作品的版权，或者直接保护计算机软件所有权人对虚拟偶像声音作品所享有的权利，对这些问题的讨论都应该建立在给予著作权保护的前提下，然后再讨论如何保护、保护哪种权利的问题。

❷ 当前，人工智能威胁论也层出不穷，不少专家以人工智能有朝一日会控制甚至奴役人类为由反对人工智能的发展。科学技术是一把双刃剑，我们需要利用人工智能为未来创造光明，就离不开合理完善的法律规范的配合，尤其在知识产权法领域。参见：马忠法. 与人工智能相关的主要知识产权法律问题 [J]. 武陵学刊，2019（1）：62.

❸ 曾和平. 论声音商标与公共利益保护 [J]. 兰州教育学院学报，2019（3）：165.

之于商业广告。❶ 近年来，技术创新催生的人工智能经济和虚拟经济进一步推动了以声音为标的的交易发展，侵犯声音利益的手段更加隐蔽、多样和复杂，以往全球司法实践在隐私权、名誉权、著作权、商标权等法律制度中寻求对声音利益进行保护的做法往往难以真正地实现自然正义。灵活便捷的声音交易形态和巨额经济利益的兑现不仅加速唤醒了当事人的权利意识，也对当前的声音利益保护提出了制度性的需求。前文概述了现行立法对声音利益的保护途径，从权利保护的正向视角探讨了未来声音利益法律保护制度的构建基础。但是，在围绕声音权利保护的利益纷争形态尚未充分显现、立法条件尚未达至充分成熟的现行阶段，还应对行使声音权利的限制以及声音利益侵权的例外进行谨慎思考，从反向视角来完善未来声音利益的法律保护制度。❷

（一）行使声音权利的限制

行为人在合理合法范围内，积极行使声音权利，维护声音利益，法律不作干涉。但如果声音权利滥用，也会造成声音利益被过度商业化，导致行为人丧失其精神人格因素，背离保护声音利益的最初目标。因此，行使声音权利应受到以下限制：

第一，不得违反法律的禁止性规定。如许可他人使用自己的声音宣传产品和服务时，不得宣传违法违规的内容、不做虚假宣传等。有些明星联手商家，进行广告代言，以追求"利益"为首要目的，却不加以区分产品的好坏，随意进行代言，甚至代言假冒伪劣产品，严重侵害了消费者权益。误导消费者，不仅会损害消费者的公平交易权利，还会危害消费者的健康权、生命权，造成难以挽回的后果。

第二，行为人通过商品运作变现获得声音的财产权益时，不得损害社会公序良俗和道德准则。例如，不利用声音制作低级恶俗、可能对社会，尤其是青少年产生不良影响的节目内容。

第三，对于人工智能生成物体现的声音利益，虽然其生成直接受控于程序和算法，但有必要要求设计者遵守法律、道理和伦理准则。要求操作者和使用

---

❶ 王泽鉴. 侵权行为法：第1册［M］. 台北：三民书局，1999：157.

❷ 限于篇幅，本文对此仅作了简要论述。事实上，正如印刷术取代了传统手工制书从而催生了复制权；广播电视技术的发展催生了传播权；互联网技术将知识产权带入了全面的数字化时代；人工智能技术又将更多的原本不可能商业利用的隐形权利赋予了可以商业变现的价值。在新生业态发展初期，有必要探讨在构建声音权的同时，同步思考和构建行使声音权的限制和例外，尽管这一领域的挑战还不甚充分和明朗。

者按照明确的、特定的目的利用声音，不得超越目的范围使用声音。

（二）声音利益侵权的例外

良好的法律制度必是通过合理调整私权利和公权力的边界而达成动态平衡，并持续增进社会的整体福利。因此，参照现行民事立法的合理使用一般原则，至少以下情形不应被视为侵犯声音利益。

第一，为了科教文卫事业的发展，满足人类精神文化需求等非商业营利性目的而使用声音。如音乐教学、经验交流等，如演奏者模仿著名歌唱家发声方式和方法以提高专业水平。

第二，出于维护公共利益的需要使用声音。比如：新闻工作者在突发公共事件或重大自然灾害现场进行报道，录入了大量现场人员的声音。

第三，国家机关出于履职的必要而使用声音。例如，公检法机关为办案所需而提取录音、通话记录、视频等作为证据，法官复制自然人声音并当庭播放以判断证据的有效性，侦查机关对犯罪嫌疑人进行录音作为证据，公安机关在公共场所安装或者放置录音录像设备保障人民安全或者加大打击反恐等，这些都是为了依法行使公共权力或者执行公务的正当使用。

第四，出于本人利益使用声音不构成侵权。如自然人下落不明，其家人和近亲属为获知其下落，通过媒体公布了含有其声音的视频，不应视为对当事人声音利益的侵害。

第五，在判断行为人是否侵犯声音利益时，还应考察行为人的主观过错。只有当行为人明知或应知自己所发出的声音有使受众产生混淆和误判的可能，且仍不予以说明的情况下才可能构成侵权。比如，因自然人声音雷同而导致受众误判，行为人并无主观过错，也不应认定为侵权。

五、结论

博登海默认为，概念和规则的创造是为了社会发展，要避免生活受到僵化的法律制度的约束。[1] 科技进步驱动人类社会进入智能商业时代，随着声音利益的范围和获利模式不断发展，法律制度需要因应变迁而适度创新。综合本文研究来看，出于人格权法维护人类自身价值和知识产权法保护创造、推动社会进步的根本法益，无论是自然人的声音，还是自然界、动物或机器等发声物体的

---

[1] 博登海默. 法理学：法律哲学与法律方法 [M]. 邓正来，译. 北京：中国政法大学出版社，2004：242.

声音所承载的利益，只要符合法律保护条件，均应予以保护。一方面，民法框架下的人格权法法域应确立声音权为具体人格权。另一方面，应将以声音及其创作物为交易对象的在线经济、以虚拟偶像为代表的二次元经济以及人工智能声音生成物等人工智能经济领域的智力活动成果纳入知识产权法域的调整和保护视野。但是，在社会急速向前发展的过程中，切莫以损害人格为代价过度对声音进行商业化利用，或肆意扩张声音利益的保护范围，以至于损害公共利益和道德法律秩序。

（责任编辑：朱艺浩）

信息窗口

英国互联网淫秽色情内容的规制：
标准、机制及启示[*]

韩新华[**]

　　摘要：21 世纪互联网技术与应用的迅猛发展和广泛普及给淫秽色情内容的规制带来了前所未有的挑战。面对这一挑战，英国形成了一套卓有成效的规制标准和机制。在规制标准上，英国通过沿用既有法律标准及进行部分的补充立法，继续在淫秽、色情和低俗之间作出区分，并给予不同方式的法律处理。在规制模式方面，英国针对不同的网络内容形成了一套多种规制模式并存，并突出强调自我规制模式的治理机制。英国规制互联网淫秽色情内容的经验对我国相关内容的规制具有一定的启发意义。

　　关键词：互联网　淫秽　色情　规制

Regulation of Online Obscene and Pornography in UK：
Standards，Mechanisms and Inspirations

　　Abstract：The rapid development and widespread popularity of Internet technology and applications in the 21st century has brought unprecedented

　　* 本文是中国传媒大学科研培育项目 "仇恨言论法律规制的国际比较研究——以美国、德国和英国为例"（项目编号：CUC17A40）的阶段性研究成果。

　　** 韩新华，中国传媒大学法律系讲师，美国圣母大学访问学者。

challenges to the regulation of obscene and pornographic materials. Faced with this challenge, the UK has developed a set of effective law standards and mechanisms. In terms of standards, the law in UK clearly distinguishes between obscenity, pornography and indecency, and regulates them in different ways. As for mechanism, the UK has established a set of multiple regulatory models for different web content, and highlighted the self-regulation model. The experiences of the United Kingdom in regulating Internet obscenity and pornographic content has certain enlightening significance for the regulation of relevant content in China.

Key words: Online; Obscenity; Porn; Regulation

引言

21 世纪互联网技术与应用的迅猛发展和广泛普及给各国淫秽色情内容的规制带来了前所未有的挑战，互联网信息传播的匿名、便易、交互等特点导致淫秽色情内容在网络上的大规模传播。互联网的淫秽色情内容已经成为世界性的治理难题。面对这一挑战和难题，英国继承和发展了其既有的对淫秽色情内容的规制标准，并形成了一套多种规制模式并存、自我规制模式突出的治理机制。这些举措不但使英国在本国有效地治理了互联网上的淫秽色情内容，其对在线儿童色情内容打击方面的出色工作还对欧盟以及许多其他国家和地区作出了杰出贡献。我国在网络淫秽色情内容的规制方面也面临着严峻挑战，英国相关做法和经验的研究和介绍对我国处理同样问题具有一定的启发意义。

一、规制标准：沿用既有法律标准及进行部分的补充立法

为了保护良好的社会风尚和未成年人的身心健康，英国早在 100 多年前就开始出台法律规制淫秽色情内容，并逐渐发展成熟，形成了比较稳定可行的规制标准。互联网时代，淫秽色情内容的存储方式和传输方式发生了极大的改变，其危害也前所未有地增加。为应对这一变化，英国一方面通过法律修订的方式将既有的法律标准延伸适用至互联网之上，另一方面也进行了相应的补充立法，强化了对在线儿童色情内容的打击，并增设了新的犯罪类型以应对极端色情内容。

历史上，英国对淫秽色情材料的规制标准非常严苛。1857 年，英国颁布了第一部《淫秽出版物法》，对淫秽材料予以禁止。1868 年，英国首席法官科伯恩

（Cockburn）在 Regina v. Hicklin 案中提出了判断是否构成淫秽的著名标准——"希克林标准"。该标准从"易受影响的人群"（比如未成年人）出发，可依据材料中的"孤立段落"来判断是否构成淫秽。该标准如此严格，以至于又被表述为"父亲是否可以在家里大声朗读的作品"标准。❶ 20 世纪中叶之后，随着社会对"性道德"的认识及规制态度发生变化，英国《1857 年淫秽出版物法》和"希克林标准"最终被废除。此后，英国法律放宽了对淫秽色情材料的规制标准，其立法目标从保护社会风尚发展为重点保护未成年人的身心健康，并不断细化对淫秽色情内容的规制标准。

总的来看，英国现有的法律体系区分淫秽、色情和低俗，并分别予以处理。在英国法律中，淫秽被界定为"使人堕落和腐化"❷；色情被定义为"其唯一或主要的目的是激起人的性欲"❸；"低俗"是英文词"indecent"的翻译，也可译为"不雅"，意为"下流的；有伤风化的；猥亵的"❹。英国对待这些内容的态度可概括为：禁止淫秽，限制成人色情，打击儿童色情和极端色情，禁止儿童不雅（低俗）内容。以下主要介绍和分析可以适用于网络淫秽色情内容规制的相关法律。

（一）对淫秽内容的法律规制

《1959 年淫秽出版物法》（Obscene Publications Act 1959）与《1964 年淫秽出版物法》（Obscene Publications Act 1964）是英国目前规制各种淫秽内容和物品出版或公开行为的最重要的法律，也是淫秽色情内容规制方面涵盖范围最为广泛、司法适用最为频繁的法律。这两部法律经过后续修订也用以规制互联网上的淫秽内容。

《1959 年淫秽出版物法》全面规定了淫秽出版罪的构成要件和惩罚方式。该法将淫秽出版物界定为从"整体上"判断可能导致"相关受众"堕落与腐化的物品。❺ 该法规定，淫秽物品包括任何可供阅读、可供观看的材料或者两者兼有的材料，以及任何录音、胶片或图画记录材料。❻ 因此，淫秽物品几乎包含了

---

❶ Regina v. Hicklin ［EB/OL］．［2018 – 12 – 21］．https：//www. britannica. com/topic/Regina – v – Hicklin.

❷ 《1959 年淫秽出版物法》第 1 条第 1 款。

❸ 《2008 年刑事司法与移民法》第 5 章。

❹ 曲广娣. 色情问题的根源和规范思路研究 ［M］. 北京：中国政法大学出版社，2013：11.

❺ 《1959 年淫秽出版物法》第 1 条第 1 款。

❻ 《1959 年淫秽出版物法》第 1 条第 2 款。

所有的媒介介质，即任何的文字、图画、声音、视频等资料，只有舞台表演由于有另外的法律规定而未被包含在内。该法对淫秽物品的出版（或称为"公开"）❶ 行为也进行了界定：出版或公开包括分发、发行、出租、给予、出借、以销售或出租为目的的提供行为。❷《1994 年刑事司法与公共秩序法》（Criminal Justice and Public Order Act 1994）对该条款进行了修订，将以电子介质进行的存储行为也包含在出版或公开的范围之内。当相关资料是以电子方式进行存储的时候，出版或公开行为是指数据传输；制作可以通过网络获取的图片或文本也构成"公开"。❸《1959 年淫秽出版物法》第 4 条还规定了"公共利益"的抗辩理由：如果公开行为被证明是为了科学、文学、艺术或者其他公众关注的事项的利益，则不被视为违法行为。

《1964 年淫秽出版物法》是对《1959 年淫秽出版物法》的补充，是英国议会为了强化对淫秽出版物的打击力度而制定。该法增加了"为营利而持有淫秽物品"罪。该法规定，为了营利而"持有"可供出版的淫秽作品，不管是为了自己营利还是为了他人营利，皆为犯罪。❹ 从该法规定来看，为了营利而将淫秽内容存储在电子介质上，或保存在网络上，也是一种"为营利而持有淫秽物品"的行为。另外，为加强打击"生产"淫秽物品的行为，该法又进一步扩大了淫秽物品的范围。该法规定，淫秽出版物还包括那些可以用于复制或制作相关淫秽作品的物件❺，比如照片底片或书籍的底稿等都可包含在内。因此，以电子介质或以网络形式存储的底片或底稿也包含在内。

（二）对成人色情内容的法律规制

在英国的法律中，色情被定义为"其唯一或主要的目的是激起人的性欲"。❻自《1959 年淫秽出版物法》颁布之后，只要不为未成年人接触到，成人色情就不再为法律所禁止。目前，英国对成人色情内容采取的基本态度是对其传播范围予以限制，采取的主要方法是内容分级制度，即按照色情信息的数量和表现程度将作品分为若干等级，以开放给不同年龄段的受众观看。在英国，分级制

---

❶ "publication"中文一般译为"出版"或"发表"，但从本法条文来看，其含义要比狭义上的出版或发表更为广泛，与"公开"含义相当，所以，这里的"publication"也可译为"公开"。

❷ 《1959 年淫秽出版物法》第 1 条第 3 款。

❸ 斯皮尔伯利. 媒体法［M］. 周文，译. 武汉：武汉大学出版社，2004：381.

❹ 《1964 年淫秽出版物法》第 1 条第 1 款。

❺ 《1964 年淫秽出版物法》第 2 条第 1 款。

❻ 如《2008 年刑事司法与移民法》第 5 章。

度最早由电影工业界于 20 世纪初自发形成并运用于电影领域，此后内容分级制度不断完善并广泛延伸适用至录像、游戏、互联网等领域。1984 年，英国通过了《1984 年录像制品法》（The Video Recordings Act 1984），规定了录像的分级制度。该法规定，未经分级的商业性质的录像作品不可以售卖和出租；将录像出售给所分级别以下年龄的人是一项犯罪。内务部将分级的权力授予给英国电影分级委员会（British Board of Film Classification，BBFC）。通过网络传播的电影和录像制品也必须经过 BBFC 的分级。

近年来，英国加大了对极端色情内容的打击，《2008 年刑事司法与移民法》（Criminal Justice and Immigration Act 2008）增设了"持有极端色情图片罪"。❶"持有"包含从网络上下载和存储。构成该项犯罪的图片必须兼具色情和极端两个特征。所谓色情，指的是其唯一或主要目的是为了挑起性欲。所谓极端包括四类情况，指的是该图片直白地或以现实主义的方式描述如下行为：①威胁人的生命；②有可能导致人的生殖器官受到严重的伤害；③涉及人与尸体的性活动；④人与动物（无论是活的还是死的）性交或口交（在一个理性人看来其中的人和动物是真实的）——且这些图片必须具有严重的冒犯性、极其令人厌恶或是淫秽的。图片指的是任何移动和静止的图片，也包括可以转化为图片的数据，和拼接的身体的图片。

对成人色情内容进行规制的最新立法来自于《2017 年数字经济法》（Digital Economy Act 2017）。该法重点加强了对商业色情网站的规制。该法规定，所有可从英国访问的提供在线商业色情材料的网站都必须对登录者进行年龄验证，以确保儿童无法获取该类内容，而且网站也不得包含任何《2008 年刑事司法与移民法》中规定的极端色情内容。该法还规定，英国将授权设立专门机构负责对色情网站的年龄验证机制进行监督，并对那些不符合要求的网站实施罚款等行政处罚。

（三）对儿童色情、不雅内容的法律规制

这里的儿童色情、不雅❷内容特指内容本身为表现儿童的色情或不雅的照片或视频。这类内容的主要危害存在于三个方面：一是这些图片或视频表明已经

---

❶ 《2008 年刑事司法与移民法》第 5 章。
❷ 这里遵照通常翻译，涉及表现儿童色情内容的照片时通常用"儿童不雅照片"这样的表述。

实际存在着针对儿童的性犯罪或者性剥削行为❶，二是此类图像的公开传播会对图像中的儿童造成二次伤害，三是持有和传播此类图像还容易诱发接触此类内容的人实施针对儿童的犯罪。因此，为保护未成年人的身心健康，英国自 20 世纪 70 年代起进一步细化了对淫秽色情内容的规制标准，将儿童色情、不雅内容从原有的淫秽内容中分离出来，进行单独立法，对其制作和传播予以严格禁止。

在英国，表现成人不雅内容的照片或视频并未被法律所禁止，但是展现儿童不雅内容的图像却是法律所严厉禁止的内容。《1978 年儿童保护法》（The Protection of Children Act 1978）规定，拍摄、散发和展示儿童不雅照片的行为，以及为了散发和展示而"持有"的行为都属于犯罪。如果相关广告包含这样的内容，公开或促使此种广告得以公开的行为亦为犯罪。此处的儿童指的是任何未满 18 周岁的人；照片则包括照片底片、电影，以及此类照片和电影的拷贝。《1988 年刑事司法法》（Criminal Justice Act 1988）第 160 节进一步规定，凡是"持有"儿童不雅照片皆为犯罪行为。《2008 年刑事司法与移民法》将《1978 年儿童保护法》中的部分内容作了修订，主要是扩大了照片的范围，将描摹的，以及以电子形式或以其他形式剪切或拼接形成的儿童不雅图片等也包含在内。这些法律都适用于互联网之上，比如 2000 年 R v. Bowden 案中法院判决从网络下载儿童不雅照片也是一种制作行为，为《1978 年儿童保护法》所禁止。❷

为进一步扩大对儿童的保护，《2009 年验尸法官与司法法》（Coroners and Justice Act 2009）规定，"持有"关于儿童的"禁止性照片"为刑事犯罪。儿童禁止性照片指的是，照片单独或主要集中在儿童的生殖或排泄器官方面，或者照片中涉及儿童参与或儿童在场的各种性活动（包括与动物的），且这样的照片必须具有严重的冒犯性、极其令人厌恶或淫秽。"持有"的方式包括下载到电子设备中，以及在网页中储存。《2015 年严重犯罪法》（Serious Crime Act 2015）进一步扩大了对儿童的保护。该法第 69 条将"持有"包含对儿童实施性虐行为的建议、指导等内容的资料（paedophile manual）也增列为一项犯罪。

二、规制机制：多种规制模式并存，自我规制模式突出

与其他领域的规制一样，传媒领域的规制也通常被分为三种模式：政府主

---

❶ 针对儿童的性剥削行为主要是指利用儿童卖淫或从事其他非法的性行为，以及利用儿童进行淫秽表演以及充当淫秽题材，具体请参见《儿童权利公约》第 34 条。

❷ 参见：R v Bowden［2000］2 All ER 418。

导的行政规制模式（regulation）、政府和行业合作的共同规制模式（co - regulation）及行业自我规制模式（self - regulation）。在互联网时代，政府行政规制模式的有效性得到极大的挑战，政府与行业共同规制的模式，特别是行业自我规制（自律）模式得到较大程度的推崇。

目前，英国对网络内容（包括网络淫秽色情内容）的规制模式表现出"多种规制模式并存，自我规制模式突出"的特点。一方面，随着网络信息技术的广泛普及和应用，传统媒介如报纸、杂志和广播电视不断与新媒介进行融合，将其生产和制作的内容延伸至互联网，以在线方式呈现或播放。对这些内容的规制仍然延续原有的模式，网络报刊内容继续依靠报刊界的"自我规制"❶，在线传播的广播电视内容则继续依靠英国通信办公室（the Office of Communications, Ofcom）❷ 的行政规制。另一方面，互联网技术的广泛应用还使互联网本身成为一种新的媒介，催生了大量新内容。这其中既有机构主体制作的专业内容（professionally - generated content，PGC），更有大量用户自行制作的内容（user - generated content，UGC）。这类内容数量大，更新速度快，是网络内容的主体。对于这些内容，英国政府并未直接进行行政监管，而是主要依靠行业组织、网络服务商的"自我规制"。以互联网观察基金会（Internet Watch Foundation, IWF）为代表的网络自我规制模式在英国运行良好，对网络淫秽色情内容的治理成效非常显著，是英国网络规制机制中的突出特点。

（一）Ofcom 对于视频淫秽色情内容的法定规制

视频是淫秽色情内容的重要载体，其危害性远大于文字和图片，因此是淫秽色情内容监管的重点。互联网上呈现的视频主要包括如下三类形式：一是以线性方式播出的视频，这主要指的是传统的广播电视节目放在互联网上播放，或是在 PC 端或是移动端；二是以非线性方式播放的"类电视"视频，即"点播视频"；三是上述两种之外由机构或个人制作的其他视频，如社交媒体上大量的由用户自发制作的各种视频等。

目前在英国，第一类和第二类视频都是由 Ofcom 进行行政监管，第三类是由行业和企业进行自律规制。但是 Ofcom 对第一类和第二类的监管手段略有不

---

❶ 目前英国最主要的报刊自律机构是独立报业标准组织（Independent Press Standards Organization, IPSO）和成立于 2013 年的独立的媒体监管机构"铭刻"（IMPRESS）。

❷ Ofcom 是由《2003 年通信法》授权成立的监管机构，在媒体领域，主要负责对广播和电视服务进行法定监管。此后，Ofcom 的监管范围有所扩充。2016 年，Ofcom 开始对点播视频进行独立监管。

同：对于线性视频节目（网络电视），继续沿用对广播电视的监管手段来进行管制，如分水岭制度❶等；对于点播视频，Ofcom 则考虑到网络传播的特点，要求被规制者采用有效的技术手段进行控制。下面主要对点播视频中淫秽色情内容的行政规制进行介绍。

点播视频实际上是由互联网催生的一类新的视频播放形式，是指那些使用者可以通过网络自行选择想要观看的视频的类型。英国的点播视频最初是由几个视频点播服务商组成的自律机构 ATVOD（the Association for Television on Demand）进行自我规制。自 2010 年开始，为满足欧盟视听媒体服务指令的要求，英国点播视频服务调整为由 ATVOD 与 Ofcom 实行共同规制。但从 2016 年 1 月起，鉴于英国媒介融合发展所带来的点播视频和传统的广播电视已经很难作出区分的新局面，Ofcom 收回了 ATVOD 的共同规制权，改为独自监管。

1. 内容分级

Ofcom 收回对点播视频的监管权之后，根据《2003 年通信法》第 4 部分的规定，制定了"点播节目服务规则"。在对淫秽色情内容的规制标准方面，该规则继续遵循英国法律的相关规定，在淫秽和色情之间进行区分，淫秽一律禁止，色情进行分级。因此，对这类内容的规制可分为限制和禁止两种情况。第一，限制播放。点播节目服务规则第 11 条"保护 18 岁以下未成年人（特别针对限制性材料）"中规定，节目点播服务不应该包含任何限制传播的视频材料，除非这些材料确保 18 岁以下的未成年人一般情况下无法看到或听到。限制传播的材料指的是：①视频分级机构颁发的分级为 R18 的材料；②那些就其性质而言有理由认为如果呈送给视频分级机构进行分级的话，将会被划分为 R18 的材料；③其他那些可能严重伤害 18 岁以下的未成年人的身心健康或道德发展的材料。第二，禁止播放。点播节目服务规则第 14 条规定节目点播服务不得包含任何禁止性的材料。禁止性的材料是指：①视频分级机构根据《1984 年录像制品法》

---

❶ 分水岭制度（watershed）是英国电视节目播出设置中保护青少年免受色情信息损害的最重要的规制措施。英国 Ofcom 制定的广播守则（broadcasting code）规定的分水岭制度分为四种情况：（1）一般情况下，分水岭是 21：00，不适宜儿童收看的节目通常不得在 21：00 之前和 5：30 以后播出；（2）付费订阅的电影服务，分水岭是 22：00，可以在 22：00 之前和 5：30 之后播出分级为 15 岁及以下的电影，只要在这段时间内设置了强制性的接入措施即可；（3）浏览付费的电影服务（pay per view services）没有分水岭，可以在 21：00 之前和 5：30 之后播出分级为 18 岁或相当程度的电影，只要在这段时间内设置了强制性的接入措施；（4）被 BBFC 分级为 R18 的电影一律禁止播出。参见：The Ofcom Broadcasting Code［EB/OL］.［2018 - 12 - 21］. https：//www. Ofcom. org. uk/tv - radio - and - on - demand/broadcast - codes/broadcast - code.

的立法目的已决定不适宜对其颁发分级证书的材料；②那些就其性质而言有理由认为如果呈送给视频分级机构进行分级的话，该机构将认为不适宜为其颁发分级证书的材料。

2. 技术控制

除了对内容进行分级，更重要的是要求被规制者采取有效手段阻止未成年人接触不适宜的视频材料。与广播电视的线性播出方式不同，点播视频是受众控制，因此，色情内容控制的分水岭制度不再有效，一些新的技术控制手段被研发出来投入使用。内容介入控制系统（Content Access Control System，CACS）就是其中最重要的一个。该系统被要求安装在提供 R18 及等同于 R18 内容的所有网站上。当用户登录时，该系统可以有效鉴别用户年龄，或者强制采用技术手段来验证年龄。这些技术手段包括信用卡验证或以其他支付方式进行验证；选民手册等形成的公民电子身份管理的数据库也被使用；还有其他一些账户身份验证年龄的方式也可以被使用。

（二）IWF 对网络儿童色情内容的行业自律

除了传统媒体内容在互联网上的延伸及点播视频之外，还有无数的机构和个人在互联网上制作和传播的大量的信息和内容。对于这些内容的规制，英国主要依靠行业组织和网络服务商的自治与自律。IWF 是其中最重要的一个行业自律组织。1996 年，鉴于互联网和新闻组中违法内容的大量存在，英国警察部门对网络服务提供商施加压力：若其不能自我规制，就要承担强制性的法律责任。IWF 就是在此一背景下由网络服务商联合成立的自我规制组织。目前，IWF 不但在英国的互联网规制中起着举足轻重的作用，而且已经成为一个全球知名的处理在线儿童色情内容的独立的非营利组织。截至 2017 年底，IWF 已有来自全球包括谷歌、亚马逊、Facebook、AT&T 等众多知名企业在内的 130 多家企业会员，并得到了诸多国际机构包括欧盟委员会的支持。

1. 处理内容

IWF 目前主要监督和处理的是在线儿童色情内容。❶ 此前，IWF 还负责处理煽动种族仇恨方面的内容与信息，但这类内容自 2011 年 4 月起改为直接由英国

---

❶ IWF 坚持使用"儿童性虐待"（child sexual abuse）的用语，而拒绝使用"儿童色情"（child pornography）之类的用语，因为在其看来，儿童不可能也没有能力对性行为表示同意。参见：周学峰. 未成年人网络保护制度的域外经验与启示 [J]. 北京航空航天大学学报：社会科学版，31（4）：6. 但本文在叙述的时候，一般使用"儿童色情"来指称所有的表现儿童性虐待、性行为、性表演等的内容。

的执法和司法部门来接受投诉和处理。❶ IWF 在网站上发表声明说，潜在的犯罪活动是否构成犯罪只有法庭说了算。❷ 而自 2017 年 8 月 1 日起，IWF 又进一步收缩了其监管范围，将此前一直在处理的由 1959 年和 1964 年淫秽出版物法所定义的犯罪性的淫秽内容排除在外。❸ 目前，IWF 集中监督和处理的信息包括如下三类：《1978 年儿童保护法》和《2003 年性犯罪法》所定义的儿童色情图片；《2008 年刑事司法与移民法》所规定的扩大了范围的儿童不雅图片；《2009 年验尸法官与司法法》所定义的禁止性的极端的儿童图片。❹

2. 处理方式

IWF 通过接受投诉和主动检索两种方式来对儿童性虐、儿童色情图片进行监督和处理。但是 IWF 只是自律组织，不是公权力部门，因此没有权力来追究犯罪者的法律责任问题。

接受举报是 IWF 非常重要的一种监督和处理在线儿童性虐、色情内容的方式。人们可以通过官网及其分布在全球的 19 个门户网站以多种语言来报告涉及儿童性虐的网页或新闻组。当收到用户有关非法网络内容的举报后，IWF 首先会对其进行评估，如果认定其为非法内容，就会通知相应的网络服务提供商一方面要对该内容留存证据，另一方面要将该内容从其服务器上删除。通常来说，这些服务商会在数小时内甚至更短的时间内删除所涉及的内容。同时，IWF 也会将被举报内容通报给英国国家犯罪局中专门负责处理针对儿童的犯罪以及在线儿童保护的警察指挥中心（National Crime Agency's CEOP Command），以便他们可以采取措施对照片或视频中的受害儿童进行营救。如果照片所涉内容的发生地不在英国，IWF 则会通过"INHOPE"❺ 成员热线通报该国警方；如果发生

---

❶ NUNZIATO D C. (2014) The beginning of the end of internet freedom（PDF）[EB/OL]. [2018 – 12 – 21]. https: //scholarship. law. gwu. edu/cgi/viewcontent. cgi? referer = https: //www. google. com/&httpsredir = 1&article = 2534&context = faculty_publications.

❷ Internet watch foundation [EB/OL]. [2018 – 12 – 21]. https: //en. wikipedia. org/wiki/Internet_Watch_Foundation#cite_ref – 4.

❸ Annual Report 2017 – IWF [EB/OL]. [2018 – 12 – 21]. https: //annualreport. iwf. org. uk/pdf/IWF_2017_Annual_Report. pdf.

❹ IWF [EB/OL]. [2018 – 12 – 21]. https: //www. iwf. org. uk/what – we – do/how – we – assess – and – remove – content/laws – and – assessment – levels#panel377.

❺ INHOPE 在荷兰注册，是一个处理在线非法内容的全球热线网络，主要致力于打击网络儿童性虐内容。目前，INHOPE 共有 48 个热线合作成员，分布在 43 个国家。参见：INHOPE annual report 2017 [EB/OL]. [2018 – 12 – 21]. http: //www. inhope. org/Libraries/Annual_reports/INHOPE_Annual_Report_2017. sflb. ashx.

国是非"INHOPE"成员国时，直接通报给该国警察部门进行处理。

除了接受投诉之外，IWF 还主动使用技术软件对相关网页进行搜索和处理。据其 2017 年报道，IWF 每 4 分钟就要对一个网页进行评估，每 7 分钟就会发现一个呈现儿童性虐内容的网页❶，而 2016 年则分别是 5 分钟和 9 分钟❷。IWF 所采用的主要技术手段包括如下几种：网址名单、照片代码名单、关键词名单、监督新闻组、处理伪装网站、警示以比特币付费的儿童性虐网页、识别网站品牌等。IWF 还在不断研发新技术来应对网络儿童色情内容，比如 2017 年研发了提取视频代码名单的技术，并升级了举报系统。❸

3. IWF 处理机制的特点：节制行使审查权

IWF 的内容审查是相当谨慎而节制的。一方面，IWF 的审查团队都要定期接受警察的训练，且在工作中始终与警察部门保持沟通与合作，这可以保证其按照法律标准来进行审查。另一方面，IWF 严格限制自己的审查范围，目前集中处理的是儿童性虐、儿童色情的内容。这其中的一个主要原因是相比其他内容，这类内容判断难度较低，不容易引发过度审查和限制表达自由的争论。对于政府来说，很希望 IWF 承担更多的审查责任，比如英国司法大臣曾表示让IWF 来对网络上的极端色情图片进行评判和阻止，但是 IWF 并没有听从。IWF认为自己所能做的仅仅是将发现的此类网页报告给警察部门予以处理。❹

在审查权上如此节制的主要原因是，IWF 深知自己是民间自律组织，并非公权力部门，过多的管制和过度的审查会妨碍公民表达自由的行使，也妨害公民自由获取信息的权利，最终也将会损坏自己的公信力。尽管 IWF 在审查范围上自我限定得如此严格，且也配备了专业的严格受训的审查人员，但是其不可避免地会有一些失误，还是引起了社会对其合法性的质疑，比如就有公众批评IWF 是道德警察，侵犯了公民的表达自由等。❺

（三）其他行业组织对网络内容的自我规制

除了 IWF 之外，英国还有其他一些行业组织对淫秽色情内容进行自我规制。

（1）互联网协会（ISPA）也是英国著名的互联网行业自治组织，成立于

---

❶❷❸　Annual report 2017 – IWF［EB/OL］．［2018 – 12 – 21］．https：//annualreport. iwf. org. uk/pdf/IWF_2017_Annual_Report. pdf.

❹　FAE J. IWF rethinks its role—Ministry of Justice misleads on extreme porn［EB/OL］．（2008 – 12 – 21）．［2018 – 12 – 21］．https：//www. theregister. co. uk/2008/12/12/iwf_investigates_itself/.

❺　RAPHAEL J R. PC world［EB/OL］．（2008 – 12 – 10）［2018 – 12 – 21］．http：//www. washington-post. com/wp – dyn/content/article/2008/12/08/AR2008120803188. html？noredirect = on.

1995 年，是 IWF 的创始成员之一，目前有 BT、SKY、AT&T 等在内的 125 家互联网服务商加入，囊括了英国绝大部分的大的互联网服务商。ISPA 要求加入其组织的成员必须遵守"实践守则"（Code of Practice），以便"消费者将网站上展示的该组织的 LOGO 当作这些企业愿意积极提供优良服务的标志"。❶ 该组织还发布一些建议性的"最佳通用实践守则"（Best Common Practice，BCP）供成员遵守，但这些规则不具有强制性。

ISPA 在其和会员签署的实践守则中强调，会员必须遵守英国的法律，不得鼓动违法的事情，而且还特别指出不得登载儿童色情图片（第2.1 款）。如果会员违反这些守则，ISPA 可以要求其改正，要求其保证不得再犯，还可以暂时吊销其会员资格，甚至将其开除。该网站和 IWF 合作，要求其会员必须提供给该协会一个可以接受 IWF 通知的联系方式，且要求其会员删除被 IWF 判断为非法的那些网页，并按照 IWF 的要求保留那些网页的日志一段时间。

（2）BBFC 是英国目前最重要的负责内容分级的自律组织。BBFC 的前身是英国影片审查委员会（British Board of Film Censors），于 1912 年由电影工业界联合成立，最初主要是为了避免政府审查带来的经济上的损失而成立的对影片内容进行自我规制的组织，后来演变成为专门负责影片分级的机构。《1984 录像制品法》颁布后，内务部将分级的权力直接授予 BBFC。此后，BBFC 分级所涉及的载体形式又不断增加。目前，除了电影和录像制品之外，BBFC 的分级载体还包括电子游戏、移动设备内容、在线音乐视频等，几乎涵盖了所有的媒介形式，是英国最权威的分级机构。

以移动设备上内容的审查为例，此前负责分级的是英国独立移动设备分类机构（The Independent Mobile Classification Body，IMCB）。IMCB 曾经参照 BBFC 的分类标准以及欧洲互动软件联盟的电脑游戏分级标准，制定了"移动设备内容自我监管行业守则"供英国移动通信服务提供商遵守。但是，自 2013 年起，移动设备内容分级的工作也直接委托给 BBFC 进行。不但如此，2018 年 2 月，BBFC 还被英国政府指定为商业色情网站"在线年龄验证"机制的监管机构。因此，BBFC 将负责对提供在线商业色情内容的网站（包括移动设备上的提供商）是否满足了法律对年龄限制的要求作出评判，并可以对其作出移除非法内容的

---

❶ ISPA Code of Practice［EB/OL］.［2018 - 12 - 21］. https：//www. ispa. org. uk/about - us/ispa - code - of - practice.

命令。❶

（四）网络服务商的自我规制

除了以上这些行业组织的约束机制之外，网络服务商也实施自我审查和自我规制。如 BT 用其开发的过滤软件 CLEANFEED 来屏蔽被 IWF 列为黑名单的网站，到 2008 年时，安装这一软件的网站已经达到 95%。❷ 2013 年，在卡梅伦政府的压力之下，英国主要的网络服务商（如 TalkTalk、SKY、BT、Virgin），都为接入其服务的用户提供默认的过滤系统，以对青少年屏蔽色情及其他不适宜的内容。

此外，安装过滤系统的做法也受到英国内外的极大批评。主要的批评意见为这些服务商实施了过度审查和过度过滤，以至于很多健康的内容也被屏蔽。2014 年，英国由于其对互联网的严格监视和审查而被"无国界记者"（Reporters Without Borders）列入"互联网敌人"（Enemies of the Internet）的国家之列。❸

三、英国互联网淫秽色情内容的规制对我国的启示

互联网的迅猛发展，给各国淫秽色情内容的规制带来了前所未有的挑战。海量信息、瞬时传播、跨越国界，且传播手段不断翻新，这类内容在互联网上传播的危害远超过在任何其他的媒介形式上。淫秽色情内容对于社会秩序、社会道德及青少年的身心健康都有程度不等的伤害，因此成为各国法律规制的对象。通过建立合理可行的规制标准和机制，英国网络淫秽色情内容的治理工作卓有成效。比如，据 IWF 的统计，在其负责监测的全球在线儿童色情内容中，在英国网站呈现的此类内容长期保持在 1% 以下。❹ 而有关成人淫秽内容的举报近几年很少发生，2017 年则一起举报也没有，这或许也是 IWF 决定将其从任务

---

❶ Age verification ［EB/OL］. ［2018 – 12 – 21］. https：//www. bbfc. co. uk/about – bbfc/age – verification.

❷ 参见：Vernon Coaker（Parliamentary Under – Secretary，Home Office）Written Answer，16 June 2008 col. 684W Pornography：Internet

❸ 参见：Reporters Without Borders（Paris）于 2014 年 3 月 11 日公布的"Enemies of the Internet 2014：Entities at the heart of censorship and surveillance"。

❹ Annual reports ［EB/OL］. ［2018 – 12 – 21］. https：//www. iwf. org. uk/what – we – do/who – we – are/annual – reports.

表中删除的一个重要原因。❶ 英国在网络淫秽色情内容规制上的一些做法对我国处理同样问题具有一定的启发意义。

（一）区分淫秽、色情和低俗，分类处理

标准的合理可行是有效规制的前提。在淫秽色情内容的规制标准上，英国经历了一个不断探索和发展的过程。从 19 世纪至 20 世纪中叶，英国社会对性道德的态度逐渐发生变化，性越来越成为一个成年人私人自治的领域。基于这一情形，英国对淫秽色情内容的规制理念和规制标准也相应进行了调整。在规制理念上，从维护公序良俗过渡到重点保护未成年人；在规制标准上，对淫秽和色情作出区分，禁止淫秽，限制色情。自 20 世纪 70 年代起，为加强对未成年人的保护，英国又进一步将儿童色情内容从淫秽当中分离出来，予之以严格禁止和打击。此后，为呼应互联网时代的新发展，英国不断将以电子形式和网络形式进行存储和传播的淫秽色情内容纳入法律的规制范围，并将"持有极端色情图片"这类互联网时代危害较大的行为纳入刑法的规制。

目前，英国对淫秽色情内容的规制标准可概括为：禁止淫秽，限制成人色情，打击极端色情，严厉规制儿童色情以及儿童低俗（不雅）内容。这一规制标准突出了对未成年人的保护，较好地兼顾了公共利益和信息自由两种价值。淫秽内容引人堕落，危害社会风气，甚至诱发犯罪行为，尤其是针对女性的犯罪，当然应该属于禁止之列。而成人色情、低俗内容虽然不良，但仍属于成年人可自主判断、自主选择的信息自由范畴，但未成年人身心发展尚未成熟，判断能力和自控能力较弱，容易对某些不良内容进行模仿，应该限制其对此类内容的接触。危害最为严重的则是儿童色情、儿童不雅内容——该类内容严重损害未成年人的身心健康，应该予以严厉打击。此外，从治理的效率角度来讲，英国法律的这种分类处理、抓大放小的作法有效地节省了行政资源，使政府可以集中精力打击那些对社会危害程度更大的淫秽色情内容，从而可以在整体上做到对淫秽色情内容进行较为有效的控制。

淫秽色情内容一直是我国网络内容治理的重要组成部分。在规制标准上，我国有关法律文件也区分了淫秽、色情与低俗，但与英国不同的是，这三类内

---

❶ Annual reports ［EB/OL］. ［2018 - 12 - 21］. https：//www. iwf. org. uk/what - we - do/who - we - are/annual - reports.

容在我国均属于禁止范围，仅在处罚方式上有所不同。❶ 在我国，无论是传统文化还是主流价值观都对性道德持有非常严肃和保守的态度，淫秽色情内容被认为败坏社会风气、危害青少年的身心健康，因此被严厉禁止。1949 年我国就展开了围剿淫秽书刊图画的斗争。❷ 1979 年我国第一部刑法规定了制作、贩卖淫书淫画罪。至 20 世纪 80 年代中期，为应对从国外涌入中国的及本土产生的大量的淫秽色情出版物，我国行政主管部门密集出台了多部规制淫秽出版物的法规和规章。这些规定有两个变化，一是把描述和表现性内容但含有文学、艺术和科学价值的出版物排除出淫秽之列，二是开始对淫秽、色情、低俗作出区分。1988 年原新闻出版署发布的《关于认定淫秽及色情出版物的暂行规定》中，淫秽物品或出版物被界定为"整体上"宣扬淫秽行为，容易导致"普通人"腐化堕落，而色情出版物被界定为是"部分"地宣扬淫秽行为——后者主要被认为会对普通人特别是对"未成年人"的身心健康"有毒害"。至 1989 年时，原新闻出版署又颁布《关于部分应取缔出版物认定标准的暂行规定》，将"夹杂淫秽色情内容、低级庸俗、有害于青少年身心健康的"但不能认定为淫秽或色情的出版物也列为取缔之列。至此，淫秽、色情、低俗三项认定标准出台，并被后来的诸多法律文件所沿用。

进入互联网时代之后，上述标准也延伸适用至对网络淫秽色情内容的规制。2000 年以后，我国各级立法和执法部门通过修订或补充立法的方式将网络淫秽色情内容纳入规制范围。一方面，我国的《刑法》《治安管理处罚法》以及《未成年人保护法》《预防未成年人犯罪法》都进行了修订，明确对互联网淫秽色情内容进行规范。另一方面，我国立法和执法部门还制定了大量新规以规范互联网内容。法律如《全国人大常委会关于维护互联网安全的决定》《网络安全法》；法规规章如《互联网信息服务管理办法》《互联网文化管理暂行规定》《互联网出版服务管理规定》《互联网视听节目服务管理规定》等。这些法律法规都禁止在互联网上传播淫秽、色情内容。同时，网络"低俗"内容也仍然属于禁止传播的范畴，但是对低俗或者"低级庸俗"内容的禁止很少出现在正式

---

❶ 根据我国法律，制作、复制、出版、贩卖、传播淫秽物品牟利的行为，以及传播淫秽物品情节严重的行为属于犯罪，受刑法规制，轻者可以构成治安违法行为，受《治安管理处罚法》规制。同时，淫秽、色情、低俗三者都属于禁止传播的内容，须被取缔或删除，情节严重的个人或法人需要接受罚款或吊销执照等行政处罚。

❷ 王四新. 中国法律对淫秽色情内容的规范［J］. 四川理工学院学报：社会科学版，2017（2）：11.

的法律文件中，目前仅在某些部委制定的规范性文件中有所提及。● 总的来看，我国对淫秽色情内容的规制标准非常严格，没有如英国那样发展出对成人色情的分级制度，并且还将一般的低俗内容也列入禁止传播的范畴。此外，在我国，色情和低俗的具体认定标准都出自于新闻出版部门的规章，而非正式法律，因此，其权威性存在不足。

其实，对淫秽色情低俗内容一律禁止，要求传播内容一概老少皆宜的做法在互联网时代面临着很大的挑战。一方面，改革开放后的几十年间，社会本身对待性道德的态度已经悄然发生改变，成人的性道德越来越被视为私人自治领域，社会对成人色情的容忍度越来越高，接触色情内容也越来越被社会理解和接受。这也是为什么我国历次对网络色情低俗内容的整治行动并未得到群众普遍支持的重要原因。另一方面，网络信息技术的发展已经使淫秽色情的存储和传输方式发生了根本性的变化。自 2008 年起，中国就成为世界上网民最多的国家。● 互联网的海量、便捷、匿名以及跨国界的特点使得淫秽色情内容治理的难度远远超过传统媒介。对淫秽色情一刀切的做法应对传统媒体也许还比较有效，但在人人都可以随时上传下载信息的互联网时代无疑过于理想主义。还有，无论在西方还是在中国，商业色情都是一个很大的产业。商业的逻辑是只要有需要就有市场，而成人色情的需要由于越来越被认为是正常甚至是正当的，因而这个市场是很难被禁止的。因此，鉴于目前我国社会对性道德的态度已经发生较大变化，我国法律也应当作出相应的调整，在规制理念上由保护社会道德转向重点保护未成年人，适当借鉴国外包括英国的成人色情分级制度，使成人色情在一定程度上合法化，但应要求相关主体严格设置技术措施防止未成年人接触。而对于危害程度更轻的低俗内容则可以或者通过分级制度，或者交给市场来处理，这样政府就可以节省大量的行政资源用于处理和打击更为严重的淫秽色情内容。

对比英国，我国对于儿童色情内容的规制力度还急需加强。儿童色情是英国着重打击的一类淫秽色情内容，其规制比成人淫秽内容更加严格。今天，儿童色情已经成为全球性的问题。互联网为某些不良分子引诱未成年人提供了更

● 如国家广播电影电视总局颁布的规范性文件《电影审查规定》以及《广电总局关于重申禁止制作和播映色情电影的通知》等。

● 中国互联网络信息中心. 第 22 次中国互联网络发展状况统计报告 [EB/OL]. (2014 - 05 - 26) [2018 - 12 - 21]. http://www.cac.gov.cn/2014 - 05/26/c_126548659.htm.

加便利的条件，这些人通过网络引诱未成年人进行性交易或实施性侵害，并进而使其成为色情制品的表现对象。为加强对未成年人的保护，许多国家对儿童色情内容的规制进行了专门立法，在规制标准和惩罚力度上都要高于对一般的成人淫秽内容。我国目前并无这种专门立法，儿童色情仍作为淫秽内容的一种类型进行规制。这种规制方式使得对有关儿童色情内容的犯罪存在着刑期过低、打击力度不够的问题。英国在专门立法时，还特别将持有儿童色情图片的行为，包括将其下载、存储在电脑里的行为列为犯罪，这一规定可以更好地防范针对儿童的犯罪行为。按照我国法律，这类持有行为目前并不属于犯罪。因此，我国可以适当借鉴英国的做法，加强对儿童色情的立法，提高刑期，并将持有儿童色情图片的行为也列为犯罪进行惩罚。❶

（二）多种规制模式并存，自我规制模式突出的规制机制

英国对网络内容（包括淫秽色情内容）的规制模式具有"多种规制模式并存，自我规制模式突出"的特点。其中，政府规制主要体现在对网络视听节目的监管方面。在英国传统媒介的监管中，广播电视属于政府的强监管领域。当这些内容延伸至互联网时，原有的监管模式也得以延续。2003年新组建的独立监管机构 Ofcom 对广播电视以及在线广播电视内容实施统一监管。同时，由于媒体融合的发展，互联网新催生的类电视节目（点播视频）已经与广播电视难以区分。鉴于此，自2016年起，点播视频也成为 Ofcom 的法定监管领域。Ofcom 的监管严格区分成年人和未成年人受众，遵循内容分级的基本原则，在广播电视中采用分水岭制度，在点播视频中采用登录限制措施防止未成年人接触不适宜的内容。

而对于其他新生的广泛的互联网内容，英国的行业自律机制则发挥了主要作用。其中，以 IWF 为代表的行业自律组织对英国互联网淫秽色情内容的治理做出了杰出贡献。最初，IWF 是在政府的压力和引导下而成立的。为了防止政府实施强制性的干预，互联网企业主动联合起来进行行业自律。此后，IWF 在二十几年的发展过程中，不断探索合理的规制范围、完善规制机制、丰富规制手段，在英国淫秽色情内容的治理方面，尤其是在对儿童色情的打击方面取得了突出成就。不但如此，由于互联网具有超国界性，淫秽色情内容的规制离不开国际合作。IWF 的工作范围也早已扩展至海外，对全球范围内的儿童色情内

---

❶ 更多相关内容参见：欧树军. 网络色情的法律规管［G］//越晓力. 网络法律评论：第8卷. 北京：北京大学出版社，2007：77.

容进行监测。

我国的互联网规制总体可划归为行政监管模式，政府在网络内容治理中居于主导地位。互联网兴起之后，我国原有的多头监管、条块分割的内容监管体制也延伸至互联网之上，因此互联网内容监管一度呈现出"九龙治水"的局面，多个部门都对网络上的相关内容实施监管。2011年，国家互联网信息办公室成立，主管网络内容治理，这一局面才有所改观，但并未完全改善，职能交叉重复和协调困难的情形依然存在。这造成了两个不利后果：一是各主管部门都制定有自己的内容规范文件，而这些文件之间存在着一定的差异，因此造成执法标准不统一的问题；❶ 二是在具体执法方面，因为涉及多个内容主管部门，协调困难，因此每年的专项整顿行动都是由中央及各地的扫黄打非办公室牵头进行部署、组织和协调。因此，如何进一步整合资源，成立统一的对淫秽色情内容进行监管的机构，比如授权全国扫黄打非办公室统一监管，是加强网络淫秽内容治理可以考虑的一个方向。

在执法方式方面，目前我国对网络淫秽色情内容的监管以"运动式"执法为主。由于我国对于淫秽、色情、低俗采取一律禁止的态度，规制范围非常广泛，使得我国对此类内容的常规性执法很难奏效。因此，自2004年开始，全国和地方扫黄打非部门每年都联合多个相关部门在一段时间内举行包括"净网""护苗"在内的专项行动，集中整治网络淫秽色情和低俗内容。这些做法可以在一段时间内很快抑制住非法内容的传播，取得立竿见影的效果，但这种效果却不具有可持续性，往往是运动过后迅速恢复原状。而且集中整治的做法也容易偏离法治的轨道，对相关被执法者的权利造成不当的侵害。因此，对我国来说，如何进一步完善规制标准，区分重点和非重点，做到有所为有所不为，并建立长效的、更符合法治原则的常规执法机制，应该是今后我国网络淫秽色情内容治理着重努力的方向。

另外，与英国发达的自律机制相比，我国的网络自律机制还有很大的提升空间。相对于政府监管来说，产业、行业的自我规制具有许多突出的优点。高秦伟教授曾经指出："私人的优势在于能够及时、更有弹性、更合于事物本质地

---

❶ 比如，我国文化部、原国家新闻出版广电总局、工业和信息化部等在其发布的规章中都有对淫秽色情内容的禁载条款，但这些文件中有的使用"淫秽"，有的使用"色情"，有的"淫秽""色情"并用，标准并不统一。具体参见《互联网文化管理暂行规定》《互联网出版服务管理规定》《互联网视听节目服务管理规定》的相关条款。

采取行动或反应。"❶ 马长山教授指出，互联网时代爆发了"软法革命"，自律规范从填补性角色升级为建构性角色。❷ 的确如此，行业和产业身处第一线，对行业动态和技术发展的领会和反映更加敏锐，可以更加迅速和更有针对性地提出应对举措。比如，随着技术的不断发展，网络淫秽色情内容的传播方式不断翻新，传播渠道更加隐蔽。对此，IWF 也与时俱进，不断丰富和发展自己的规制手段进行针锋相对的回应。同时，作为行业组织，IWF 与网络服务商的沟通和合作也非常便利，并可以不断将新涌现的网络服务商包括国外的服务商吸纳为自己的会员。这实际上也大大便利了对于境外淫秽色情内容的治理与防范。网络信息具有超国界传播的特点，而政府受到主权管辖原则的限制，因此，企业以及行业比政府处在更有利的位置进行国际合作以应对网络非法内容。实际上，自我规制也是产业和行业的内生性要求。企业之间既是激烈竞争的对手，也是荣辱与共的伙伴。不良、有害的网络空间环境最终伤害的是整个互联网行业。净化网络环境，将不负责任的网络服务商排除在外，有助于形成良性的市场竞争机制，提升整个行业的声誉水平，有利于整个行业的长远发展。

我国目前存在众多互联网行业自律组织，但这些行业自律组织发挥的作用还非常有限。成立于 2001 年的中国互联网协会是我国目前最重要的互联网行业组织。该协会成立后在行业自律方面做了大量工作，例如倡导制定了《中国互联网行业自律公约》《互联网站禁止传播淫秽、色情等不良信息自律规范》等多项自律规范，为互联网行业的自律机制奠定了基础。此外，中国互联网协会还设立了"违法和不良信息举报中心"，可以全天候接受网民举报。2008 年，该协会还接受工业和信息化部的委托设立了"12321 网络不良与垃圾信息举报受理中心"。但总体来看，我国的行业自律机制还停留在比较初级的阶段，网络自律条约虽然制定不少，但大多并未真正落实到位。最大的不足在于我国的行业自律规范主要是倡导性的，缺乏有效的实施机制。

自律机制效果不佳的一个很重要的原因还是在于规制标准不够合理可行。要求网络传输内容老少皆宜的做法无法通过行政监管做到，也无法通过行业自律来做到。另外，我国在互联网治理上的强政府监管传统也在一定程度上影响着行业自律功能的有效发挥。由于政府主导监管，企业、行业自身的内生性要求并没有被激发出来，也没有机会探索和发展出合理有效的自律机制来整肃行

---

❶ 高秦伟. 社会自我规制与行政法的任务 [J]. 中国法学，2015（5）：76.
❷ 马长山. 互联网＋时代软法之治的问题与对策 [J]. 现代法学，2016（9）：50.

业、形成良性竞争的的市场机制。虽然这一传统短时间内很难扭转，但政府还是可以有意识地培育行业自律机制，将一部分任务交给自律组织去做。其实，近些年来，我国政府和各界人士对政府监管效果的有限性已经有较为充分的认识，不断倡导建立由政府、企业、行业、社会和用户共同参与的协同共治的网络治理机制。因此，英国互联网行业自律模式中的具体举措，包括其中的投诉举报机制、主动监测的各种技术手段以及对于不履行监测义务的服务商进行行业惩戒等措施都可以在一定程度上为我国所借鉴。

网络服务商的自我规制也是英国网络淫秽色情内容规制中的重要内容。2013 年之后，英国主要的网络服务商在政府的压力下，都在自己的网站上提供了过滤模式供家长等用户进行选择。在我国，大型的互联网服务商如腾讯、阿里、百度对以及众多的新型媒体也都设有自己的自律机制，也都禁止淫秽色情内容的传播，并且设立了投诉举报机制。但与英国不同的是，由于我国对淫秽色情的规制标准相对比较宽泛和模糊，且未建立区分成年人和未成年人的分级制度，因此服务商的自我规制在现实中运作效果不佳，经常被评价为"自律不足"或者"自律过度"。过滤软件的使用是防止青少年接触淫秽色情内容的一种有效方式，但一定要建立在用户自愿的基础上。2009 年工业和信息化部曾经发布通知，要求所有在中国境内生产销售的计算机都要预装"绿坝 – 花季护航"过滤软件。这种强制性的安装过滤软件且不区分成年人和未成年人用户的做法，最终因合理性和科学性欠缺而没有得到实施。

（三）私主体的自律审查节制而谨慎

英国的行业组织和网络服务商的自律审查非常谨慎和节制。无论是 ISPA 还是 IWF 都深知自己仅仅是行业组织，不是国家公权力部门，不能对内容的合法性进行判断和处置。ISPA 在其制定的《实践守则》中清楚地表明该委员会不对内容的合法性作出判断。❶ 而 IWF 对淫秽色情内容的处理更是非常慎重。一方面，IWF 从其建立以来不断收缩自己的审查范围，逐步将一些判断难度较大，可能带来表达自由争议的内容排除出自己的审查范围，比如煽动种族仇恨的言论以及成人淫秽内容等。目前，IWF 仅保留了对违法性判断较为容易且危害性更大的儿童色情内容的处理。另一方面，IWF 对儿童色情内容的审查也经过了英国政府的特别授权。根据英国皇家警察署与英国警察协会之间签署的谅解备忘录，IWF 可以代表英国执法部门对某些可能的违法内容进行审查和判断，并

---

❶ ISPA 实践守则序言（e）条款。

且可以与网络服务提供者以及警察部门一起协作将这些非法内容予以删除，并在必要的时候协助警察部门将那些散布犯罪内容的人绳之以法。❶

无论是行业部门还是网络服务商都属于私人主体。根据宪法和行政法的一般原理，内容的合法性审查是公权力部门的"核心职责"，私主体无权插手。这是因为，任何的内容规制和内容审查都涉及对宪法所保障的公民信息自由和表达自由的限制，而对此种限制的合法性和合理性的判断涉及不同法益之间的复杂平衡，作为私人主体的企业或者行业部门并不是作出这种判断的合适角色。一方面，私人部门的审查人员并不具备执法主体那种进行合法性判断的资格和能力；另一方面，私人主体实施审查，还缺乏如同行政执法和司法过程一样的"正当程序"的保障。此外，私人审查给相对人造成的不当判断和处置还缺乏有效的救济措施。如果是行政机关作出的决定，当事人可以向法院提起行政诉讼，但是对于私人部门作出的不当审查，当事人只能依据与网络服务商签订的协议向法院寻求民事救济，而后者的保护力度要远远小于前者。❷ 因此，私人主体参与内容审查，无论是通过法律授权还是通过自律，都会遭受很大的质疑。

在我国，由于互联网行业自律组织"发育"还不够充分，近年来网络服务商对平台的行政管理责任不断被加以强调和强化。2017 年起实施的《网络安全法》要求互联网服务提供者必须履行对违法犯罪信息的安全审查义务，这其中就包含对淫秽色情内容的审查。同时，我国政府近年来也密集出台各种法规、规章以及规范性文件要求网络服务商承担起平台内容管理的"主体责任"，并不断通过约谈、警告、处罚等多种行政手段加大对违法违规的网络服务商的惩罚力度。

上述做法对于制止网络上的淫秽色情内容具有一定的效果，但是互联网企业内容审查行为的合法性也受到了广泛的质疑。毕竟，企业与行业自律组织一样都是私主体，不具备审查内容合法与否的资格与能力。在强制性的法律义务面前，这些企业对于相关内容的处理不可避免地存在着"过度审查"和"过度过滤"的危险。因此，在互联网淫秽色情内容的治理中，公私主体之间在权责上如何正确地分工与合作成为目前以及未来一段时间内一个格外需要关注的

❶ The memorandum of understanding［EB/OL］.［2018 - 12 - 21］. https：//www. iwf. org. uk/sites/default/files/inline - files/CPS%20ACPO%20S46%20MoU%202014%202. pdf.

❷ 赵鹏. 私人审查的界限：论网络交易平台对用户内容的行政责任［J］. 清华法学，2016（6）：127 - 130.

问题。

当然，由于网络淫秽色情内容的泛滥，而政府的执法资源又是有限的，由网络服务商来承担一定的审查责任似乎是必要之举。所以，今后一段时间，一些相应的配套制度必须尽快建立起来。比如，执法部门应该为企业内容审核人员的训练提供定期的咨询和帮助，企业的内容审核标准和审核程序必须做到公开和透明，对违法、犯罪的处置措施必须交由相应的执法部门作出等。但相比这些措施，也许最该做的还是进一步完善规制标准，抓大放小，重点打击那些危害性较大的淫秽色情内容，并充分发展和完善行业和企业的自律机制。

（责任编辑：张萌）

失信被执行人个人信息保护之完善

——以失信被执行人名单制度为中心[*]

蒋丽华[**]

摘要：我国失信被执行人名单制度对于解决执行难多有裨益，但对于失信被执行人个人信息保护存在不完善之处。在失信被执行名单制度之下，立法对失信被执行人个人信息保护的规定缺失，司法操作层面亦受到轻视。究其缘由，与我国职权主义的执行模式、执行难的困扰、个人信息权属不清以及救济渠道不畅通密不可分。基于个人信息危机和比例原则的要求，我国应强化当事人在执行中的主体地位，并建立反规避执行长效机制，在明确个人信息保护边界的同时完善权利被侵害后的救济途径，从而不断完善我国失信被执行人名单制度，确立失信被执行人个人信息保护机制。

关键词：失信被执行人　失信被执行人名单　个人信息保护

---

* 本文获2017年重庆市社会科学规划重大项目"僵尸企业的退出障碍及优化研究——以执行转破产程序的完善为中心"（批准号：2017ZDYY05）、2018年西南政法大学学生科研创新项目"民事庭审录音录像制度研究"（批准号：2018XZXS–018）资助。

** 蒋丽华，西北政法大学民商法学院讲师，法学博士，主要从事民事诉讼法学研究。

Perfection of Individual Information Protection for Dishonest Obligor: Centered on the System of Dishonest Obligor List

Abstract: The system of dishonest obligor list in China is beneficial to solve the problem of civil enforcement difficulty, but there are still some imperfections. Under the system of dishonest obligor list, the legislation provides for the lack of provisions for the protection of personal information of dishonest obligor, and it is also despised in judicial practice. The reason is inseparable from inquisitorial system of China's civil enforcement model, the hinder of civil enforcement difficulty, the unclear ownership of personal information, and the lack of remedy approach. Based on the personal information crisis and the requirement of the principle of proportionality, China should strengthen the subject status of the parties in civil enforcement, and establish a long – term mechanism for anti – circumvention enforcement, and improve the remedies for the violation of rights while clarifying the boundaries of personal information protection. Therefore, we will continue to improve the list system of dishonest obligor in China and establish a protection mechanism for the personal information of those who were dishonest.

Key words: Dishonest Obligor; Dishonest Obligor list; Individual Information Protection

执行难是司法审判执行工作中多年来的痼疾，法院系统采取了多种措施进行破解。失信被执行人名单制度通过公布具有履行能力却拒不履行义务的被执行人的个人信息的方式，对其社会信誉形成压力从而迫使其自觉履行义务。从相关统计数据来看，失信被执行人名单制度的施行在一定程度上缓解了执行难，不少被执行人因被加入失信被执行人名单之后各种社会活动受阻而自觉履行了生效法律文书。诚然，在执行难依旧是法院执行工作面临的巨大困境且作为主要攻克目标的背景下，失信被执行人名单制度作为重要的手段之一会继续适用。但是，以失信被执行人名单为基础的失信被执行人惩戒机制在适用过程中也产生了新的问题，对于失信被执行个人信息的保护便是其中之一。基于此，本文以失信被执行人名单制度为中心，对我国现有执行程序中对失信被执行人个人信息保护的困境与成因进行分析，并提出完善建议，以期对立法和司法实践有所裨益。

一、问题的提出

失信被执行人名单制度与社会信用体系建设密不可分。失信被执行人名单制度生成于社会信用体系建设的宏观布局，同时亦推进了社会信用体系建设。❶我国失信被执行人名单制度经多年探索立法不断完善，司法实践中也逐步形成了地方特色。但无论是立法还是司法实践，失信被执行人个人信息保护均未受到充分重视，立法上并未有关于失信被执行人个人信息保护的条款，司法实践中也存在对失信被执行人个人信息过度公开的倾向。

（一）我国失信被执行人名单制度概览

我国有关失信被执行人名单制度的立法不断完善，法律、司法解释和部门规章相互配合，实践层面各级人民法院积极探索失信被执行人名单的公示方式以求最大限度地促使失信被执行人履行法定义务。

1. 立法规定

我国失信被执行人名单制度在法律层面的原则性规定为 2007 年《民事诉讼法》第 231 条，之后 2008 年《最高人民法院关于适用〈中华人民共和国民事诉讼法〉执行程序若干问题的解释》第 39 条对于失信被执行人名单公布的方式和费用问题进行了细化规定。为了解决执行难问题并形成全社会协作配合执行工作的新格局，2010 年最高人民法院与 18 个中央部门印发了《关于建立和完善执行联动机制若干问题的意见》。2013 年最高人民法院公布施行《最高人民法院关于公布失信被执行人名单信息的若干规定》（以下简称《失信被执行人名单规定》），2016 年由国家发展改革委员会和最高人民法院等 44 家单位联合签署的《关于对失信被执行人实施联合惩戒的合作备忘录》对失信被执行人从事民商事行为和担任重要职务等进行了全面限制。自此，我国包含法律、司法解释和部门规章相互配合的失信被执行人名单制度初见体系。

从立法规定来看，我国有关失信被执行人名单制度的规定主要包括适用对

---

❶ 胡守勇. 公布失信被执行人名单制度的社会效应 [J]. 重庆社会科学，2013（9）：30 - 34.

象、适用标准、纳入与删除程序、救济程序等方面。❶ 对于失信被执行人名单的公布，立法确立了报纸、广播、电视和互联网等多种途径。在对实践进行总结的基础上，最高人民法院又于2017年对《失信被执行人名单规定》进行了修订和完善。

2. 司法实践

失信被执行人名单制度的司法实践以社会信用体系的建设为依托。最高人民法院于2007年建立了失信被执行人查询平台，通过中国执行信息公开网对失信被执行人信息进行滚动播放并可实现精确查询。浙江省于2009年建立"信用浙江网"，将"老赖"信息导入省征信平台，社会公众可在此网站上进行开放查询。❷ 重庆市法院系统也于2009年和中国人民银行重庆营业部开展了将法院执行信息纳入银行征信系统的试点，并在试点的基础上实现了两者的无缝对接。❸

自2016年最高人民法院提出建设"智慧法院"及"用两到三年时间基本解决执行难"以来，各地法院充分运用大数据、人工智能等技术，全面优化升级失信联合惩戒机制。数据显示，2017年全国各级法院累计公开失信被执行人信息996.1万人次，其中221.5万人次主动履行义务，"一处失信，处处受限"的信用惩戒格局初步形成。❹ 有地方法院将失信被执行人姓名、照片和户籍地址等信息在其经常生活地区进行"精准"曝光，让"老赖"无处遁形从而倒逼其自觉履行义务。❺ 亦有法院对于失信被执行人的子女受教育权进行限制，如不得就读私立学校或剥夺其子女录取资格。❻ 此外，更有法院将县政府等行政机关列入失信被执行人名单❼，充分体现了法院系统解决执行难的决心。

（二）我国失信被执行人个人信息保护中存在的问题

从上述立法及实践梳理来看，我国失信被执行人个人信息保护存在以下两

---

❶ 刘涛，朱燕.《关于公布失信被执行人名单信息的若干规定》的理解与适用［J］. 人民司法，2013（19）：25 – 30.

❷ 余建华，孟焕良. 5000"老赖"主动履行80亿"死债"：浙江执行征信系统成效初显［N］. 人民法院报，2010 – 05 – 27（1）.

❸ 银雪. 重庆法院信息纳入征信系统，背信弃约者无处藏身［EB/OL］.（2009 – 08 – 18）［2018 – 11 – 15］. http：//www. chinanews. com/cj/news/2009/08 – 18/1823963. shtml.

❹ 最高人民法院工作报告（摘要）［N］. 人民法院报，2018 – 03 – 10（2）.

❺ 中国新闻网. 钦南区法院区域化精准曝光失信名单 挤压"老赖"生存空间［EB/OL］.（2018 – 07 – 11）［2018 – 11 – 15］. http：//www. gx. chinanews. com/news/2018/0711/25348. html.

❻ 汪子芳. 父亲欠20万成老赖，儿子上名校分数线却无法录取［EB/OL］.（2018 – 07 – 13）［2018 – 11 – 15］. http：//edu. zjol. com. cn/jyjsb/gx/201807/t20180713_7769461. shtml.

❼ 欧阳晨雨. 县政府上失信"黑名单"：法治面前没有特权［N］. 新京报，2017 – 04 – 01（A03）.

个方面的问题：

其一，立法规定的缺失。综观我国失信被执行人名单制度的相关规定，虽然立法日益丰富且渐成体系，但并未对失信被执行人个人信息保护进行规定。现有立法规定可通过报纸、广播、电视和互联网等方式对失信被执行人名单予以公布，但并未规定公布的边界和限度，更无关于失信被执行人可因过度公开主张个人信息权利救济的规定。立法者更加关注如何通过失信被执行人名单公开的制度设计解决执行难题，认为对被执行人个人信息保护的过多强调不利于充分发挥失信被执行人名单的威慑作用，反而会束缚法院的手脚。因此，虽然我国失信被执行人名单制度的立法不断修订完善，但多从名单列入和删除标准等方面进行细化，并未对失信被执行人个人信息保护进行立法上的考虑。立法规定的缺失在一定程度上导致了司法实践的无序。

其二，司法操作层面的混乱与轻视。司法实践中对失信被执行人名单的公布方式不一。虽然最高人民法院在其官方网站公布失信被执行人名单时对身份信息进行了部分处理，但并未形成统一性的做法。有地方法院将失信被执行人照片和家庭住址等信息也进行了公布，导致一旦成为失信被执行人将致使其个人身份信息全部暴露。虽然此种做法给失信被执行人造成巨大的舆论和精神压力，促使其及时履行义务，但并不能抵消对失信被执行人个人信息权的侵害。总体上看，失信被执行人名单与各种社会福利挂钩并无不妥，从违反诚实信用角度出发，失信被执行人个人信息权的让渡也具有一定合理性，但这些并不能成为披露失信被执行人肖像和家庭住址等隐私信息的正当理由。

二、问题成因分析

我国有关失信被执行人个人信息保护立法规定的缺失及司法实践中的混乱由职权主义的执行模式及执行难的困扰、个人信息权属不清及救济渠道不畅等多种原因共同导致。职权主义的执行模式决定了法院在执行中扮演积极的角色及承担巨大的执行压力；执行难的现实困境导致失信被执行人名单制度的广泛散布与适用；个人信息权属不清与救济渠道不畅导致失信被执行人在其个人信息被不当公布时难以获得救济，加剧了失信被执行人个人信息保护的困境。

（一）职权主义的执行模式

根据民事执行程序的启动和推动主体不同，执行模式可分为职权主义模式和当事人主义模式。目前采职权主义模式的国家主要有法国、瑞典等。在此种模式下，执行权主体在执行过程中居于主导地位，有权选择合适的执行路线，债权人无须在执行程序中不断提出各种申请以推动执行程序。采当事人主义执行模式的国家有美国、英国和德国等国家。在此种模式下，各种执行权主体在当事人的推动下行使权力，其不会为债权人设计和选择强制执行的路径，也不会主动查找债务人或债务人可供执行的财产。❶

我国现行法律和司法解释规定的执行权运行模式为职权主义模式：债权人只要提出申请就可以启动整个执行程序，执行措施亦可以由法院主动为之。此种模式之下，当事人在执行程序中参与程度相当有限，实质上将执行债权人、执行债务人与利害关系人之间的对抗转化为法院与执行债务人及利害关系人之间的紧张关系❷；职权主义执行模式导致法院在执行过程中拥有较多权力的同时也肩负了更重的责任。申请执行人并不需要提供被执行人的财产信息，不似在当事人主义执行模式下，并未全面参与到执行过程中来。在职权主义执行模式之下，法院更加追求执行的推进及效率。失信被执行人名单的广泛公布有助于在最短的时间内使失信被执行人陷入舆论的指责并导致其生活上的种种不便，从而迫使其履行义务。若过分强调对失信被执行人个人信息的保护，则会阻碍执行的进程。

（二）执行难的困扰

执行难一直是我国法院系统欲破解的困局。和我国不同的是，英美法系国家很少讨论执行难问题。首先，英美法系国家采用当事人主义执行模式，被执行人的财产由债权人负责查找并申请执行，执行权主体并不主动进行干预；其次，英美法系国家有较为完善的财产开示制度，并有藐视法庭罪作为拒不执行法院裁判的严厉惩戒；❸ 最后，英美法系国家诉讼费用高昂，当事人基于经济考量，对于难以执行的案件较少起诉，以防止无意义的诉讼花费。在我国，原告起诉时更在意诉讼结果的有利性，对于执行的可能性并无过多预见，导致众多案件难以执行。

2018 年是基本解决执行难的攻坚阶段，法院系统对于解决执行难也进行了多方面的努力，如综合运用经济、行政、纪律及舆论等多种手段开展协同执行

---

❶ 严仁群. 民事执行权论 ［M］. 北京：法律出版社，2007：109.
❷ 高一飞. 阳光下的审判：司法公开实施机制研究 ［M］. 北京：法律出版社，2017：223.
❸ 肖宏开. 美国法院的判决执行制度及其启示 ［J］. 法律适用，2005（3）：89.

机制❶，建立执行退出与财产登记制度❷，开展"执行风暴""零点行动"等专项执行行动。❸ 除此之外，法院系统正在进行的以审判权和执行权分离为中心的对执行权配置模式的探索和改革也将解决执行难作为目标之一。❹ 失信被执行人名单制度作为措施之一，对于解决执行难发挥了积极的作用。对失信被执行人个人信息保护的强调极易成为失信被执行人拖延执行的借口，导致更为严重的执行难。因而，在执行难巨大困扰之下强调对失信被执行人个人信息的保护显得"不合时宜"。

（三）个人信息权属不清

一般认为个人信息包括个人姓名、住址、身份证号码、照片等方面。从范围来看其与隐私权有众多重合之处，因而就个人信息是否属于隐私权的一部分存在争议。如美国使用宽泛的隐私权概念，认为个人信息属于隐私权的一部分而并非独立的权利，采隐私权统一保护个人信息的模式。❺ 也有观点认为个人信息虽然与隐私权存在众多重合之处，但并不能被隐私权体系囊括，其存在众多特殊之处，应作为独立的权利受到保护。在信息时代个人信息的价值正在被充分地挖掘利用，对隐私权的保护难以再涵盖个人信息权的全部价值内涵。❻ 我国《民法总则》第 111 条规定自然人的个人信息受法律保护，虽然并未明确个人信息权是否是独立于隐私权的另一种民事权利，但学界通说认为个人信息权是一种独立于隐私权的民事权利，属于人格权的范畴。❼

笔者赞同学界通说将个人信息权作为独立民事权利的定位。但是，我国个

---

❶ 孙汉忠. 对协同执行机制的分析：以"执行难"的综合治理为视角 [J]. 人民司法，2010 (1)：70 – 73.

❷ 王运慧. 民事执行难问题的原因与对策新探 [J]. 中州学刊，2009 (5)：97 – 99.

❸ 周瑞平. 执行风暴席卷江淮大地：安徽法院开展"江淮风暴"执行攻坚战纪实 [N]. 人民法院报，2018 – 06 – 04 (1)；赵永飞. 王益法院：开展执行"零点行动" [EB/OL]. (2018 – 06 – 29) [2018 – 11 – 15]. http：//wyqfy. chinacourt. org/public/detail. php？id = 796.

❹ 陈杭平. 比较法视野下的执行权配置模式研究：以解决"执行难"问题为中心 [J]. 法学家，2018 (2)：73.

❺ 王利明. 论个人信息权的法律保护：个人信息权与隐私权的界分为中心 [J]. 现代法学，2013 (4)：63.

❻ 郝思洋. 个人信息权确立的双重价值：兼评《民法总则》第 111 条 [J]. 河北法学，2017 (10)：131.

❼ 王利明. 论个人信息权在人格权法中的地位 [J]. 苏州大学学报，2012 (6)：68 – 72；张里安，韩旭志. 大数据时代下个人信息权的私法属性 [J]. 法学论坛，2016 (3)：127；陈星. 大数据时代个人信息权在我国民法典中的确立及其地位 [J]. 北京行政学院学报，2016 (6)：2 – 4.

人信息权利保护依然滞后，尚未形成个人信息保护的规范体系。《个人信息保护法（草案）》[以下简称《信息保护法（草案）》] 虽然对个人信息的内涵和外延、行使、分类和保护进行了初步规定，但并未颁布施行且仍缺乏可操作性。❶ 个人信息权边界的不清与缺乏可操作性反映到执行程序中，导致对失信被执行人个人信息的保护难以贯彻落实。且《民法总则》与《信息保护法（草案）》均将个人信息权保护的主体界定为自然人，单位失信被执行人被排除在保护范围之外。

（四）个人信息权救济渠道不畅

权利救济渠道的畅通在一定程度上可以对权利侵害者形成威慑。对于个人信息被侵害后的救济，虽然《刑法》第 253 条之一、《网络安全法》第 40～44 条等法律进行了相应规定，却难以弥补民事立法对个人信息直接保护的不足。个人信息权作为一项民事权利，《民法总则》和其他民事法律并未全面规定相应的保护措施。《侵权责任法》第 2 条将隐私权作为保护对象，在司法实践中法院也往往采取隐私权保护的方法为个人信息权利人提供救济。❷

我国《民事诉讼法》并无直接关于失信被执行人个人信息不当披露的保护条款。和普通主体侵犯公民个人信息权不同，法院作为国家机关不当披露失信被执行人信息的行为具有特殊性。基于《民事诉讼法》第 225 条的规定，被执行人可以对法院的违法行为提出执行行为异议，但异议成立的结果是撤销或改正不当执行行为。对于法院不当披露失信被执行人信息行为造成的损害，程序法并未提供救济途径。基于《行政诉讼法》的规定，人民法院并非行政诉讼主体，不能作为行政诉讼的被告。《国家赔偿法》第 38 条的规定并未将不当公布失信被执行人名单造成的损害列入国家赔偿救济的范围。若考虑民法上的人格权或侵权责任救济途径，又面临法院公布失信被执行人名单为司法行为，而非平等主体之间民事活动，所产生的救济问题。

三、失信被执行人个人信息保护考

失信被执行人拒不执行生效判决的行为违反了民事诉讼中的诚实信用原则，

---

❶ 如《个人信息保护法（草案）》第 22 条规定了国家机关对个人信息的处理和利用范围与限度。但此草案并未对"社会公共利益""他人权益"的边界进行界定。

❷ 参见：冒风军诉中国电信集团黄页信息有限公司南通分公司等隐私权纠纷案民事判决书[（2011）通中民二初字第 0952 号]；罗某诉某保险公司隐私权纠纷案民事判决书 [（2014）郴北民二初字第 947 号]。

对此原则的违反为失信被执行人权利的让渡提供了理论支撑。被执行人的失信行为危害了公共利益，对其个人信息进行公布是私人权益在公共利益面前的合理让渡，但此种让渡并非没有边界。基于个人信息安全危机和比例原则的要求，失信被执行人的个人信息权也应得到保护。和我国失信被执行人名单制度相比，德国和韩国债务人名簿制度的公开理念与具体规定值得我国借鉴。

（一）失信被执行人个人信息保护的必要性分析

1. 个人信息安全危机

信息化建设的推进和互联网应用的普及推动社会发展和变革的同时，也导致个人信息相比传统社会更容易受到侵犯。我国《网络安全法》等以互联网为主的信息规制法律的出台也充分反映出个人信息安全保护的危机。有关个人信息被侵犯的报道日益增多。身份信息、联系方式等个人信息的泄露不仅给被泄露者生活造成不便，也增加了通过利用个人信息进行犯罪的可能性。《中国个人信息安全和隐私保护报告》统计表明个人信息安全已经成为社会的普遍焦虑，虽然信息侵权行为不断增多，但社会公众仍面临救济上的困境。一方面，公众在个人信息被侵害之后无所适从，不知如何救济；另一方面，司法救济层面面临举证困难上的不利，被侵害者维权困难且动力不足。❶

失信被执行人的不诚信行为虽然应该受到谴责，但不能以此抹杀对其个人信息进行保护的必要性。和域外国家相比，我国失信被执行人名单及其个人信息存在过度公布的倾向，有些非官方网站也设置了失信被执行人查询链接通道。在个人信息权日益受到重视的情况下，对失信被执行人个人信息的保护亦有必要。此种保护并不是否认失信被执行人名单制度，而是对于失信被执行人名单的查阅和公布进行一定的限制，力图做到既能达到对失信被执行人进行威慑和惩戒的效果，亦能保护失信被执行人的个人信息不被过度传播和非法利用。

2. 比例原则的要求

在执行过程中适用比例原则有助于审查强制执行行为的合理性，进而规范执行机关的行为。❷ 我国在深入推进司法公开的过程中进行了多项探索，如裁判文书公开。但是在裁判文书公开的过程中较好地遵循了比例原则，法院在上传

---

❶ 中国青年政治学院，封面智库. 中国个人信息安全和隐私保护报告 [EB/OL]. (2017 – 06 – 09) [2018 – 11 – 15]. http：//ishare. iask. sina. com. cn/f/1qkF7JredQyb. html.

❷ 李昌超，齐路. 论比例原则在强制执行中适用之困境及消解 [J]. 新疆大学学报（哲学·人文社会科学版），2017（2）：42.

裁判文书时对出现的当事人个人信息进行了处理，既保障了公众对司法的监督权，也顾及了诉讼当事人的个人信息权益。强制执行是指人民法院的执行组织依照法律规定的程序和方式，运用国家的强制力量，在负有义务的一方当事人拒不履行义务时强制其履行义务，从而实现生效法律文书内容的一种诉讼活动。❶ 根据我国"民事强制执行法草案（第六稿）"第1条对于强制执行目的的规定，可知我国并未将实现债权人的债权作为强制执行的唯一目的，而是要公平地保护执行当事人和利害关系人的合法权益。在执行程序中，不能因维护公共利益的需要而取消对被执行人基本权利的保护。公布失信被执行人名单在一定程度上限制了失信被执行人的个人信息权，也应当受到相应的限制，即"限制的限制"。

虽然个人信息权并非绝对的权利，但我国在公布失信被执行人名单过程中并未做到个人信息保护与司法活动之间的协调。根据比例原则的要求，失信被执行人虽然妨碍了国家秩序和社会生活的良性运转，但并不能以此否定其享有的基本权利。对失信被执行人采取的"零点行动""执行风暴"及对个人信息的过度公布不仅存在侵害被执行人权利的弊端，而且消耗着司法的公信力和民众的信赖。因此，对于失信被执行人以公布名单等方式的惩戒须遵循比例原则，不能无视其个人信息权而对名单进行不设限的公开，更不应公布其照片和家庭住址等过于隐私的信息。

（二）失信被执行人个人信息保护制度域外考察

1. 德国

债务人名簿制度是德国间接强制执行措施之一。❷ 间接强制执行是指执行机关不直接以强制力实现债权人的权利，而是科以债务人以一定的不利益，迫使债务人自觉履行债务的执行。❸ 修改前的德国债务人名簿制度记载执行法院作出代宣誓保证的债务人和依法命令拘留的债务人❹，修改后的债务人名簿制度将代宣誓保证与债务人名簿制度相分离。基于德国《民事诉讼法》第882条之三的规定，在债务人未履行财产报告义务、债务人无法清偿债务和债务人在提供财

❶ 张卫平. 民事诉讼法［M］. 4 版. 北京：法律出版社，2016：481.

❷ 孔令章. 德国民事间接执行制度研究：兼论民事间接执行补充性理论［J］. 河北法学，2010（1）：174.

❸ 杨与龄. 强制执行法论［M］. 北京：中国政法大学出版社，2002：10.

❹ 百晓锋，王亚新. 失信被执行人名单制度的中国特色：基于与德国债务人名册制度对比的视角［N］. 人民法院报，2013 – 07 – 24（8）.

产报告或交付财产清单后一个月内无法清偿债务的情形下，主管执行员应依职权将债务人记入债务人名簿。❶ 德国债务人名簿制度与财产开示制度紧密相连，具有两大功能：其一是通过记录债务人信用的方式进行制裁并督促其自觉履行义务；其二是基于维护公共利益的需要，对潜在的风险进行预警。❷

德国债务人名簿的使用条件较为严格，并且不向社会公众公开，只允许特定利害关系人进行查询。❸ 除对债务人名簿查询收取一定的费用外，查询须基于特定的目的，对于信息的使用也只能基于查询时提供的目的，且在查询目的实现后应当将相关信息予以删除。❹ 债务人名簿的副本可以发给关系人，但是副本应当保密，不得提供给第三人。相关细则的制定须确保具有明确使用目的的注册用户检索，且每次检索均被记录；用户因不定检索或使用数据造成权利滥用，将会被取消查看数据的资格。

2. 韩国

韩国民事执行法采用大陆法系国家传统的分类方式，将对债权的执行分为金钱债权的执行和非金钱债权的执行。财产明示制度和债务不履行者名簿制度是确保金钱债权得以实现的重要手段。债务不履行者名簿制度是韩国1989年修改民事诉讼法时，借鉴德国债务人名簿制度而新设的执行威慑机制。❺ 此制度作为一种间接强制措施，只有在强制执行遇到阻碍时才允许债权人申请登载。根据《韩国民事执行法》第70条第1项的规定，对于债务人未在法定期限内履行支付金钱的义务或违反财产明示义务而受到监督处罚的，债权人可以向法院书面申请登载债务人。韩国债务不履行者名簿制度的目的是向信用社会的公众公开不履行债务或者违反明示义务的债务人名单，以维护社会信用体系，保障经济交易安全，同时迫使债务人自觉偿还债务和履行明示义务。❻

韩国债务不履行者名簿由作出登载决定的法院备案，由司法辅佐官负责将名簿的副本送达债务人住所地的行政长官、金融机关或有关团体的负责人。韩国对于债务不履行者名簿的查阅和复制并未进行限制，即任何人均可对申请阅

❶ 德国民事诉讼法 [M]. 丁启明，译. 厦门：厦门大学出版社，2016：211.

❷ 常廷彬，朱朝晖. 德国债务人财产开示制度的最新发展及对我国的启示 [J]. 探求，2017 (5)：70.

❸ 杨柳. 债务人名录制度：机理分析与建设构想：以德国债务人名录制度为起点 [J]. 南京大学法律评论，2015 (春季卷)：316.

❹ 杨柳. 德国民事执行之财产释明制度研究 [D]. 南京：南京理工大学，2012：79.

❺ 马登科. 民事执行的现代化转型与制度创新：以威慑机制和人权保障的冲突与融合为背景 [M]. 厦门：厦门大学出版社，2014：231.

❻ 江必新. 比较强制执行法 [M]. 北京：中国法制出版社，2014：328.

览和复制该名簿，但禁止以印刷品的形式公开该名簿，体现了对债务不履行者的个人信息和信用给予一定程度的保护。❶

四、我国失信被执行人个人信息保护制度的完善

我国失信被执行人个人信息保护制度的完善是一个系统性的工程，既需要弱化法官在执行过程中的职权，强化当事人在执行中的主体地位，也需要建立反规避执行的长效机制解决执行难问题，减轻对失信被执行人名单制度的依赖。立法应明确个人信息保护的边界，便于对失信被执行名单公布是否构成侵权的认定提供依据，并借鉴域外失信被执行人名簿制度对我国失信被执行人名单的公布作出适当限制。此外，应确保我国失信被执行人权利救济渠道的畅通，既要防止失信被执行人名单制度异化为被执行人名单制度，又要为失信被执行人名单不当公布造成的损害提供复议和诉讼救济渠道。

（一）强化当事人在执行中的主体地位

我国执行难治理在"基本解决执行难"的全面开展下逐步步入正轨。纵然导致执行难的原因有司法权的弱势、被执行人的不自觉以及社会管理和信用体制等多方面的原因，但法院仍承担着无法解决执行难的诸多抱怨。法院的此种压力与我国职权主义的执行模式密切相关。在职权主义执行模式之下，法院承担着查找被执行人下落和财产的重任，但相关规则的建构却相对滞后。调查职权集中在法院手中，债权人不仅缺乏有效的财产调查途径，而且缺乏当事人主义执行模式下所具有的主动性和积极性。此种执行模式之下，法院调查被执行人财产的权限很少受到限制，无须告知当事人。虽然执行行为异议和异议之诉为法院执行提供了监督渠道，但仍赋予法院在执行中过大的职权。一旦债权人的权益无法得到实现，就很容易将不利的后果归责于法院，对法院是否依法履行职责产生怀疑。❷

在当事人主义执行模式下，当事人须积极参与到执行程序中，负责被执行人及其财产的查找。此种执行模式之下法院的执行程序由当事人推动，也不会承担债权无法实现的后果。东西方社会基础和诉讼整体架构存在差别，实现由职权主义执行模式向当事人主义的彻底转变并非适合我国国情，但当事人主义

---

❶ 林婷莉. 我国失信被执行人信用惩戒制度的完善：基于德韩两国比较借鉴 [J]. 绵阳师范学院学报，2016（12）：53.

❷ 百晓锋. 中国民事执行年度观察报告（2016）[J]. 当代法学，2017（3）：148 – 149.

执行模式中仍有众多值得借鉴之处。我国应当在实现社会信息共享的基础上强化当事人主体地位，充分保障当事人在执行程序中的程序参与权，以此建立起符合现代执行理论的执行体制。❶ 当事人积极参与到执行程序中来，不仅有利于更大限度地查找被执行人的财产，还可通过保障当事人的程序参与权消解对法院执行不力的过度谴责。强化当事人在执行中的主体地位可以降低对失信被执行人名单缓和执行难的过度期待，减少对失信被执行人个人信息的过度公开。

（二）建立反规避执行长效机制

执行难并非单一的执行措施和专项执行活动可以解决，而是需要建立反规避执行的长效机制。民事执行的成功很大程度上取决于对被执行人财产信息的掌握，对此我国各地法院进行了积极的探索。❷ 反规避执行长效机制应在全国范围内进行推广，并主要围绕建立和完善财产保全机制、完善被执行人财产查控机制、完善执行联动机制、完善破产机制和建立规避执行的惩戒和监督机制等方面展开。❸

以德国为代表的国家将债务人名簿制度与财产释明制度相衔接，将其作为财产释明制度良好运行的保障手段之一。❹ 我国与域外国家不同，仅将失信被执行人名单的适用限于被执行人有履行能力而不履行生效裁判的特定情形，适用范围较窄。在此种狭窄的适用范围之下对反规避执行的规制滞后，也使得法院为了最大限度发挥失信被执行人名单的功能而过度进行公开。因此，从建立反规避执行长效机制角度考虑，应将失信被执行人名单制度与财产公示制度相结合。

（三）明确个人信息公开的方式与内容

我国《失信被执行人名单规定》规定了法院依职权和债权人申请两种发布失信被执行人名单的方式。基于执行法院、申请执行人和被执行人三方中立的法律关系，失信被执行人名单的公布应由债权人以书面的方式进行申请。❺ 笔者认为此举有助于发挥当事人在诉讼中的主体地位，使执行机关保持中立。即一

---

❶ 高一飞. 阳光下的审判：司法公开实施机制研究 [M]. 北京：法律出版社，2017：223.

❷ 余建华，方璐. 杭州：五举措构建反规避执行长效机制 [N]. 人民法院报，2012－03－20（8）；张晓敏. 信息共享、警示宣传、联动调查：天津构建防范和打击规避执行长效机制 [N]. 人民法院报，2011－04－28（1）.

❸ 江必新. 建立长效机制根治规避执行 [N]. 人民法院报，2011－09－28（17）.

❹ 杨柳. 德国财产释明制度对应下的我国强制债务人财产申报制度 [J]. 社会科学辑刊，2012（1）：100.

❺ 王杏飞. 失信被执行人名单制度的完善 [N]. 人民法院报，2016－07－27（8）.

般情形执行法院基于债权人的书面申请对失信被执行人个人名单进行公布，但对于涉及国家利益和社会公共利益的债权，法院可以依职权主动进行公布。

执行联动机制之下，除人民法院之外，各个行政机关、行业协会、金融机构等均可获得失信被执行人名单。信息化背景之下过度的公开容易对被错误加入名单的被执行人以及即时履行了义务的失信被执行人造成过度的信用损害，也容易导致失信被执行人名单被不法利用。相比之下，德国的债务人名簿和韩国的债务不履行者名簿虽然允许查阅和复制，但并未通过网络、新闻媒体等大众传媒方式公开。笔者认为，在失信被执行人个人信息公开的方式上，我国对于网络、新闻、媒体公开完全禁止不符合实际，但应该有所限制。在公开内容上，应当区分精确公开和模糊公开。在精确公开方面，查询失信被执行人信息的，应当以实名制信息进行查询，禁止进行查询目的外的使用；在模糊公开方面，不应公布失信被执行人的照片和家庭住址等过于私密的信息。❶

（四）完善个人信息权利救济机制

首先，应在《民事诉讼法》中增加公布失信被执行人个人信息之前的通知和听取陈述的规定，以及明确规定不当公布失信被执行人个人信息时被执行人提起执行行为异议的权利，包括但不限于因公布失信被执行人照片和家庭住址等过于私密的信息的行为。执行法院在公布失信被执行人名单及其个人信息时应当向失信被执行人发出通知并说明此公布对其可能造成的信用损失和生活上的不便。对于公布的方式和公布的内容执行，法院也应当进行详细列明。对于执行人员不当公布失信被执行人个人信息的行为，失信被执行人有权向执行法院申请执行行为异议和复议，要求执行法院对不当公开的行为进行纠正，并给予执行人员内部行政制裁。

其次，应在《国家赔偿法》中明确规定不当公布失信被执行人个人信息的求偿条款。个人信息权与隐私权有所区别，其具有人格权和财产权的双重属性，不仅可以主张精神损害赔偿，还可以主张财产性的赔偿。❷因此，对于不当公布失信被执行人个人信息并造成损害的，受害被执行人可以请求国家赔偿，包括精神损害赔偿和财产损害赔偿。

---

❶ 林婷莉. 我国失信被执行人信用惩戒制度的完善：基于德韩两国比较借鉴 [J]. 绵阳师范学院学报，2016（12）：55.

❷ 沈德咏.《中华人民共和国民法总则》条文理解与适用 [M]. 北京：人民法院出版社，2017：764.

五、结语

在民事执行领域，我国面临着执行难和执行乱等方面的困境。信息技术的发展在某些方面起到了缓和作用，但难以彻底消除问题。以失信被执行人名单为基础的执行联动和威慑机制反映了国家通过强有力的组织系统对于被执行人的失信行为进行规制的决心。虽然此举在解决执行难方面收到了一定的效果，但也加剧了执行乱的现象。单纯地对失信被执行个人名单进行公布并不能彻底地解决执行难，过度的公开反而有侵害被执行人个人信息权之嫌。在现代信息社会，个人信息安全问题日益严峻，以过度让渡个人信息权的方式对失信行为进行惩罚不是明智之举。对现行执行制度进行彻底的变革并非易事，而查缺补漏式的缓缓图之虽有成效，但终须进行系统的设计。在个人信息已成为一种民事权利的现实图景下，我国失信被执行人名单制度应在解决执行难和个人信息保护之间寻找到平衡点。

（责任编辑：刘志颖）

欧盟网络内容服务提供商责任的转变

——论欧盟《数字化单一市场版权指令》之过滤器条款

陈可欣[*]

摘要：欧盟正式通过《数字化单一市场版权指令》，其中第17条要求网络内容服务提供商应采取上传安装过滤器等必要的内容审查措施以解决平台监管责任问题。这意味着，网络内容服务提供商将对平台上的内容开始承担直接的侵权责任。本文就此次欧盟版权法改革中，网络内容服务提供商责任的转变、过滤器条款的产生原因及争议为读者提供一定的背景信息并予以介绍和分析。总结欧盟此次版权数字化改革中产生的有益举措以及对《数字化单一市场版权指令》第17条过滤器条款的解读，对于我国版权制度的改革，特别是对于在新的技术背景下，网络内容服务提供商责任的重构具有重要的研究意义。

关键词：网络服务提供商　欧盟指令　过滤技术　平台责任　版权侵权

---

* 陈可欣，厦门大学知识产权研究院2016级博士研究生。

Changes in the Liability of ISPs in EU: On the "Upload Filter" Provision of the *Copyright in the Digital Single Market Directive*

Abstract: EU formally adopted the *Copyright in the Digital Single Market Directive*, the article 17 of the Directive requires ISPs should adopt some measures of content censorship, for example, upload and install filter, to solve the regulatory responsibility of platforms problem, which means the ISPs in EU should take the direct infringement liability for those content be uploaded to their platforms. This article introduces and analyzes the changes of the rules on ISP's liability and the causes and disputes of the "upload filter" provision on the background of the reconstitution of copyright system in the EU in digital era. To conclude the beneficial measures in the EU copyright digitization reform and interpret the "upload filter" clause in article 17 of DSM Directive has important research significance on the reconstitution of ISPs' liability under the new technical background.

Key words: ISPs; EU Directive; Filtration Technology; Platforms Liability; Copyright Infringement

在经历了几次的延期搁浅之后，2019 年 3 月 26 日，欧洲议会投票通过了由欧盟委员会在 2016 年 9 月拟议公布的《数字化单一市场版权指令》❶（英文为 DSM Directive，以下简称"DSM 指令"）。此次投票结果被欧洲互联网行业和美国谷歌公司称为"最受打击的结果"，而波兰也在近期向欧洲法院（CJEU）提出诉讼——其反对 DSM 指令的理由是它会对平台合法内容带来过度审查，违反了欧盟基本条例并为本国宪法所禁止。

DSM 指令旨在改变欧洲现有版权法案，以迎合当下版权数字化变革状况。在 DSM 指令草案中，欧盟委员会特别寻求通过该指令增强网络内容服务提供商

---

❶ Proposal for a Directive of the European Parliament and of the Council on Copyright in the Digital Single Market and amending Directives 96/9/EC and 2001/29/EC [EB/OL]. [2019 - 03 - 20]. http://www.europarl.europa.eu/doceo/document/A - 8 - 2018 - 0245 - AM - 271 - 271_EN.pdf.

（也被称作"网络平台服务商"或"在线内容服务商"，其代表是 Youtube 等存储并提供网络用户上传原创内容渠道的平台，即"user - generated content plat-forms"，以下简称"UGC 平台"）的"特定注意义务"，以期提高网络内容服务提供商的监管责任。

目前欧洲议会对 DSM 指令的表决虽已通过，但仍然遭受着来自各方的质询和欧盟内互联网企业的反对之声。欧盟立法者必须尽快解决各成员国对于新指令产生的相关问题，其结果将决定未来在欧洲数字环境下使用版权内容的新模式。同时，DSM 指令第 17 条关于 UGC 平台安装上传过滤器的规定（以下简称"过滤器条款"）也成为 DSM 指令合法与否的变数所在。

一、问题的产生：UGC 的崛起与欧洲版权数字化革命

从 21 世纪初开始，欧洲公民就在不断体验着参与式网络（participative web）2.0 时代带来的数字化的社会生活。参与式网络的概念基于一个能日益受到智能网络服务影响的互联网体系。智能网络服务可以为用户开发、评级、协作和共享互联网内容以及定制互联网应用程序做出贡献。简单地说，有了上传照片、电影、音乐和文本的机会，参与式网络 2.0 将从前处于被动地位的用户转变为主动的贡献者；用户利用新的互联网应用程序创建属于自己的内容（user - gen-erated content，UGC），通过在线讨论、新闻论坛、社交媒体和内容库，公开、民主地交换观点和想法。在 UGC 的价值链中，用户依靠设备、软件、UGC 平台和网络服务提供商直接在 UGC 平台上创建和发布内容。越来越多的商业公司和投资者开始参与到 UGC 的提供和分发之中，例如广告行业、搜索引擎或是拥有 UGC 平台或从中选择内容的媒体公司。❶

在欧盟，UGC 平台带来的行业发展已经成为一个重要的经济现象，开始影响欧盟的各个行业。在 UGC 实现货币化的过程中，UGC 平台扮演着最重要的角色，即直接参与内容创造者的报酬分配。到目前为止，最常见的报酬分配模式是内容创造者为 UGC 平台的服务付费，然后根据其在 UGC 平台上发布内容的受欢迎程度（例如，通过订阅服务）获得报酬，最后由 UGC 平台将收入重新分配

---

❶ 参见：Directorate for Science, Technology and Industry Committee for Information, Computer and Com-munications Policy, 6。

给内容创造者。❶

UGC 及 UGC 平台的迅速崛起对内容的创建和消费方式以及传统内容供应商构成了一股重要的颠覆性力量，为欧盟版权市场的参与者及其战略创造了机遇和挑战。欧盟委员会开始意识到版权现代化的重要性。2010 年 5 月，欧盟启动"欧洲数字议程"战略，预示着欧盟正式启动新一轮版权领域的改革。在此背景下，DSM 指令为落实欧盟版权规则的现代化而出台。这也为欧盟版权产业的发展以及版权保护的环境带来了新的问题。一方面，越来越多的欧盟权利人开始担心在参与式网络 2.0 的环境下，欧盟现行的版权规定能否确保新形式的在线内容传播所产生的价值得到公平分享？在当前欧盟的监管环境下，DSM 指令的出台将会对新创意来源和言论自由产生什么样的影响？毫无疑问，DSM 指令第 17 条的过滤器条款得到了欧洲国家传统新闻媒体广泛支持❷的同时也遭到了互联网企业大鳄及一些公民社会组织的强烈反对。❸ 欧盟机构该如何平衡过滤器条款给各利益相对方带来的影响？过滤器条款将如何被运用到具体的实践中？另一方面，Youtube 等 UGC 平台未经允许上传大量版权保护作品，损害了欧盟各国权利人的利益，这也引发了关于版权侵权的微妙问题，即在什么情况下网络内容服务提供商须对用户上载的侵权内容负责？网络内容服务提供商对 UGC 的监管责任门槛是否需要提高？接下来本文将对以上问题的背景资料进行考察并进一步提供论证。

二、关于过滤器条款的规定

DSM 指令第 17 条（原 DSM 指令草案第 13 条）也被称作过滤器条款。欧盟法律委员会声明 DSM 指令第 17 条的目的是为了寻求建立一个更加严格的责任制度，试图取消网络服务提供商的责任豁免特权，强调各个 UGC 平台有责任监督用户并阻止其上传侵权内容。委员会特别提出"强化创作者的地位，使其可以

---

❶ LEE E. Warming up to user – generated content［J］. University of Illinois Law Review, 2008（5）: 1459 – 1460, 1529.

❷ 2018 年 9 月 4 日，法国新闻社、英国报纸联合社、德国德意志新闻社等欧洲主流通讯社曾联名公开表示，支持法案里的这一新规。

❸ 互联网企业大鳄与公民组织的反对之声参见：MAACK M M. The EU's disastrous copyright reform, explained by its lovers and haters［EB/OL］.（2018 – 06 – 19）［2019 – 06 – 02］. https://thenextweb. com/eu/2018/06/19/the – eus – disastrous – copyright – reform – explained.

与互联网公司平等地签订许可协议或获得授权并通过对其内容使用获得合理报酬。"❶ 该目的在第 17 条第 1 款中得到了实现:"网络内容服务提供商向公众提供其用户上传的受版权保护的作品或其他受保护的主题内容的行为构成向公众传播的行为或向公众提供的行为。"❷ 这是欧盟委员会首次在版权立法中承认网络内容服务提供商存储并提供用户上传作品的行为构成向公众传播行为的性质❸,该行为性质的确定代表网络平台服务商将有义务与提供作品的权利人订立版权许可协议,被上传作品的权利人有权向其要求报酬。该项规定具有转折性的意义:它背离了原先确立的原则,即区分直接的、首要的版权责任(内容上传者的责任)和间接的、次要的版权责任(存储并提供其用户上传作品的平台服务商的责任),使得网络内容服务提供商要对其用户上传的侵权内容负担直接的版权侵权责任。在 DSM 指令第 17 条出台之前,对侵权内容的明知是构成网络平台服务商版权注意义务的必要条件,网络内容服务商只在未履行"及时删除侵权内容"的义务的情况下才需要承担相应的侵权责任❹。

关于督促内容服务提供商使用过滤技术措施的内容出现在 DSM 指令第 17 条第 4 款,这也是为何该项条文被称作过滤器条款的核心因素。第 17 条第 4 款是一项普遍适用的制度,是对欧盟委员会在提出 DSM 指令时要求采用法律规则对网络服务提供者施加更强有力的义务以遏制在线版权侵权行为做出的回应。它规定当权利人没有向 UGC 平台授予特定作品的许可时,除非网络内容服务提供商能够满足以下 4 项标准,否则无法避免侵权:

---

❶ CAMILLERI M. Why copyright in the DSM directive should be saved [EB/OL]. [2019 – 05 – 16]. https://www. maltatoday. com. mt/comment/blogs/88233/why_copyright_in_the_dsm_directive_should_be_saved#. XRoZCpMzY2.

❷ Article 17 (1) of the Council text of the DSM Directive [EB/OL]. [2019 – 06 – 02] http://www. europarl. europa. eu/doceo/document/A – 8 – 2018 – 0245 – AM – 271 – 271_EN. pdf.

❸ 此前,欧盟法院均是通过判例确定该行为性质,例如,欧盟法院在 GS Media 诉 Sanoma 案中指出,设链者以营利为目的,则推定其完全知道被链作品受保护且未获授权,应据此认为 GS Media 构成"向公众传播"。

❹ 长期以来,欧盟法院即使是在影响最深远的案例中也没有削弱网络平台服务商注意义务中对侵权内容"明知"的标准。例如,在 Brein(Filmspeler)案(CJEU, 26 April 2017, case C – 527/15)中,欧盟法院对侵权行为的裁决是基于这样一个事实:"Filmspeler"多媒体是在对预先安装的包含超链接的附加组件允许用户在访问互联网时发布侵权内容完全明知的情况下进行销售。在 Brein(Pirate Bay)案(CJEU, 14 June 2017, case 610/15)中,欧盟法院判决网站经营者侵权的决定性原因是 Pirate Bay 的经营者不可能不知道他们的平台向公众提供了可以接触未经授权作品的途径。

（1）为了获得权利人的授权已尽最大努力；

（2）按照高水平的行业敬业勤勉标准，通过实施有效和相称的措施，尽最大努力来防止提供权利人的特定作品或其他相关的事项以及必要的资料；

（3）在收到权利人发出的具有充分理由的通知后，迅速采取行动，禁止访问并从网站删除所通知的侵权内容；

（4）按照高水平的行业敬业勤勉标准，已尽最大努力通过所述措施来防止侵权内容在未来被继续上传的可能。❶

虽然对于"必要和相称的措施"的解释是模糊不清的，但以上对网络服务提供商责任制度的四步限制可以合理地解释为有意实现以下结果：即用户在上传内容时，UGC 平台必须对其上传的内容进行审核，使用有效的内容识别措施，例如利用过滤器监测内容，以确保没有侵权之行为。❷ 此外，为了评估服务提供商是否尽到"最大努力"的标准，DSM 指令第 17 条第 5 款规定根据比例原则调整责任制度，在考虑任何步骤的效力时，应考虑到包括服务的种类、对象和规模，现有手段的发展状况和服务提供者的费用。

为了在一定程度上平衡用户和在线共享服务商的权利，防止过滤技术等识别措施导致作品的合理使用被无理中止，DSM 指令对于责任制度的适用范围、补救和投诉机制等也进行了制度设计，然而目前仍体现出很多模棱两可之处：

第一，对于责任制度适用主体的范围，仅旨在针对那些通过与在线音频或视频流服务等其他服务竞争，为同一客户在在线内容市场上扮演"重要角色"（important role）的在线内容共享服务，服务的"主要目的"（或"主要目的之一"）是为了提供对用户上传的"大量"受版权保护内容的访问权限，并且是为了营利目的而组织和推广。但是 DSM 指令目前没有给出"大量"的标准，只是表示会在将来根据非详尽的标准列表逐案评估"大量"的数额。❸ 欧盟委员会出于对适用范围"过于宽松"的担忧缩小了受规则影响的在线内容共享服务的定义，明确排除了非营利性的在线百科网站（例如维基百科）、非营利性教育和科

❶ Article 17 (4) of the Council Text of the DSM Directive ［EB/OL］. ［2019 - 06 - 02］http：//www. europarl. europa. eu/doceo/document/A - 8 - 2018 - 0245 - AM - 271 - 271_EN. pdf.

❷ COLLINS K. Article 13：Europe's hotly debated revamp of copyright law, explained ［EB/OL］. ［2019 - 05 - 16］. https：//www. cnet. com/news/article - 13 - europes - hotly - debated - eu - copyright - law - explained.

❸ Recital 37b of the Council Text of the DSM Directive ［EB/OL］. ［2019 - 06 - 02］. http：//www. europarl. europa. eu/doceo/document/A - 8 - 2018 - 0245 - AM - 271 - 271_EN. pdf.

学资料库或 GitHub 等开源软件开发和共享平台、个人云服务以及从事数字拷贝的在线零售市场。对于收入较低的 UGC 平台服务商来说，初创平台需要遵守的法律义务将会轻一些。❶

第二，DSM 指令中原则性规定了第 17 条责任制度的适用不得影响合法作品的使用——特别是版权例外或限制所涵盖的作品，不得导致阻止非侵权内容，同时确保合法上传的内容不被阻止❷。指令的适用不会导致一般性的监控义务，在线内容服务提供商应按照权利人的请求向其提供许可协议中提到的有关措施运作的充分信息并在必要的时候向他们汇报作品识别与使用的情况。❸ 指令还原则性规定了内容共享服务必须建立强制性投诉和补救机制，用户可以通过该机制对内容共享服务决策进行竞争，以删除或禁止访问他们上传的内容。❹ 该机制必须"有效和迅速"，投诉"不得无故拖延"❺，但 DSM 指令并没有对投诉和补救机制的细节进行更多的规定。此外，对于删除或禁止访问上载内容的最终决定，必须进行人工审核。

总体而言，DSM 指令中有关过滤器条款的规定具有转折性的意义，但同时因其冗长的文本和大量原则性的规定使其充满着法律上的不确定性，这对于网络运营商与权利人而言不是一个完美的结果。❻ 虽然欧盟委员会表示 DSM 指令生效之后，会与在线内容服务提供商、权利人、用户组织和其他相关利益攸关方共同讨论合作的最佳实践，就 DMS 指令第 17 条的适用特别是其第 4 款关于责

---

❶ DSM 指令第 17 条第 6 款规定了义务较轻的初创企业制度，对于满足以下 3 个条件的内容共享服务商，只需遵守责任制度的第 1 步（尽最大努力获得权利持有者的授权，并迅速响应通知和取消请求）：向欧盟公众提供的服务不到 3 年时间；年营业额低于 1000 万欧元；每月独立访客的平均数目不超过 500 万。符合时间和营业额标准但其受欢迎程度超过 500 万的内容共享服务还必须遵守责任制度的第 4 步（通知和停留）。然而，目前尚不清楚"最佳努力"的哪个标准适用于这些内容共享服务的行为。

❷ Article 17 (7) of the Council Text of the DSM Directive [EB/OL]. [2019 – 06 – 02]. http://www. europarl. europa. eu/doceo/document/A – 8 – 2018 – 0245 – AM – 271 – 271_EN. pdf.

❸ Article 17 (8) of the Council Text of the DSM Directive [EB/OL]. [2019 – 06 – 02]. http://www. europarl. europa. eu/doceo/document/A – 8 – 2018 – 0245 – AM – 271 – 271_EN. pdf.

❹ Article 17 (9) of the Council Text of the DSM Directive [EB/OL]. [2019 – 06 – 02]. http://www. europarl. europa. eu/doceo/document/A – 8 – 2018 – 0245 – AM – 271 – 271_EN. pdf.

❺ Recital 39a, §3 of the Council Text of the DSM Directive [EB/OL]. [2019 – 06 – 02]. http://www. europarl. europa. eu/doceo/document/A – 8 – 2018 – 0245 – AM – 271 – 271_EN. pdf.

❻ 据路透社报道，在欧洲议会进行上述投票之后，谷歌表示目前通过的这个版本与最初的法规相比有所改进，但同时补充称其仍将带来法律上的不确定性并导致创意产业受损。

任制度的限制发布应用指南❶，但在指南发布之前，还有很多问题待解答，包括网络服务提供商该如何应对在线版权内容做出"必要和相称的措施"？是否意味着强制性的监控和过滤义务？权利人该如何合作以识别内容，防止删除合法内容？还有关于一些标准模糊的问题，包括与内容共享服务的各种义务相关的"最佳努力"的明确解释是什么？❷ 以及哪些服务属于定义范围内的在线内容共享服务？以上都是 CJEU 与欧盟委员会最终必须在指南中作出回应的问题。

三、过滤器条款转变在线服务提供商责任的原因考察

如前所述，在欧盟，过滤器条款带来了巨大的分歧和争论。有学者认为过滤器条款完全背离了欧盟从前判例法中对网络服务提供商责任主观要件的构成，抛弃了"明知"和"有理由知道"的标准，而在欧盟此前的判例法中网络内容服务提供商仅提供存储和让公众访问的行为并不会导致 UGC 平台对上传至平台的侵权内容承担直接的责任。因此，有可能相信过滤器条款将不会得到 CJEU 的支持——这种建立自动平台责任机制的行为是对欧盟版权法律体系的背离，会给 UGC 平台服务提供商带来沉重的负担。❸ 因此，有必要考察欧盟委员会决定利用过滤器条款提高网络服务提供商的注意义务，将其原先需要承担的间接义务转变为直接义务的原因，才能理解分歧产生的根源。

（一）安全港规则的中立化

欧盟网络服务提供商的责任目前受制于欧盟《电子商务指令》（指令 2000/31/EC）下的安全港规则制度。DSM 指令新规则下过滤措施的引入势必意味着需要对欧盟长期以来遵循的安全港规则做出改变❹，这就需要考察安全港规则在欧盟立法框架中的适用情况以及规则适用的技术前提和原因，进一步分析需要在欧盟版权法改革中将安全港规则逐渐中立化的合理性依据。

在欧盟现有的法律框架下，采用安全港规则使网络内容服务提供商可以免于版权审查义务。欧盟《电子商务指令》第 14 条第 1 款规定了宿主服务提供商

❶ Article 17 (10) of the Council Text of the DSM Directive [EB/OL]. [2019 - 06 - 02]. http://www.europarl.europa.eu/doceo/document/A - 8 - 2018 - 0245 - AM - 271 - 271_EN.pdf.

❷ Recital 39 (b) of the Council Text of the DSM Directive [EB/OL]. [2019 - 06 - 02]. http://www.europarl.europa.eu/doceo/document/A - 8 - 2018 - 0245 - AM - 271 - 271_EN.pdf.

❸ SENFTLEBEN M. Content Censorship and Council Carelessness - Why the Parliament must safeguard the open, participative? web 2.0 [J]. Tijdschrift Voor Auteurs -, Media - En Informatierecht, 2018 (4)：47 - 139.

❹ Article 17 (3) of the Council Text of the DSM Directive [EB/OL]. [2019 - 06 - 02]. http://www.europarl.europa.eu/doceo/document/A - 8 - 2018 - 0245 - AM - 271 - 271_EN.pdf.

（hosting）的责任。根据其规定，若提供的信息社会服务包括存储由服务接收者提供的信息，成员国应当确保服务提供者不因接受服务者的要求存储信息而承担责任，条件是：（1）服务提供商对于违法信息不知情——对于损害赔偿的情形而言，服务提供商对于显然存在的违法活动或信息的事实毫不知情；（2）服务提供商一旦接到通知，则有义务迅速删除或阻止他人获得违法信息。这就是传统安全港规则下的"通知—删除"模式。在该模式下，网络服务提供商原则上没有配合著作权人对上传或存储于服务平台的内容进行过滤审查的义务。安全港规则在欧盟立法中的引入和采纳是在 UGC 平台产生之前，然而，CJEU 自谷歌/路易威登案❶开始将安全港规则的适用范围逐渐扩大至涵盖从网络销售市场到社交媒体等现代 UGC 平台的监管责任。在欧盟《电子商务指令》中，安全港的建立基于这样一种假设：即对网络服务提供商而言，一般的监管责任是一个过重的负担，如果没有安全港规则，过重的责任风险将会阻碍第三方内容平台的发展，从而阻碍电子商务的发展。因此，欧盟《电子商务指令》第 15 条第 1 款明确规定欧盟成员国不得要求宿主服务提供商承担监控其传输或存储信息的一般义务，宿主服务提供商也不应被强制赋予积极寻求证明违法活动的事实或情况的一般性义务。虽然"通知—删除"模式的法律要求在不断变化，但"通知—删除"原则与禁止一般性监管义务在欧盟法律中至今仍未变动。

部分欧盟成员国认为过滤器条款与欧盟现有的法律制度，例如欧盟《电子商务指令》第 14 条和第 15 条造成了冲突。CJEU 也曾在判例中明确表示：过滤上传至 UGC 平台的任何信息的义务，将会导致被禁止的一般性监控义务，这与欧盟《电子商务指令》第 15 条不相容，将引发对于安全港规则在欧盟适用不确定性的问题。❷ 因为过滤措施实质上就是一种版权审查措施，而安全港规则则是一种责任豁免制度，二者对于网络内容服务提供商的注意义务的要求存在巨大的分歧。对于成员国提出的质疑，笔者认为在此次欧盟的版权改革中，安全港规则在版权立法中将被中立化的决定具有合理性，这需要从两条路径进行分析。

第一条路径是安全港规则适用的技术前提发生的变革。安全港规则产生于 20 世纪 90 年代，其依赖的核心就是"通知—删除"规则。此种规则受当时技术

---

❶ 参见：CJEU, 23 March 2010, cases C – 236/08 – 238/08, Google France and Google/Louis Vuitton et al., para. 114.

❷ SENFTLEBEN M, ANGELOPOULOS C, FROSIO G, et at. The recommendation on measures to safeguard fundamental rights and the open internet in the framework of the EU copyright reform [J]. European Intellectual Property Review, 2018, 40 (3): 150.

能力所限，要求网络内容服务提供商必须在接收到侵权信息的通知之后采用人工审查的方式对特定的、有限的上传至平台的侵权内容进行删除；网络内容服务提供商不能在"无通知"的情况下预先阻止侵权内容的上传，也无法预防其再次上传。为此，采用安全港规则的国家对"通知"的内容和方式都制定了极其精细的规定。少数国家颁布了执行通知程序的法律，例如，法国在执行欧盟《电子商务指令》中的"安全港规则"时为侵权内容的通知提供了法定程序❶，并指明即使网络内容服务提供商收到了所有符合正式要求的通知，也没有必要立即删除据称侵权的内容，除非该内容是"明显违法的"。❷ 国内大多数的学者对于安全港规则的研究也都集中于如何细化和完善"通知"规则，然而，即使颁布了"通知"程序的具体措施，在现实中也很难达到这么精细的要求。例如在 2009 年的泛亚诉百度案中，因权利人仅提供了侵权歌曲名称而未提供侵权内容链接而导致通知无效。❸ 在实际操作中，"通知—删除"规则的效率比较低下，服务商从接到通知到作出相应反应的过程往往要经历数天乃至数月。例如，在法国 2009 年的 Nord Ouest Production v. Dailymotion 一案中，在权利人已经通知服务商有关侵权内容的消息并得到保证之后，一个月后该平台上仍然存在有关侵权内容的一段很长的摘要。❹ 由此可见，在繁杂的"通知—删除"规则的程序下，此种权利人与网络内容提供服务商的合作模式错误率高、效率低，但成本却是高昂的——因为人工审查技术具有搜索范围的有限性和关键词定位的模糊性，对于在特殊时间段内的和高敏感度的侵权内容的监测和筛查是困难的，这就需要耗费大量的人力和物力才能发挥作用。随着技术的变革，安全港规则所依赖的技术前提也发生重大的改变，如果固守旧的"通知—删除"模式，安全港规则的弊端将会助长网络侵权行为的产生。

　　第二条路径是安全港规则的中立化是使新旧规则达到兼容的唯一合理方式。由第一条路径分析可知，对安全港规则的修改是势在必行的，因为网络内容服

---

　　❶ 法国在《法律促进对数字经济的信心》（Loi Pour La Confiance Dans l Économie Numérique，LCEN）中规定了通知的法定程序，通知的内容包括：通知的日期、作出通知书的人的个人资料、它的接受者、侵权材料的确切位置、删除内容的法律依据以及寄给涉嫌非法材料或活动的作者或编辑的要求中断、删除或修改的信件副本或无法联系到作者或编辑的理由。

　　❷ PEGUERA M. The DMCA safe harbour and their european counterparts：a comparative analysis of some common problems [J]. Columbia Journal of Law and the Arts, 2009, 32：481.

　　❸ 谢惠加. 网络版权侵权中"通知删除"规则的完善 [J]. 中国出版, 2015 (2)：42.

　　❹ PEGUERA M. The DMCA safe harbour and their european counterparts：a comparative analysis of some common problems [J]. Columbia Journal of Law and the Arts, 2009, 32：486.

务提供商监管责任义务的加重在所难免，但如何修改以及在何种法律体系下修改是不容混淆的问题。在旧规则中，欧盟电子商务指令下的安全港规则完全承袭了美国模式，移植的蓝本是美国版权法下的安全港模式。就引入的原因而言，欧盟移植美国安全港规则的初衷与美国相同，同样是为了促进互联网产业的迅速发展，因而利用安全港规则通过立法的方式减轻网络内容服务提供商责任并免除其主动审查义务。❶ 然而美国安全港模式的僵化性在具体实践中逐渐暴露出来，这导致了美国在随后的判例中开始采用一些手段对安全港规则的适用进行限制，并不排斥采用过滤措施的可能性。❷ 受到安全港规则起源地——美国的影响，欧盟过滤器条款的引入正是对承袭自美国安全港模式的免除审查义务的突破，从而排除安全港规则的僵化性。同美国相同，安全港规则在欧盟电子商务指令的法律体系下已运行多年，为了确保法律的确定性和协调性，对于安全港规则的修改应该遵循一种平衡的方式，以便版权法的新规则可以在 UGC 平台与用户之间适当分配新的法律责任。考虑到欧盟《电子商务指令》下的安全港规则关注的并非是网络内容服务提供者版权侵权责任的构成，而是通过制定法的规定，明确对网络内容服务提供者承担的侵权责任的豁免。安全港规则作为责任排除规则，并非是欧盟网络内容服务提供者侵权责任的全部，不同的概念不能相互混淆。再加上考虑到当前欧盟版权法改革中涉及的各种版权问题的复杂性，因此新的立法必须谋求欧盟当前在网络信息服务提供领域的法律体系❸之间的和谐统一。从这个意义上来讲，在欧盟版权法改革中保持安全港规则的中立状态是使欧盟版权新旧规则相互兼容达到平衡的最佳选择。

（二）过滤技术的发展

欧盟委员会决定引入过滤器条款的另一个重要原因是过滤技术等内容识别的必要措施在近年来获得了长足发展和进步。因长期受美国安全港模式的影响，内容识别等必要措施并没有在欧盟的立法体系中获得重要地位——通常认为只

---

❶ 参见：美国版权法第 512 条（m）款（1）；欧盟电子商务指令第 15 条。

❷ 参见：Metro – Goldwyn – Mayer Studios Inc. v. Grokster, Ltd., 518 F. Supp. 2d 1197 1241（C. D. Cal., 2007）。关于美国法院如何在 Grokster 案中对安全港规则进行突破的研究，参见：崔国斌. 论网络服务商版权内容过滤义务［J］. 中国法学，2017（2）：223.

❸ 有关的立法包括：Directive 2000/31/EC of the European Parliament and of the Council of 8 June 2000, on certain legal aspects of information society services, in particular electronic commerce, in the Internal Market（Directive on electronic commerce）（OJ 2000 L 178, 1）；Directive 2001/29/EC of the European Parliament and of the Council of 22 May 2001, on the harmonisation of certain aspects of copyright and related rights in the information society（OJ 2001 L 167, 10）。

要网络内容服务提供商在接到通知后对侵权的链接进行断开或删除等措施就可以获准进入"安全港",而不关注实施的措施是否会达到真正禁止侵权行为继续进行的效果并防止侵权在未来再次发生。然而,过滤技术的迅猛发展开始影响 CJEU 对网络内容服务提供商采取必要措施标准的具体判断。在 2011 年 CJEU 的 L'Oréal/eBay 案中,CJEU 表示:"网络内容服务提供商不能仅局限于提供中立的技术服务和自动处理客户提供的数据,还应该扮演一个积极的角色去知晓或是去控制这些用户数据。"❶ CJEU 在该案中认为欧盟《电子商务指令》第 14 条的适用范围仅限于损害赔偿,网络内容服务提供者还必须审查所采取的措施的内容,不能仅局限于删除侵权信息,还应该控制侵权行为在未来的发生,所实施的必要措施需结合网络服务提供商的能力进行考察。尽管有学者认为 CJEU 对该案的判决结果仅能在该案发生的具体背景下进行适用❷,但 DSM 指令的"指引"(Recital)部分第 38 段仍旧据此做出了指示,即"有必要核实网络内容服务提供商是否发挥了积极作用,包括优化上传作品或主题的展示或推广,而不论采取的手段的性质。"有鉴于此,CJEU 开始逐渐强调打击盗版侵权的重要性,此举导致很多大型的互联网公司开始主动研究并采用过滤技术。以提供视频分享服务的 Youtube 公司发明的 Content ID 过滤软件系统(有些人也称之为"视频识别"技术)为例,该系统为内容创造者提供了除删除原创作品模仿者(meme)❸之外的其他选择。它的运作方法是:内容所有者先向 Youtube 提供音频和可视相关文件进行标识,由 Youtube 建立内容数据库为这些文件创建"指纹"(fingerprint),Content ID 系统将会根据"指纹"扫描所有上传至 Youtube 的视频,查看是否匹配——Content ID 可以识别音频、视频甚至是被覆盖或模仿的旋律。当系统发现有匹配的情况出现时,Youtube 给内容所有者提供了三种选择:一是屏蔽与他们的内容匹配的视频;二是将这些视频静音处理;三是选择在除 Youtube 之外的其他平台屏蔽视频内容。还有一个额外选择就是同意视频货币化,从视频的广告中获得收入或追踪视频的观看者数据以获得详细的分析。因为 Content

---

❶ 参见:L'Oréal/eBay,C – 324/09(2011)。

❷ 参见:谢惠加. 网络版权侵权中"通知删除"规则的完善 [J]. 中国出版,2015(2):41;SENFTLEBEN M,ANGELOPOULOS C,FROSIO G,et at. The recommendation on measures to safeguard fundamental rights and the open internet in the framework of the EU copyright reform [J]. European Intellectual Property Review,2018,40(3):19.

❸ meme:是指同一个文化氛围中,人与人之间传播的思想、行为或者风格,以及其他包含受版权保护材料的内容.

ID 系统的存在，Youtube 上的内容所有者不再依赖"通知—删除"程序。❶

有鉴于内容过滤识别技术的进步压缩了 UGC 平台在"通知—删除"程序中耗费在人工通知和删除上的时间和成本，网络内容服务提供商相比之前更有能力进行审查义务。由此看来，安全港规则显得落后于时代。如果过度降低网络内容服务提供商的责任，会加大网络盗版和侵权的风险，对内容所有者而言也不再公平。

四、过滤器条款的适用困境及影响

虽然过滤器条款的提出有其技术背景和法律原因，但过滤器条款自 DSM 指令草案颁布到如今得到通过以来，就不断遭受来自欧盟各利益相关方的质疑。质疑方有来自于欧盟的社会性机构和团体、大型互联网公司等数字科技界的先驱、欧洲各国的艺术家及作家以及小型互联网企业等。❷ 这些质疑也将成为未来欧盟成员国实施 DSM 指令要面临的最大困境。为此，需要对这些反对意见进行归纳总结以便对其造成的实质性影响进行分析，方能找出目前过滤器条款所存在的缺陷与不合理性，亦能在此过程中寻求到解决问题的替代性方案。

（一）对过滤器条款合理性的质疑

欧盟各利益相关方认为过滤器条款存在非合理性的主要理由如下。

1. 对基本权利的侵害

《欧盟基本权利宪章》（Fundamental Rights of the European Union，CFR）对欧盟立法者应该对社会信息服务提供者（这其中包括了 UGC 平台）施加何种措施作出了直接性的限制。CJEU 曾在 Sabam/ Netlog 案❸中就 UGC 平台安装过滤器给出过指导意见。CJEU 以 CFR 第 17 条第 2 款承认知识产权为一项基本权利为出发点作出如下结论："设置过滤系统为一项标准措施是对基本权利的严重侵犯，这样的禁令将会侵犯网络内容服务提供者进行业务的自由，它要求网络内容服务提供者安装一个复杂且昂贵的系统，这样一个保护知识产权的'措施'

---

❶ Youtube. How content ID works ［EB/OL］. ［2019 – 05 – 13］. http：//www. youtube. com/yt/press/statistics. html.

❷ SAMUELSON P. The EU's controversial digital single market directive – part I：why the proposed Internet Content Filtering Mandate was so controversial ［EB/OL］. （2018 – 07 – 10）［2019 – 05 – 16］. http：//copyright-blog. kluweriplaw. com/2018/07/10/eus – controversial – digital – single – market – directive – part – proposed – internet – content – filtering – mandate – controversial.

❸ 参见：CJEU, 16 February 2012, case C – 360/10, Sabam/Netlog, para. 16 – 18。

也违反了欧盟《电子商务指令》的要求。"❶ CJEU 还认为设置过滤系统如不能区分非法与合法内容，将会破坏用户接收或传递个人信息的自由，且过滤系统处理和识别信息都需要审查非侵权用户发布的内容的方式有侵犯隐私权的危险，而这些权利分别由 CFR 第 8 条和第 11 条保护。因此，根据这一判例法，DSM 指令的过滤器条款很可能侵犯言论自由、经营业务自由和传递信息自由等受 CFR 保障的基本权利和自由。

2. 过滤技术的高昂成本和高错误率

对过滤器条款持反对态度的批评人士认为采取过滤系统等技术措施需要负担十分高昂的成本，因为一旦开始要求社交媒体网站和其他网站开始对用户上传的每一段内容进行审查，就意味着每个互联网公司都需要安装自动版权检查系统——这将是一笔昂贵的开销。从 Youtube 公司提供的数据来看，Content ID 系统自 2007 年创建以来，Youtube 公司已经为通过版权声明而获利的内容所有者支付了超过 20 亿美元的赔偿，并花费了超过 1 亿美元来构建和维护该系统。❷ 在美国，有著名学者指出，包括唱片公司、电视和电影工作室在内的版权所有者已经通过 Contnte ID 系统从 Youtube 上的非法内容中获利超过 10 亿美元。❸ 有鉴于此，类似于 Youtube 公司的做法对于大部分的互联网科技初创企业而言是无法复制的。如果大部分的互联网公司因高昂的技术费用使运营和维护过滤系统的成本超过侵权损失的利益，则要求网络服务提供者安装过滤器是不具有合理性的。

有支持者指出，即使过滤措施的成本高昂，但其抓取侵权内容的准确率可以弥补互联网公司在人工审查上耗费的时间成本，但事实并非如此完美。当前过滤系统的报错率还是很高。以较为完善的 Youtube 公司的 Contnte ID 为例，该系统在平台上已经引发了不少争议。例如一名音乐家因为在 Youtube 上传了一段长达 10 小时的连续白噪音视频而受到了五项侵犯版权的指控。该音乐家对 Content ID 系统提出了质疑：Youtube 的内容自动识别系统会以多种方式匹配白噪声，而根据系统算法，只要发现两个视频的内容匹配度很接近就会代表内容创作者自动作出声明。类似的虚假指控也发生在另一名用户身上：该用户在自己

---

❶ 参见：CJEU, 16 February 2012, case C – 360/10, Sabam/Netlog, para. 48。

❷ Youtube. Statistic [EB/OL]. [2019 – 05 – 15]. http：//www. youtube. com/yt/press/statistics. html.

❸ SPRIGMAN C, LEMLEY M. Why notice – and – takedown is a bit of copyright law worth saving [EB/OL]. (2016 – 06 – 21) [2019 – 05 – 16]. http：//www. latime. com/opinion/op – ed/la – oe – sprigman – lemley – notice – and – takedown – dmca – 20160621 – snap – story. html.

拍摄的一段视频中拍摄到了一位名人的照片而面临版权纠纷，而相关声明同样是由 Content ID 系统自动提出的，但该项虚假指控随后被撤销。对于内容识别系统的虚假指控，Youtube 的所有者谷歌公司的一位发言人提出：谷歌内容识别系统的准确性，只能和版权所有者提交内容的准确性一样好。❶ 由此可见，当前内容识别技术的发展水平是否可以承担起过滤器条款所引发的侵权风险，还是一个未知数。

3. 过分依赖行业自律

根据过滤器条款的规定，欧盟各成员国只能依赖 UGC 平台与版权所有者的合作来确保过滤机制的运作。但行业决策往往与效率挂钩。从理性角度而言，过滤器条款的适用意味着高昂的审查费用，这导致的结果是行业会寻求以最小的成本实现内容过滤。欧盟成员国确保行业合作的义务只涉及过滤机制"有效运作"（effective functioning）的保障，而不涉及"适当应用"（proportionate application）的保障。虽然欧盟委员会将会提供关于过滤措施有效性和比例的评估指导，但该指导的相关因素集中在"服务的性质和大小""相关工作的数量和类型"以及"可用性和成本的措施以及技术发展的有效性"上，成本和效率的因素再次占据主导地位。因此，在成本和效率为主导因素下的行业合作一方面可能导致大型的 UGC 平台因试图规避责任风险而采用廉价而简单的过滤工具，小型的 UGC 平台企业因过高的成本负担使其发展受到阻碍甚至反向地促进盗版滋生；另一方面，创意产业在 DSM 指令下并无任何诱因或义务防止过滤机制出现过度封锁的情形，这将导致内容过滤机制在实践中发挥不了用武之地。

（二）过滤器条款存在制度设计缺陷

欧盟委员会并没有在过滤器条款中明确赋予 UGC 平台强制安装过滤器的义务，但可以肯定的是，如果 DSM 指令在各成员国得到实施之后，过滤器条款就会成为一项具有强制力的法律条款，使 UGC 平台为用户侵犯他人版权内容承担责任。因此，对于 UGC 平台安装使用过滤器义务的定性是过滤器条款面对质疑所要解决的关键性问题，但在 DSM 指令第 17 条的制度设计中很难找到能够防止过度采用过滤机制和毫无限制地加重网络内容服务提供商侵权责任倾向的民主制衡。

诚然，过滤器条款为面临非侵权内容被屏蔽的用户提供了"投诉和赔偿机

---

❶ BBC News. Italy wikipedia shuts down in EU protest [EB/OL]. [2019 – 05 – 16]. https：//www.bbc. com/news/world – europe – 44696302.

制"（complaint and redress mechanism）。在该机制处理下，潜在投诉应由内容服务提供商在合理期限内与相关权利人合作处理。然而，这项机制存在的问题比它解决的问题要多。其一，"合理的期限"长度不明。鉴于 UGC 平台与版权权利人的利益分歧，双方要选择多长的时间作为合理期限目前处于模糊状态。其二，对"正当理由"的评估不明。在申诉框架内，过滤器条款要求创意产业必须"为其要求删除或阻止访问其具体作品或其他主题的原因提供正当理由"，但目前仍不清楚谁将对这一过滤请求的真实性作出最终决定。如果由 UGC 平台根据自己的法律地位对评估做出最终决定，由于平台服务提供商存在侵权责任风险，那么这种法律评估很可能偏向谨慎和具有防御性，不会给服务于言论自由的版权保护的例外和限制情形留有太多空间。其三，过于弹性的时间表。"合理时间"的标准与"及时"或"迅速"重新出现被屏蔽内容不同。由于可能需要很长一段时间才能对内容屏蔽作出决定，因此投诉和赔偿机制从一开始就对用户没有吸引力。从反通知制度在美国的应用中可以很清楚地看到❶，用户不太可能首先提出投诉。如果用户不得不等待不同意见的不同行业团体之间协商的最终结果，那么可以预见，投诉和赔偿的机制注定会失败。

综上，投诉和赔偿机制很难弥补过滤器条款中民主控制的缺失，并没有提供给用户以机会来挑战 UGC 平台所采用的过滤方案本身的合法性。欧盟委员会认为各成员国有义务"努力建立独立机构，评估与实施措施有关的（用户）投诉"❷，并依靠 UGC 平台与创意产业的合作来确定过滤技术应用的最佳做法。这种对网络内容审查的手段排除了 CJEU 的控制和审查，法官将很容易为过滤工具的应用大开绿灯。

（三）替代方案

鉴于过滤器条款将会给言论自由和信息传递自由等基本权利带来侵害，为了避免其可能给欧盟创意产业和互联网产业的发展造成实质性的障碍，或是由于制度设计的缺陷而在具体实施过程中被架空，有必要寻找一种替代性的解决方案，以期更合理地分配欧盟网络内容服务提供商和用户之间的侵权责任，同时使欧盟法院也能够在技术过滤标准和网络内容服务提供者注意义务的法律适

---

❶ 美国的反通知制度的运用，参见：PEGUERA M. The DMCA safe harbour and their european counterparts：a comparative analysis of some common problems［J］. Columbia Journal of Law and the Arts，2009，32：496.

❷ Article 17（7）of the Council Text of the DSM Directive［EB/OL］.［2019 - 06 - 02］. http：//www. europarl. europa. eu/doceo/document/A - 8 - 2018 - 0245 - AM - 271 - 271_EN. pdf.

用中拥有更大的灵活性。

目前过滤器条款在 DSM 指令中的核心目的是为了监督 UGC 平台，确保受版权保护的第三方在平台发布内容时获得公平的薪酬。然而，这种对于公平报酬的保障不需要依赖平台服务提供商与版权所有者之间的过滤和许可协议。可替代的方案是欧盟的版权条例可以规定新的版权例外和限制规定来涵盖 UGC 平台的创作和传播内容。

要为版权权利人创造收入来源，UGC 平台的侵权责任豁免必须包括支付公平薪酬的义务。欧盟在私人复制领域的现有立法，可以作为这种替代解决方案的一个学习对象。根据欧盟《信息社会指令》❶ 第 5 条第 2 款（b）项，自然人享有"为私人使用和非直接或间接商业目的复制文学和艺术作品的自由，条件是权利所有人获得公平的补偿。"为了满足公平补偿的需求，欧洲许多国家的版权制度都赋予媒体及复制设备的生产商以及进口商一项义务，即向版权集体管理组织缴付版权税。制造商及进口商将征税支出附加在其产品的价格之中，从而将这些费用转嫁给最终使用者。笔者建议，以此为参考，UGC 平台提供商的侵权责任可在欧盟版权法中增加一个新的豁免条款："用户可自由创作及上载混搭及混音内容，然而，UGC 平台服务提供商必须为用户上传的内容支付公平的报酬。"UGC 平台可以从广告收入中获得公平报酬，或者通过向用户收取平台使用费来转嫁成本。与引入过滤义务相比，该替代方案可为作者和创造者获得报酬创造一个可持续性机制，不仅有利于创意产业，而且有利于内容的个人创造者。

五、总结与启示

欧盟 DSM 指令第 17 条过滤器条款体现了加重网络内容服务提供商侵权及监管责任的趋势。这是一项具有转折意义的变革，无论此项变革的结果如何，必须承认的是，在当下过滤技术革新的背景之下，欧盟移植自美国的责任豁免制度下的安全港模式会逐渐被欧盟新的责任模式所取代；对于网络内容服务提供商侵权责任的关注将会逐渐转移至对于其是否履行了适当的注意义务，以及是否配套了合理的内容审查机制之上。与此同时，也必须清醒地认识到，DSM 指令过滤器条款所带来的欧盟网络内容服务提供者责任重构，在本质上是欧盟创

---

❶ 参见：Directive 2001/29/Ec of the European Parliament and of The Council of 22 May 2001, On the Harmonisation of Certain Aspects of Copyright and Related Rights in the Information Society（OJ 2001 L 167，10）。

意产业与互联网两大利益寡头的博弈，也是欧盟为了在与域外大型互联网企业的垄断竞争中取得与之抗衡的优势而顺势而为的产物。欧盟 DSM 指令引入过滤义务并不意味着其是解决创意产业与网络内容服务平台商之间利益平衡问题的最佳方案。相反，具有缺陷的制度设计与对基本权益可能造成的妨碍可能会产生劣币驱逐良币的效果，最终使过滤器条款无法规制真正想要规制的对象，从而破坏欧盟本土的互联网企业与创意产业的有益发展。而对于我国而言，欧盟 DSM 指令中有关网络内容服务提供商的重构与变革的历程与结果都将对我国第三次著作权立法修订带来重要的参考与借鉴。如何在新的著作权立法中处理好我国创意产业与互联网产业之间的利益平衡，也是修订的关键之所在。我国互联网产业的发展以及网络审查机制的确立与欧盟的相关背景环境不同，因此，盲目仿效欧盟之路或许并不可取。在借鉴欧盟版权数字化改革的有益举措之上，我国如何建立一套适合我国国情与发展状况，真正有效地维护互联网产业和版权产业发展的网络内容服务提供商责任机制，还有待于立法与司法实践的探寻和检验。

（责任编辑：朱艺浩）

案例收藏夹

网络环境下地理标志合理使用制度的挑战[*]

贾引狮^{**}

摘要：地理标志指示了产品的来源地，展现了产品的独特品质，是知识产权的重要类型之一；借助互联网发展地理标志产业，是发展县域经济的重要途径。对地理标志的合理使用符合商业言论自由的精神，契合了地理标志的"俱乐部产品"属性，体现了社会公众与权利人利益的平衡。传统商业领域的地理标志合理使用主要有描述性使用和指示性使用，认定比较容易。但在互联网环境下，地理标志使用的情形和方式发生了一定的变化，主要体现为网店店名、网店装潢、域名、关键词、弹窗广告等对地理标志名称或图案的使用，用传统的地理标志合理使用理论进行认定比较困难。为此，需要确定互联网环境下地理标志合理使用的构成要件，谨慎适用初始兴趣混淆标准，同时发挥其他法律的补充作用，为互联网环境下的地理标志合理使用提供更大的发展空间。

关键词：合理使用　地理标志　互联网　挑战

---

* 本文系广西壮族自治区社科规划项目"互联网＋地理标志服务广西县域经济发展的法律问题与对策研究"（17FFX002）成果；桂林电子科技大学"英才计划"资助成果。

** 贾引狮，桂林电子科技大学法学院教授，厦门大学知识产权研究院博士研究生。

The Challenge of the Rational Use System of Geographical Indications in the Network Environment

Abstract：The geographical indication （GI） is one of the important types of intellectual property，which indicates the origin of the product and recognizes the unique quality of the product. Developing GI industry through Internet is an important way to develop regional economy. The fair use of GI is consistent with the spirit of commercial freedom of speech，and its club product attributes，reflecting the balance between the interests of the public and the rights holders. The fair use of GI in traditional commercial areas mainly includes descriptive use and indicative use，which is easy to identify. However，under the Internet environment，the use of GI has changed，i. e.，the use of GI or patterns including online store names，online store decoration，domain names，keywords，pop – up ads，etc. It is difficult to use traditional theory of rational use of GI to identify them. Therefore，we must determine the requirements of the fair use of GI under the Internet envi-ronment by carefully applying the initial interests confusion standards and oth-er laws as complement，thus providing more developing space for the fair use of GI under the Internet environment.

Key words：Fair Use；Geographical Indications；Internet；Challenge

地理标志是指示某商品来源于特定地区，具有特定的质量、声誉或其他特征，主要由该地区的自然因素或人文因素决定的标志。我国通过《商标法》《地理标志产品保护规定》《农产品地理标志管理办法》三套法律制度保护地理标志。2017 年《民法总则》首次将地理标志增列为知识产权的保护客体，地理标志在法律制度层面实现了由"法益"向"权利"保护的华丽转身，其"位阶"的提升对未来地理标志保护制度设计提供了更多可能性。

我国地理标志产品多为当地名优土特产，且以生鲜产品居多，许多产品产地偏远、季节性强，容易出现供求信息不对称，阻碍了特色农产品的种植、加工和流通。电子商务具有成本低、购物选择多、高效便捷等优势，改变了传统的消费习惯和销售模式。借助电子商务发展地理标志产品，是互联网时代县域经济发展的必然选择。我国《商标法》规定地理标志可以注册为集体商标或证明商标，赋予申请人商标权，故地理标志权作为一种私权得以确定。而且，当前司法诉讼中的地理标志争议案件多发生在商标领域，权利人主要以《商标法》为依据保护自己的权利。因此，本文主要从《商标法》的角度论述地理标志的合理使用制度。

一、地理标志合理使用制度设立的理论依据

实践中，很多地理标志以"具体地名 + 产品通用名称"的文字形式注册商标。也有以"图形 + 文字"形式的组合商标注册，其图形往往与特定的地域风貌、区域标志物相关，文字包含地名和产品名称。"具体地名 + 产品通用名称"词汇是核心要素，可称之为"地理标志名称"，如"阿克苏苹果""巴马矿泉水"等。从语言学角度看，地理标志名称属于描述性词汇，因而地理标志属于商标中的描述性标志。为使他人合理使用这些描述性标志，适当限制地理标志商标权是必需之事。在市场竞争中保护商标权人利益的同时，维护竞争者的合法利益及社会公众的利益也是法律应有之义。

（一）对"利益平衡"价值理念的遵循

当发生权益冲突时，需要以利益平衡原则为指导，寻找不同权利主体之间的矛盾点，以及它们之间冲突和制约的"界限"，缓和不同社会主体因利益诉求不同所引起的纷争，以达到不同权利之间的基本和谐。❶ 商标权虽是私权，但由行政机关授予，反映了国家对不同主体利益平衡的考量，决定了商标权的行使要受到一定的限制。商标法赋予权利人积极使用商标的权利，亦赋予其排除他人侵害商标权的权利，但后者并非漫无边界，应限定于禁止他人将其商标用于标示商品的来源上。这种对商标专用权的限制，即商标合理使用。是否构成商标合理使用属于法律判断问题，应由法官审查，不能因为被告没有提出抗辩而不对案件中的合理使用情形进行审查。❷ 原因在于商标合理使用是商标侵权的抗辩事由，是权利妨碍规范。

（二）公平竞争的政策考量

对公平竞争的界定往往采用排除法，即某行为不属于不正当竞争行为，就

---

❶ 任寰. 论知识产权法的利益平衡原则［J］. 知识产权，2005（3）：13.

❷ 刘维. 论商标使用在商标侵权判定中的独立地位［J］. 上海财经大学学报，2018（1）：138.

符合公平竞争的要求。❶ 如果地理标志权利人对相关市场信息进行控制，限制其他经营者对有关地理标志产品的信息进行披露，削弱其他经营者公平参与市场竞争的能力，提高消费者搜寻成本，也属于不正当竞争行为。从立法目的来看，"避免混淆"绝不是商标法的唯一目的，商标法还有服务于商品流通和促进公平竞争的目的。如果在市场经营过程中，为了表明商品或服务的用途而提及他人的商标，却不能以合理使用加以抗辩，则商标权人的权利将会无形地扩大。这种不适当的商标使用垄断行为有害于市场的公平竞争，也会损害消费者的利益。

（三）商业言论自由精神的维护

商业言论自由是指市场主体为商业目的而传播商品或服务信息的自由，是宪法意义上言论自由的组成部分。商业言论的内容是有关商品或服务的信息，传播信息的出发点是为了推销产品或服务，从而获得经济利益。❷ 美国最高法院指出：即使是纯粹的商业广告也不同程度地享有言论自由的权利，在比较广告中使用他人商标，如果没有虚假陈述也并非会导致混淆，其中的戏谑成分并不影响其合法性，受美国宪法第一修正案对言论自由的保护。❸ 如果不对地理标志商标权的行使范围作必要的限制，那么他人在商业广告、商业宣传推广活动中使用地理标志词汇时将面临侵权指控的危险，会侵害他人的商业言论自由。

（四）地理标志俱乐部产品属性的契合

地理标志作为商业标记的价值源于特定地域内该产品特有的品质、声誉或其他特征，以及上述特征与该地域特定的自然和人文因素的关联性。某个地理标志形成，虽不能排除个别经营者的特定贡献，但实则为众多经营者共同努力的结果，且起决定作用的是该地域独特的自然因素和人文因素。因此，我们不能简单以"谁申请，谁享有"来决定地理标志的归属——其财产权利应由该区域内从事某种产品的经营者共享，地理标志所体现的商业声誉应由该地理标志的全体使用人集体享有，因而可认为地理标志是一种俱乐部产品。❹ 俱乐部产品具有非竞争性和对外排他性特征。非竞争性是指部分人对该产品的消费不会影响另一些人对该产品的消费，受益对象之间不存在利益冲突。对外排他性是指

---

❶ 张玉敏. 维护公平竞争是商标法的根本宗旨：以商标法修改为视角 [J]. 法学论坛，2008 (6)：30.

❷ 赵娟. 商业言论的宪法学思考 [J]. 江苏行政学院学报，2009 (4)：114.

❸ 参见：Virginia Pharmacy Board v. Virginia Citizens Consumer Council, Inc. 425 U. S. 748 （1976）; Central Hudson Gas & Electric Corp. v. Public Service Commission of New York 447 U. S. 557 (1980)。

❹ 佟伟. 地理标志的法律保护：原理、机制及挑战 [J]. 经济与法，2015 (6)：157.

该产品仅仅由其全体成员共同消费，在"俱乐部"内产品所产生的利益不能为某个人专有，要将一些人排斥在利益享受之外是不可能的，但可以排除俱乐部以外的成员消费。实践中，《集体商标、证明商标注册和管理办法》亦规定了地理标志不同于普通商标的使用管理办法。

二、传统地理标志合理使用制度概述

合理使用作为地理标志侵权的抗辩理由，国际条约及各国法律均没有明确提及，只能从商标法的条文中一窥端倪。《欧共体商标条例》第6条以诚实惯例赋予他人合理使用的权利，❶ 美国《兰哈姆法》第33条规定商标侵权的豁免事由❷，我国《商标法》第59条规定了商权人无权禁止的情形❸。而欲深入研究地理标志的合理使用制度，必须从对地理标志合理使用的内涵进行总结，并归纳出传统地理标志合理使用的类型及判定要件。

（一）地理标志合理使用的内涵回溯及总结

要论述地理标志合理使用的内涵，必须回溯至该理论的最初来源——商标合理使用制度。以下是对商标合理使用不同观点的简要总结和评述。

"善意合理使用说"指以善意且合理使用之方法，亦即普通使用之方法表示自己之姓名、名称或其商品之名称、形状、品质、功用、产地或其他有关商品本身之说明，附记于商品之上，以使消费者对商品本身有更多之认识，而非作为商标使用之谓。❹ 该观点比较清楚、明了，但其包含的外延有限，不能囊括所有的地理标志合理使用情形，且忽视了商标直接侵权不需要考虑行为人的主观过错的情形。

"商标权的例外说"认为，在顾及商标所有人及第三方合法利益的情况下，允许对叙述性词汇进行合理使用。合理使用尤其包括在符合工商业的诚实惯例的情况下善意地使用自己的名称或者地址、善意地说明商品或者服务的特征或者属性，尤其是说明商品或者服务的质量、用途、地理来源、种类、价值及提

---

❶ 《欧共体商标条例》第6条规定，商标所有人无权制止第三方在商业中使用自己的名称或者地址及有关品种、质量、数量、价格、原产地等特点的标志，只要上述使用符合工商业实务中的诚实惯例。

❷ 美国《兰哈姆法》第1115条b（4）项规定，当被告将涉诉名称、短语或图案合理善意地用于描述自己的商品、服务及其地理来源，而非作为商标使用时，便构成一种不侵犯商标权的抗辩。

❸ 我国《商标法》第59条规定："注册商标中含有的本商品的通用名称、图形、型号，或者直接表示商品的质量、主要原料、功能、用途、重量、数量及其他特点，或者含有的地名，注册商标专用权人无权禁止他人正当使用。"

❹ 曾陈明汝. 商标法原理［M］. 北京：中国人民大学出版社，2003：29.

供日期。● 该观点基于《与贸易有关的知识产权协定》（TRIPS）的规定，虽然具有一定的法律依据和合理性，但是比较笼统，在适用过程中也会产生疑问。

"狭义合理使用说"认为，为了维系公众利益而对商标权施加合理限制——商标权人以外的人在生产经营活动中未经许可，以描述性使用、指明性使用等方式善意使用商标权人的商标，不构成侵犯商标权的行为。● 该观点难以说明商标合理使用的内涵与外延，也不是一个科学的法律概念。

"非商标意义使用说"认为，商标合理使用并非指基于特定利益考量——第三人即使未经许可使用了他人商标也不构成侵权，而是为了强调某些情形不构成商标意义上的使用，因而不可能侵犯商标权。● 该观点可以说明地理标志合理使用的特征，但是存在诸多模糊之处，在复杂的市场竞争中难以用于正确判断，在司法判定中也难以认定。

关于以上学术观点的出现，需要检讨"商标合理使用"在美国法律中的变迁轨迹。"描述性合理使用""驰名商标淡化合理使用""指示性合理使用"均源于美国司法判例。就"描述性合理使用"而言，"非作为商标"和"描述"是其中的关键词，该"使用"乃是"非商标使用"。对于"驰名商标淡化合理使用"而言，也只是使用了符号的"通用含义"或"文化含义"，而非使用符号的"第二含义"，是"非商标意义上使用"。就"指示性合理使用"而言，其已经构成了"商标的使用"，因为它是在商业环境下使用他人商标来描述自己的商品或服务，但是它是为了说明自己提供的商品或服务与他人商标之间有某种联系，而不是识别自身商品或服务的来源。目前，美国各法院只在适用"指示性合理使用"标准上存在显著分歧，具体表现为各法院对"混淆可能性"在侵权判定中的作用以及举证责任的分配上的分歧。● 将"混淆可能"作为商标侵权的决定性考量因素还是作为多个测试因素之一，是由原告承担"混淆可能"的证明责任还是由被告承担"无混淆可能"的举证责任，都会影响商标合理使用内涵的界定。

依据商标合理使用的制度变迁及诸学说的优点，地理标志的合理使用应指

● 黄晖. 驰名商标和著名商标的法律保护［M］. 北京：法律出版社，2011：334.

● 冯晓青. 商标权的限制研究［J］. 学海，2006（4）：138.

● 熊文聪. 商标合理使用：一个概念的检讨与澄清：以美国法的变迁为线索［J］. 法学家，2013（5）：157.

● 熊文聪. 商标合理使用：一个概念的检讨与澄清：以美国法的变迁为线索［J］. 法学家，2013（5）：158.

在市场经营过程中，其他经营者使用了地理标志中的地名、商品名称、图形等要素，来表示自己经营产品的产地、主要原料等特征；或者使用他人的地理标志商标以说明自身提供的商品或服务的特征或用途，但不会让消费者对双方提供的商品的来源产生混淆，也不会让消费者对该经营者与地理标志权利人具有特定商业关系产生联想。

（二）传统环境下地理标志合理使用的分类及判定

商标合理使用分为商业性合理使用和非商业性合理使用两大类，前者包括"描述性合理使用"和"指示性合理使用"，后者指新闻报道及评论、滑稽模仿、字典收录、教学科研使用等。在此，我们主要研究商业性合理使用问题。

实践中，要判断被控侵权人是否合理使用地理标志，需要经过以下步骤。首先，要判断被控侵权人是否对地理标志进行了商标性使用。所谓商标性使用即行为人将地理标志的文字或图形作为标识，使用在商品包装、容器、交易文书、广告宣传、展览等商业活动中，用以建立该标志与自己特定商品之间的联系。在商标法原理中，只有诉争标识属于商标性使用，即被诉标志必须被用作识别商品来源时，才具有构成侵权的可能性，非商标意义上的使用不会构成侵权。❶ 描述性合理使用就是典型的非商标性使用。其次，如果被控侵权人进行了商标性使用，要判断其是否存在"指示性合理使用"的抗辩事由，需要通过"混淆可能性"等因素判断。如果判断结果是不会造成消费者对商品来源的混淆，或者不会对双方之间存在特定的商业关系产生联想，则属于指示性合理使用，不属于商标侵权；反之则是侵犯商标权。

1. 地理标志的描述性合理使用

地理标志的核心构成要素是描述性词汇，如"吐鲁番葡萄""普洱茶"等。描述性词汇可以成为商标的原因要从符号语言学角度分析。商标是"标志＋商誉"的统一体，其价值皆源于标志背后的商誉。按照符号"能指＋所指"的双面结构❷进行分析，符号的"能指"就是标志本身，是形象的，彰显于外的；而符号的"所指"就是声誉，是抽象的，隐含于内的。比如"舟山带鱼"作为符

---

❶ 孔祥俊. 商标法适用的基本问题［M］. 北京：中国法制出版社，2012：72.

❷ 瑞士语言学家索绪尔首次指出符号是能指（signifier）与所指（signified）的双面体。能指由"有声形象"构成，所指则是该有声形象在我们头脑中的抽象概念。参见：索绪尔. 普通语言学教程［M］. 高名凯，译. 北京：商务印书馆，1980：101－102.

号之"能指"是指产于舟山海域的带鱼，此为符号的第一含义。而经过当地经营者长期努力，舟山带鱼获得了特定的质量和信誉。"舟山带鱼"的"所指"就是标示一种产自舟山渔场且具有独特肉质、形状、口感、颜色、营养的带鱼，有别于其他海域的带鱼，因此，该符号获得了第二含义。最终，"舟山带鱼"这一地理标志商标，不仅"能指"产自舟山海域的带鱼，而且"所指"产自舟山海域、具有独特品质的带鱼。因此，描述性词汇（符号）只有获得了第二含义的证据，即消费者大众将该词汇（符号）理解成一种有着特殊质量、声誉或其他特征的产品名称时，才能作为地理标志保护。

理论上，描述性标志更可能变成通用名称，具有弱显著性，但经营者仍将之选为商标，原因在于：它可以给消费者传达更多的信息，不仅是关于商品的经营者来源，还有来自特定的地域，具有特定的质量、声誉等信息。因此，它是广告的部分替代品。用描述性商标作为地理标志符号，不是简单地追求指示和区分商品的来源，更是追求传递标志背后的声誉。如"西湖龙井"地理标志商标绝不是保护其第一含义（所指杭州西湖龙井村），而是保护其第二含义（能指一种有特殊品质、声誉的茶叶）——这恰如美国学者所言："第二含义是商标的同义词。"❶在商标司法实践中，法院从来只保护第二含义，而不保护第一含义。

将叙述性词汇作为地理标志注册后，该词汇的第一含义仍然存在，商标权人不能垄断该词汇的第一含义，不能阻止他人为标明商品来源、名称、原料等信息而使用这些叙述性词汇。在舟山水产协会诉申马人公司商标案中，原告在带鱼（片）商品上注册了"舟山带鱼 ZHOUSHANDAIYU 及图"证明商标；被告生产的"小蛟龙"牌带鱼段的外包装标注"舟山精选带鱼段"，且注明原料产地为浙江舟山。北京市高级人民法院审理认为：

> 舟山水产协会作为舟山带鱼商标的注册人，对于其商品符合特定品质的自然人、法人或者其他组织要求使用该证明商标的，应当允许。而且，其不能剥夺虽没有向其提出使用该证明商标的要求，但商品确产于舟山海域的自然人、法人或者其他组织正当使用该证明商标中地名的权利。同时，对于其商品并非产于舟山海域的自然人、法人或者其他组织在商品上标注该商标的，舟山水产协会则有权禁止，并依法

---

❶ PALLADINO V N. Assessing trademark significance：genericness，secondary meaning and surveys［J］. The Trademark Reporter，2002，92：857.

追究其侵犯证明商标权利的责任。❶

根据该判例和相关理论，可以得出结论：如果他人生产销售的带鱼确实来自舟山海域，不管其质量如何，均可使用"舟山""带鱼"描述产品的产地、名称——这是对地理标志商标组成要素的描述性合理使用，是非商标意义的使用，商标权人无权阻止。但是，地理标志商标权利人仍然对第二含义拥有专有权，他人在商业经营中应对第二含义进行避让，即他人虽然生产销售的带鱼来自舟山，且质量甚优，但未经权利人许可，不得使用与权利人相同或近似的标识，以免使社会公众混淆，损害权利人的利益。否则就是对地理标志商标进行了来源识别意义上的使用，容易使消费者混淆带鱼的厂商来源，也攀附了权利人的声誉，属于商标侵权。

2. 地理标志的指示性合理使用

使用者为了恰当地说明自己的商品或服务的地理来源、特点、用途等，在不造成混淆的情况下，提及或指示地理标志商标权人的商品或服务，即指示性合理使用。它源自美国联邦第九巡回上诉法院在 1992 年的 New Kids 案中的创设，其构成要件为："（1）如果不使用他人商标就难以描述特定的商品或服务；（2）仅在区别商标所标识商品或服务所必须的程度内使用商标；（3）使用者必须未实施任何暗示自己与商标权人具有赞助、许可关系的行为。"❷ 传统环境下地理标志的指示性理性使用，应当借鉴上述构成要件。

地理标志的固有显著性较弱，因此，判断是否构成指示性合理使用，除了要结合显著性程度，还要考虑使用状态、目的、效果等因素。商标指示性合理使用的范围为非商标权人使用他人商标标识构成商标法列举的商标侵权行为的违法性与可能造成公众混淆或误认效果性之间的区间内。❸ 如果经营者使用他人商标的行为不属于商标法规定的商标侵权情形，则该行为不具有违法性，指示性合理使用就无需作为商标侵权的违法阻却事由；反之，如果使用他人商标有造成相关公众混淆、误认的可能，超出了指示性合理使用的要义，则属于商标侵权。但在我国存在指示性合理使用的判定标准并不统一，事实相似但判决相异的现象。

---

❶ 参见：北京市高级人民法院（2012）高民终字第 58 号民事判决书。

❷ 参见：New Kids on the Block v. News America Pub. , Inc. 971 17. 2d 302 (9th Cir. 1992).

❸ 童卫华. 论商标指示性合理使用原则的构建：兼评立邦诉淘宝网店商标侵权案［EB/OL］.
［2018 - 02 - 17］. http：//www. 360doc. com/content/16/0922/11/9863105_592736381. shtml.

在盱眙龙虾协会诉建红土菜馆商标侵权案中，原告是"盱眙龙虾"证明商标的注册人；被告建红土菜馆是一家龙虾店，其门头、店内菜单和名片上均标识"正宗盱眙龙虾"中文汉字。南京市中级人民法院认为：

> 盱眙龙虾协会的注册商标系图文组合商标，整体呈圆形内外圈设计，圆形内部为黑底镂空图案呈龙虾造型，外圈环形分布有较小字体"盱眙龙虾"文字和"XUYILONGXIA"拼音。从龙虾图案在整个组合商标中的位置布局、大小关系以及视觉对比来看，其均为整个商标最为醒目和识别性最高的部分。建红土菜馆使用于门头、店内及名片上的标识为'正宗盱眙龙虾'文字，从文字数量、字体、大小以及各要素组合后的整体进行比较，以相关公众的一般注意力为标准，二者差异较大，不易造成混淆。因此，被控侵权标识与涉案商标不构成近似，建红土菜馆上述使用"正宗盱眙龙虾"标识的行为不构成商标侵权。❶

而在盱眙龙虾协会诉崇川区苏渝汇家常菜馆商标侵权案中，原告认为被告擅自在经营场所使用"正宗盱眙龙虾"的发光字，且出售声称是来自盱眙的龙虾，构成侵权。南通市中级人民法院认为：

> 虽然原告注册商标为图形、文字及字母组合商标，但根据一般公众的注意力其主体识别部分应为"盱眙龙虾"文字，被告在其店招上标注"正宗盱眙龙虾"，属于未经许可将与原告注册商标近似的标识进行商标性使用之情形，易使相关公众对龙虾的来源、特定品质等认为与原告存在关联关系，进而导致混淆和误认，故被告的行为侵害了原告的注册商标专用权。❷

上述案例中，如果被告经营的龙虾产品确实来自于盱眙，那么被告可以使用"正宗盱眙龙虾""来自盱眙的龙虾"等词汇指明产地来源，是对"盱眙龙虾"地理标志组成部分第一含义的使用，属于描述性合理使用。但是，如果被告在使用上述词汇时足以描述商品地理来源，却进而使用与原告相同或近似的标志，或者在商号、门头装潢、店内菜单等处突出使用原告地理标志商标，则构成商标侵权。因为这些行为已经超出了描述性合理使用范畴，属于商标使用行为。是否属于商标侵权，要根据"混淆可能性"等因素进行判断。如果容易

---

❶ 参见：南京市中级人民法院（2016）苏01民终10680号民事判决书。
❷ 参见：南通市中级人民法院（2016）苏06民初133号民事判决书。

引起消费者对产品来源的混淆和误认或者认为其与原告存在合作、授权、委托经营等关系的，就属于商标侵权行为。如果经营者只是为了说明自己商品的地理来源、特点、用途等，在不造成混淆的情况下而提及或指示商标权人的商品或服务，则构成指示性合理使用，不构成商标侵权。

三、传统地理标志合理使用制度在互联网环境下面临的新挑战

在互联网时代，地理标志有其质量表示功能和其所承载的商业价值，已成为市场主体参与市场竞争的有力武器。新型的营销手段对地理标志的使用更加复杂，由此引发的地理标志权利冲突更加激烈。近年来，国内外学者逐渐认识到，在大力倡导通过互联网销售地理标志产品时，不但要保护地理标志权利人的合法权利，还要维护利益相关者和社会公众的合法利益。为此，有必要对网络环境下地理标志的合理使用制度面临的挑战进行分类，进一步研究互联网环境下地理标志合理使用的构成要件和判断标准，以维护网络市场的公平竞争。

（一）互联网环境下经营者使用地理标志行为对传统理论的挑战

在互联网时代，经营者更多地开始利用网络渠道销售商品，以降低其经营成本。随着互联网技术的发展及应用，很多地理标志产品的销售由线下转移到了线上。在网络销售中，很多经营者为谋求市场竞争优势或者经济利益，故意将他人的地理标志用到自己的商品名称、产品标记，广告宣传文件、网店店铺装修之中，误导消费者，损害地理标志权利人合法权益。例如，2014 年，阳澄湖大闸蟹养殖经营户多达数千家，70% 以上的经营者在网上开店，但取得阳澄湖大闸蟹地理标志专用标志使用权的不足 300 家。2015 年 12 月，海南工商部门在淘宝网、天猫网、阿里巴巴等网购平台发现，有 450 余家网店在未经商标持有人许可的情况下擅自使用"琼中绿橙"商标及地理标志进行销售。与此同时，很多网店经营者也很迷茫：虽然自己在网络交易中未经许可使用了地理标志标识，但销售的是正宗的地理标志产品，也是为当地的特色农副产品销售做贡献，为什么还涉嫌商标侵权呢？

在互联网环境下，经营者使用地理标志的行为与传统线下使用的情形不同，判断其是否属于合理使用面临着新的挑战。总结而言，经营者对在网络环境下合理使用地理标志的困惑包括：

第一，网店名称中含有地理标志的合理使用问题。店铺名称关系到消费者在网络平台上搜索到该店的概率，一个好的店铺名称最好能和所经营的产品高度相关，反映店铺的经营特色，使消费者容易识别店铺的经营范围。一个以销

售地理标志产品为主营业务的店铺，最好的店铺名称自然离不开该产品的名称、来源的地域等关键词。如果一个网店以销售"阳澄湖大闸蟹"为主营业务，虽然未经授权使用该地理标志，但售卖的产品均为正品，那么该店主能否以"××阳澄湖大闸蟹专营店""阳澄湖××大闸蟹专营店""阳澄湖大闸蟹美味特产店"为店铺名称而不涉及侵权呢？

第二，网店装修中含有地理标志的合理使用问题。网店页面是附着了店主"灵魂"的"销售员"，漂亮的网店装修能够给顾客带来美感，增加顾客的购买欲望，增强网店的形象。同时，一个经过精心装修的网店，不仅能传递商品信息，而且能展示店主的经营理念和商业文化。网店装修主要包括店铺招牌、宝贝分类、公告栏、促销区/秒杀区、宝贝描述等。未经地理标志权利人许可，但销售正品地理标志产品的网店内，如何在店铺招牌中合理使用含有地理标志的名称，或者在公告栏中如何标明商品的来源或用途，在宝贝分类和宝贝描述中如何合理使用他人地理标志的名称、图案，也需要具体分析。

第三，网店广告宣传语中地理标志的合理使用问题。在电子商务中，推广营销是核心内容之一，销售土特产的广告语最好能体现该产品的特点、地域、文化内涵和历史传统，因此多用"原生态""原产地"。地理标志名称则是最能体现上述要求的要素，比如"晋祠的大米香呀香喷喷，清徐的葡萄甜格盈盈"广告语就含有"晋祠大米"和"清徐葡萄"两个地理标志的名称。因此，网店经营者在广告用语中如何合理使用地理标志名称，也需要深入分析和研究。

（二）网络环境下搜索链接服务使用地理标志对传统理论的挑战

在网络环境下，经营者要想快速地将网络用户吸引到自己的网站，就必须使用关键词、域名等提供搜索链接服务，因此，用域名和关键词指明网络经营者的方法具有不可替代性。禁止网络经营者使用地理标志中的地名或/和产品名称词汇，将使网络经营者难以销售自己的产品并在与地理标志权人以及被许可人的竞争中处于不利地位，使地理标志权人在商标上的垄断地位向网络销售领域不当扩张，且有剥夺商业言论自由之嫌。但是，如果对使用地理标志作为关键词、域名等提供搜索链接服务不作任何限制，则有可能损害地理标志权利人的利益。

在互联网环境下，将他人地理标志的名称或标识作为元标签予以域名、搜索关键词等设置或应用，是否构成地理标志合理使用？传统的商标合理使用制度无法给予明确的回应。总结而言，域名、关键词使用地理标志是否属于合理使用面临以下困惑：

第一，将他人的地理标志标识以网络域名、关键词、弹跳式广告等方式进行使用，其意图是吸引消费者的注意，但并未将其标识在自己的商品或服务上，没有指示商品或服务的来源。该行为虽然属于商业性使用，但并未构成商标性使用，按照传统商标合理使用判断标准，自然不构成商标侵权。但其毕竟会引起初始兴趣混淆，分流部分消费者的购物渠道，故认定该行为属于地理标志的合理使用是否公平也是存疑的。

第二，在域名、搜索关键词等使用了地理标志的名称或主要部分，但其目的是指示自己经销的商品或服务的地理来源，而不是指示商品或服务的厂商来源。由于域名和关键词不区分大小写，因此地理标志权利人和他人使用地理标志名称或主要部分作为域名或关键词时必然有相同或相似，此时其他经营者能否享有对地理标志合理使用的权利呢。而且，由于互联网的虚拟性、不稳定性和多样性，消费者对网购一般抱有必要的警惕，发生混淆或误认的可能性比线下低，但是仍然会有少数消费者会产生混淆。那么，为了维护网络销售产品的畅通，我们是否应该对互联网环境下的地理标志合理使用增加更多的宽容度？

四、互联网环境下地理标志合理使用制度分析

通过网络销售地理标志产品，可以省却传统销售渠道的很多环节，可以降低采购和库存成本，扩大地理标志产品的交易范围。但是，互联网环境下使用他人的地理标志呈现出不同于传统环境的新样态，主要表现为网店名称、网店装修、网店广告宣传、弹跳式推送、域名与关键词等对地理标志的使用，单纯依靠传统的地理标志合理使用判断标准很难解决互联网环境下的新问题，需要对传统的地理标志合理使用制度进行必要的创新。

（一）经营者在网络平台上从事商业活动的地理标志合理使用

经营者一般通过自己的网站或者网络交易平台提供商（如淘宝、京东）的网站销售产品，为了销售的方便，经营者有时会对产品的来源、特征、质量等进行说明，此时就涉及地理标志的合理使用问题。鉴于网络的多样性、虚拟性和不稳定性，消费者对地理标志发生混淆的可能性与线下环境的不同。未经权利人许可在互联网平台上使用他人地理标志要构成合理使用，需要满足以下要件：（1）必须是在网络上善意地使用他人地理标志商标或者主要组成部分；（2）仅仅是为了描述网络销售产品的地理来源、产品名称，或者说明自己销售地理标志商品，或者指示自己销售的产品与地理标志产品之间具有互补、配套等关系；（3）不会使消费者对产品的来源产生混淆，不能暗示与地理标志权人之间有许可、赞助等关系。

在东阿阿胶股份有限公司诉北京姿美堂生物技术有限公司商标侵权及不正当竞争纠纷案中，原告是"东阿阿胶"地理标志商标权人，被告在京东商城设立了旗舰店。在京东商场搜索栏中输入"东阿阿胶"进行搜索，打开筛选后的网页，可找到"山东东阿阿胶块 熙美阿胶片 240g 铁盒装……"的链接。点击链接进入商品页面，页面顶部左侧显示商品图片，图片以较大字体显示"阿胶片"，并有"熙美"标识；中间显示"山东东阿阿胶块 熙美阿胶片 240g 铁盒装……"等信息；右侧显示卖家为姿美堂旗舰店。北京知识产权法院认为：

> 对产自山东省东阿县的阿胶产品进行描述，必然要使用"东阿"和"阿胶"文字。在以商品名称等方式使用时，由于描述信息的字数有限，将"东阿"与"阿胶"连用亦属合理。且被上诉人姿美堂公司不仅使用了"东阿阿胶"文字，还使用了"山东""块"这样的描述性文字，充分表明这是其对商品产地、性质的描述。综上，被诉使用行为不构成商标法意义上的使用，而构成对商标中描述性信息的正当使用。由于被诉行为不构成商标法意义上的使用行为，故不构成《商标法》第 57 条第 1 项、第 2 项规定的侵犯注册商标专用权的行为。❶

在该案中，被告对原告"东阿阿胶"地理标志的使用就比较规范，主要是对产品来源地域的描述，属于非商标性使用中的"描述性使用"，不会让消费者对产品来源产生混淆。但是，在网络环境下未经许可有下列地理标志使用行为，则难以用合理使用予以抗辩：将他人地理标志商标的图样作为自己网页的图标；将他人注册的地理标志商标作为自己网页的重要组成部分，或在网页上突出使用的；将他人的地理标志商标作为自己产品的商标或者作为网站的名称并突出使用的；在自己的网页上直接使用他人的地理标志销售假冒产品的。

(二) 网络商业活动中的关键词、域名、搜索服务中的地理标志合理使用

在互联网环境下，不仅销售地理标志产品的人对该地理标志商标的使用具有合理性与必要性，而且，如果产品确实来自地理标志所指示的地域，即使不属于地理标志商标权人的产品，网络经销商使用地理标志的地名或/和产品名称词汇也属于描述产品的地理来源，属于"非商标意义的使用"，自然构成地理标志合理使用；地理标志商标权人应承担必要的容忍义务。在互联网环境下分析

---

❶ 参见：北京知识产权法院（2015）京知民终字第 1196 号民事判决书。

地理标志作为关键词、域名能否构成合理使用，需要考虑以下多个要素进行判定。

首先，是否属于商业性使用。商业性使用是判定商标侵权的先决条件，只有构成商业性使用行为才有可能进一步构成商标侵权行为。对此，欧盟和美国都将商业使用作为商标侵权的前提条件，并规定了相关的法律条款。❶ 如果使用商标并非为了获取商业竞争优势，则不能进入商标法和反不正当竞争法的评价范畴，如商业性使用是指任何因提供商品或服务而收取对价的行为，公益行为、以商标作为文学评论的素材、消费者的终端消费行为等均不是商业使用行为。以地理标志作为关键词为例，如果搜索引擎服务商提供了竞价排名服务，并将他人地理标志设置成关键词并向其他经营者出售并在网站上显示，则该行为是在自然搜索之外实施了人工干预行为，使经营者获取竞争优势，是商业背景之下的典型广告行为，当然属于商业性使用。如果搜索引擎服务商没有对信息进行主观排序、编辑、审查，而是依据网络用户的搜索自动显示有关该地理标志的新闻报道、评价、公有知识、商品来源等信息，则不被认为是商业性使用，当然属于合理使用行为。对商业行为的判断属于事实问题的范畴，所谓"事实问题"是指探寻该案发生过或将要发生的行为、事件、行为人的主观意愿或其他心理状态时所产生的问题。❷ 在地理标志案件中，涉及地理标志侵权的事实问题应由原告举证。

其次，使用地理标志名称作为域名、关键词的必要性。普通商标在指示商品或服务来源时，意图将消费者与特定的经营者联系起来。而地理标志在指示商品或服务来源时，首先是"能指"，即该商品来自于特定的地域，其意图是将消费者与特定地域的产品联系起来；其次才是"所指"，即不是所有来自该特定地域的产品都具有独特的质量、声誉，只有符合要求的经营者提供的产品才是地理标志产品；最后建立产品与特定经营者之间的联系，使地理标志具有了识别商品来源的功能。为此，地理标志权利人对其标识的专有权只能在"所指"领域内予以垄断，而不能延伸至"能指"领域，即不能对地理标志的第一含义

---

❶ 欧盟商标指令第 5 条第 1 款第 1 项："商标所有人有权禁止第三方未经同意使用与注册商标相同且影响商标功能的标记，如果这种使用发生在商业过程中且使用的相关商品或服务与该注册商标的商品或服务相同或类似。"美国《兰哈姆法》第 1125 条有关民事诉讼部分的 a（1）项规定："任何人在商业中，在商品或服务上或与之相关方面，或在商品的容器上，使用任何文字、术语、名称、符号或图形，或其组合，或任何虚假的原产地标记，对事实的虚假或误导性描述。"

❷ 陈杭平. 论"事实问题"与"法律问题"的区分 [J]. 中外法学，2011（2）：324.

限制他人使用。同时，由于地理标志商标本身属于描述性标志，例如他人销售来自桂林的米粉，不用"桂林米粉"这个关键词就很难说明自己产品的地域来源和名称，因此，使用"桂林米粉"这个地理标志作为关键词就很有必要，地理标志权人也不能限制他人对该标志的正当使用行为。当然，如果经销的产品并非来自于地理标志产品的来源地，使用他人的地理标志作为关键词的必要性就不充分，就不构成合理使用。

再次，使用地理标志作为域名、关键词产生混淆的可能性。使用地理标志作为域名、关键词具有必要性，并不意味着就是合理使用，还要进一步看该地理标志商标使用行为是否对地理标志商标权人的"所指"予以混淆。依据商标法的原理，混淆不但包括商品来源的混淆，还包括赞助、许可、联合、结合、附属等商业关系的混淆。法院在判定商标混淆可能性时应当考虑：商标的显著性程度、商标或商品的相似性、销售渠道、消费者的成熟度、不良动机、事实上的混淆、商标市场自然扩张之领域、广告的标识外观以及结果页显示情形。❶我们在判定域名、关键词等是否存在地理标志侵权时，要适用比普通商标更严格的标准。因为地理标志商标本身显著性较弱，作为关键词时很难不与地理标志权人的商标相同或近似，且不能剥夺非地理标志权利人在网络上销售相同或类似商品的权利，此时关键词只是起到了一个搜索指引的作用。

最后，判断使用地理标志关键词是否构成合理使用，还要结合关键词链接后的网站显示情形予以判断。如果商标关键词链接使消费者对产品来源或商业关系产生混淆，或故意误导消费者进入该网站等，涉嫌商标侵权行为，可参考美国《兰哈姆法》的相关规定处理。❷ 如果在具体的销售网页上未经许可突出使用了与地理标志相同或近似的标志，或者对他人的地理标志进行了不规范的使用，使消费者对产品的具体经营者来源产生了混淆，建立起了产品与地理标志商标权人之间的联系，就不构成地理标志合理使用的抗辩。如果在销售网页上规范使用他人的地理标志名称，同时以明显的方式标明自己的身份，对地理标志的使用只是说明经营者经销该地理标志产品，或者说明自己提供的商品与地理标志权利人的商品之间有配套、互补等关系，则属于地理标志指示性合理使

---

❶ 阳东辉. 论互联网关键词广告的商标侵权认定规则 [J]. 政治与法，2016（9）：119.

❷ 美国《兰哈姆法》第1125 条（d）款（1）B（V）项规定："为了牟取商业收益，或通过对网站来源、主办者、附属机构或批准关系制造混淆的可能，进而污蔑或贬低商标，该人故意将消费者由商标所有人在线网址转移至该域名下可访问的网站，可能损害商标所代表的商誉。"

用行为。

本文成文时，尚未收集到涉及将地理标志作为域名、关键词侵权的案件，但是，我们可以用类似的描述性商标标志侵权案例予以说明。如在永康市环讯电子商务有限公司（以下简称"环讯公司"）诉金华市洲际品牌运营管理有限公司（以下简称"洲际公司"）的案件中，环讯公司作为"门都网"的商标权人，认为洲际公司使用"www. menducn. com"网站域名、在网站客户端和微信公众号中使用"门都网"文字、在网页上采用"中国门都网官方网"作为网站名称等行为侵犯了其商标权。法院查明永康市于 2009 年曾被中国建筑金属结构协会授予"中国门都"荣誉称号，环讯公司于 2011 年被核准注册"门都网"商标，而且"门都"非臆造性词汇，其作为商标名称缺乏固有的显著性。法院最后认定：

> "中国门都"指向的是浙江省永康市，而被上诉人的住所地位于浙江省金华市，其在网站上使用"中国门都官方网""中国门都网（官方）""中国门都官网"等字样，系对其产品产地的说明，相关公众一般不会误认为与上诉人的涉案注册商标有关联，对其来源产生混淆，故被上诉人在其网站上使用"中国门都官方网""中国门都网（官方）""中国门都官网"的行为，亦未侵害商标专用权。❶

因此，判断互联网环境下是否构成商标指示性合理使用，除了需要考虑商标使用的目的、是否会对消费者产生商品来源的混淆外，还要考虑注册商标词汇的显著性——这些都对判断网络环境下地理标志是否合理使用具有借鉴意义。

五、互联网环境下地理标志合理使用制度的思考

在传统商业领域，对地理标志的使用多是显性的，即将地理标志商标附在商品或者包装上，以及用在相应的广告媒体或宣传材料上，消费者都可以看到，对此并不需要做太多的理解或说明。但在互联网环境下，对地理标志的使用多出现在网页上，或者作为域名、关键词广告进行使用，并没有直接依附在商品以及包装上，这种地理标志的使用与传统使用区别很大，这对我们判断是否构成地理标志合理使用增加了许多困难。因此，必须总结出统一且相对确定的标

---

❶ 参见：浙江省高级人民法院（2016）浙 07 民终 2706 号民事判决书。

准，来判断互联网环境下地理标志是否属于合理使用。

（一）明确互联网环境下地理标志合理使用的构成要件

在互联网环境下，地理标志的合理使用的判断既要借鉴传统地理标志合理使用的构成要件和步骤，同时也要考虑互联网环境下对地理标志名称或图案使用的特殊性。简要总结，互联网环境下地理标志的合理使用应当满足以下构成要件。

首先，使用他人地理标志标识的目的是描述或指示商品的地域来源、产品特点或用途的。具体表现为使用人通过网络渠道销售产品时，为了描述产品的地理来源、产品名称，或者指示自己经销地理标志产品，或者说明自己产品的特点或用途，在经营者的网页、域名或搜索关键词等使用他人的地理标志。

其次，使用他人地理标志标识的方式是规范的。曾有观点认为商标的合理使用抗辩事由的意义在于，使用人虽然使用了他人的商标，但因其使用是善意的，故不侵犯权利人的商标权。实际上，判定商标侵权早已从过错原则转变为现在的过错推定原则。20 世纪初美国法院就以相关证据间接推定被告的欺骗意图❶，美国《兰哈姆法》也明确规定了商标侵权以"商业上的使用"为判断标准，而无须考虑被告的主观意图。网络环境下的地理标志使用是否合理，重点不在于考虑使用是否"善意"，而要重点考虑以下因素。第一，是否突出使用了与他人地理标志商标相同或近似的标识。如在前述的"东阿阿胶"地理标志侵权案中，被告不仅使用了"东阿阿胶"文字，还使用了"山东""块"这样的描述性文字，以避免与原告的地理标志相混淆。第二，是否在网页中反复使用与他人相同或近似的地理标志标识。如果一次使用他人地理标志就可以说明产地来源的情形下，却反复多次标注他人的地理标志，则很有可能具有攀附别人地理标志声誉的意图。第三，是否同时标注了自己的商标。❷ 如果某个网络商品经营者已经注册了自己的商标，但是在网页中只标注他人的地理标志，不标注自己的商标，就很难排除误导消费者的嫌疑。

最后，对他人地理标志标识的使用没有使消费者产生商品来源识别上的混淆。在"商标使用"情形下，"混淆的可能性"是判断商标侵权与否的重要标

---

❶ NIMS H D. The law of unfair competition and trademarks ［M］. 4th ed. New York：Baker, Voorhis, 1947：359.

❷ 王赛，刘淑均. 互联网环境下商标合理使用制度的新发展 ［J］. 重庆邮电大学学报（社会科学版），2016（1）：64.

准，如使用者使用他人的商标标识，造成消费者对商品或服务的来源产生混淆并有可能做出错误的消费选择时，就侵犯了他人的商标专用权。就地理标志商标侵权而言，"混淆可能性"包括两种情形：一是对商品的原产地来源的混淆，二是与商品的提供商来源的混淆。对于非产自于原产地的产品，地理标志权利人可以主张两种混淆可能性；而对于产自于真实原产地的产品，地理标志商标权人则只能主张后一种混淆可能性。

（二）谨慎适用初始混淆理论

初始兴趣混淆也称售前混淆，是指消费者在购买商品前，因为行为人使用了与商标权人相同或近似的商标，使消费者误以为是商标权人的商品而产生了购买的最初兴趣，但在实际购物过程中并不一定发生混淆。❶ 在美国，有关互联网环境下商标侵权适用初始兴趣混淆最具代表性的就是 Brookfield 案。美国联邦第九巡回上诉法庭认为："从狭义上来说，消费者并没有产生混淆，他们很清楚他们是从 Blockbuste 购买产品，而且也没有理由会认为 Blockbuste 与 West Coast 之间存在有任何附属关系或赞助关系。虽然只存在初始兴趣混淆，但并不能改变 Blockbuste 将不正当地攫取 West Coast 声誉的事实。"❷ 随着互联网技术的日新月异，通过网络交易平台、网络域名、弹出式广告、关键词搜索链接、聊天群组、微博、网络软文等的互联网营销方式也推陈出新，传统的"混淆可能性"对商标权人的利益保护有些力不从心，于是，初始混淆理论也被引入互联网环境下的商标侵权领域之中。

在我国，也有互联网环境下商标侵权案件中适用初始兴趣混淆进行裁判的。如北京沃力森信息技术有限公司（以下简称"沃力森公司"）诉八百客（北京）软件技术有限公司（以下简称"八百客公司"）商标侵权案中，原告开办网站 www. xtools. cn 并拥有对"XTOOLS"的商标权。在百度网页上以关键词"XTOOLS"进行搜索，第一项搜索结果即为"八百客国内最专业的 XTOOLS"的链接，该链接指向了被告的公司，且两家公司经营业务相同。法院认定"八百客公司与沃力森公司具有同业竞争关系，八百客公司故意将与'XTools'注册商标近似的'XTools'文字选定为搜索引擎关键词，致使相关公众对沃力森公司与八百客公司所提供的服务产生混淆和误认，八百客公司此举已经构成对

---

❶ 邓宏光，周园. 网络商标侵权的最新发展 [J]. 重庆社会科学，2008（5）：60.

❷ 参见：Brookfield Commc'ns, Inc. v. W. Coast Entm't Corp., 174 F 3d 1036（9th Cir 1999）。

沃力森公司注册商标权所享有的专用权的侵害。"❶ 该案例的裁决思路可以对我国未来审理网络环境下地理标志侵权的案件提供借鉴。

初始兴趣混淆理论是传统商标理论扩张的结果，它主要应对互联网的商标侵权行为。❷ 但在涉及互联网环境下地理标志侵权的案件中，我们应当谨慎适用初始兴趣混淆理论，给使用人以域名、弹跳性广告及关键字等方式予以使用给予更多的合理使用空间。首先，地理标志商标不同于普通商标。普通商标主要功能是区别商品或服务的不同提供者来源，而地理标志的主要功能则是区别商品或服务来源于不同产地；普通商标的声誉形成是该商品经营者长期维护的结果，而地理标志的声誉更多来自于该地域产品生产者多年共同集体努力的结果，更接近于一种集体共同财产。其次，地理标志商标的固有显著性比较弱，本身属于描述性标志。当经营者说明自己经销的产品来源于某一特定区域时，很难对地理标志本身所含的描述性词汇进行避让，或者进行避让时会增加表达成本。如果来源于某一特定区域的产品具有许多吸引购买人的特征，而某一经营主体被允许占用描述"地域＋产品名称"的单词，那它就会得到以较高市场价格计算的经济租，因为它使得其他竞争对手在不使用系统的描述性词汇的情况下，必须付出更高的成本才能向消费者传达其经营产品的特征。最后，随着当前我国在线交易的普及，消费者的注意程度已经得到了很大的提高，消费者被误导的几率极大降低。根据艾瑞咨询发布的研究报告，超过 50% 中国网民将实用性作为购物标准，此外，47.6% 的中国网民在购物前会收集信息详尽比较，网民消费整体理性化。❸ 与此同时，在美国近年来审理的一系列网络环境下商标侵权案件中，法院经过调查后的结论显示，将他人商标名称作为关键词使用并不能显著增加消费者混淆误认的概率。如在 Network Automation v. Advanced System 案中，法院认为，在线交易变得普遍之后，消费者也逐渐具有更高程度的注意，混淆已经不再容易发生，尤其在对待一些比较昂贵的商品时。在 1－800 Contacts v. Lens 案中，法院认为，既然初始兴趣混淆基本观点是吸引了消费者而导致消费者转向，那么就要看到底有多少消费者这种链接所吸引。法院统计谷歌的关键词服务数据，发现涉案关键词在过去 8 个月使 Lens 获得了 1626 次浏览的机

---

❶ 参见：北京市海淀区人民法院（2009）海民初字第 26988 号民事判决书。

❷ 李雨峰，芮松艳. 初始混淆理论在商标权纠纷中的应用 [J]. 人民司法（应用），2011（14）：97.

❸ 艾瑞咨询. 2017 年中国网民消费升级和内容升级洞察报告 [EB/OL]. (2017－06－21) [2018－04－16]. http：//b2b. toocle. com/detail--6402227. html.

会，但用户只点击了 25 次。法院认为过低点击率（大约 1.5%）不足以证明使用关键词能够诱惑顾客离开并制造初始兴趣混淆，因此认定该案商标侵权不成立。❶

从上述案例及统计数据可见，近年来美国法院呈现出对初始兴趣混淆适用越来越谨慎的态度，值得我们在研究互联网环境下地理标志合理使用时予以特别注意；其运用统计学的案件调查方法也值得我国法院在审理类似案件时借鉴。

（三）充分发挥其他法律法规和商业惯例的补充作用

当前，互联网技术快速发展，网络营销模式推陈出新，《商标法》和《商标法实施条例》等法律法规在处理地理标志商标侵权时必然具有滞后性和局限性。实践中，在判定互联网环境下的一些地理标志使用是否属于合理使用时，对民法中的诚实信用原则、《反不正当竞争法》中的维护商业竞争秩序和诚实信用的商业惯例等内容都应当予以参考。很多地理标志产品是当地人文历史传承的结果，体现了与当地特有的自然因素与人文因素的结合性，因此在判断是否为地理标志合理使用时一定要参考当地对该地理标志产品使用的商业习惯和历史传统。此外，地理标志多为集体商标或证明商标，商标权人多为行业协会或者具有品质检测监管能力的机构，因此在判断是否为地理标志合理使用时，要征求当地行业协会或者多数会员的意见。最后，在判断何为"善意""正当使用"等时，就需要参考民法的基本理论；在判断商业比较广告中的"商标使用""混淆可能性"等时也要参考《反不正当竞争法》的相关规定并注意与该法相衔接。

总之，在对案件具体分析时，既要考虑地理标志商标权利人的利益，又要考虑商业言论自由、商品自由流通、地理标志产品市场等因素；既要保护地理标志权利人的正当利益，也要考虑因历史、善意、意思自治等因素而容忍相关公众一定程度上的混淆可能。为此，只有从其他法律部分中汲取理论营养，才能弥补《商标法》在处理互联网环境下地理标志侵权问题时的不足。

六、结语

在判断地理标志商标权侵权纠纷时，法院应首先明确涉诉地理标志商标是否适格，原告是否为真正的权利人与利害关系人，被告的行为是否构成商标意义上的使用。只有这些"前端"问题得到确认后，才能进一步基于"混淆可能性"规则判断是否构成侵权。对于被告而言，如果是使用地理标志的商标或要

---

❶ 周樨平. 商业标识保护中"搭便车"理论的运用 [J]. 法学，2017（5）：126–138.

素描述自己产品的来源、特征的，就可以在"前端"问题处理阶段提出抗辩，说明自己实施了非商标意义的使用行为，属于描述性合理使用。如果是用地理标志权利人的商标来说明自己经销的商品，或者指明自己商品的特征或用途，则需在侵权诉讼的"后端"问题解决阶段提起抗辩，说明自己的商标使用行为并不是为了识别商品的来源，不会使消费者产生对商品来源的混淆，也不会使消费者联想到其与商标权人之间有合作、附属等商业关系，自己的行为属于指示性合理使用。在具体的诉讼过程中，要注意简化诉讼进程，降低诉讼成本，给商业言论留下足够的空间，减少地理标志商标使用中的寒蝉效应。

对于网络环境地理标志侵权案件，基本的诉讼过程和抗辩策略和线下环境几无差异。但是，我们应注意网络环境下地理标志侵权的新形态，要总结网络环境下地理标志合理使用的构成要件。在网络环境下，尤其要注意关键词、域名、搜索服务中涉及的地理标志合理使用问题。首先要确定是否属于商业性使用这一"前端"问题，然后考虑使用地理标志名称作为域名、关键词的必要性，最后考查使用地理标志商标后在网络环境下使消费者产生混淆的可能性。解决这些问题不但要考虑使用者的"善意"程度，而且结合链接后网站显示的具体情形，还要测试消费者产生混淆的可能性。总结网络环境下的地理标志合理使用构成要件有：首先，要明确使用他人地理标志标识的目的是描述或指示商品的地域来源、产品特点或用途；其次，使用他人的地理标志标识的行为必须是规范的；再次，使用他人的地理标志没有使消费者对商品来源产生混淆，没有使消费者对双方商业关系产生不正确联想。另外，在判断地理标志侵权的过程中，考虑到地理标志的集体产品属性和消费者在线交易注意能力的提高，我们要谨慎适用初始兴趣混淆标准，给予其他市场主体更多使用地理标志的空间。最后，我们还要汲取其他法律和行业惯例的有益营养，以弥补《商标法》在处理互联网环境下地理标志侵权问题时的不足。

综上所述，网络环境下地理标志使用新形态的出现引发了我们对地理标志合理使用制度的深入思考。虽然法律制度应当与社会技术发展相适应，但事实上法律制度的调整总是滞后于科技的发展。因此，在面对网络环境下地理标志商标侵权问题时，我们一定会发现现有制度总有需要完善的地方。同时，我们也应清醒地认识到法律制度的完善绝非一朝一夕之事，只有相关主体的利益在不断的调整和协调后获得了大致平衡，我们才能到达法律制度的理想彼岸。

（责任编辑：许有为）

编者手记

垄断与竞争

朱艺浩

"Across the Great Wall we can reach every corner in the world." (越过长城，走向世界)，这是 1987 年 9 月 20 日从北京向海外发送的一封电子邮件，这一事件通常被学界看作中国互联网发展的滥觞。从中国加入互联网至今，中国互联网刚刚度过而立之年，但其步入垄断和无序竞争状况的趋势却愈演愈烈。从 2010 年奇虎 360 与腾讯的"3Q 大战"，到如今腾讯与今日头条系列产品"互掐"的"头腾大战"，互联网时代的不正当竞争和垄断行为层出不穷。亚当·斯密曾在《国富论》中痛斥垄断资本家的种种劣行，他认为垄断商在一起集会无非出于两种目的，即"筹谋如何对付公众"和"策划如何可以不动声色地提高物价"，而打破垄断的最好方式就是实施市场的"自由竞争"。然而，与工业化时代相比，互联网时代的垄断与竞争却显示出一些不同的特点，比如互联网时代的经济业态可能会有利于提高生产效率。互联网企业要求规模效益，企业占有的市场份额越大，其成本就越低；此外，互联网企业对大数据的利用可以用来预测用户需要，从而减少无效供给。

应当承认的是，互联网经济与垄断的确具有天然的亲和力，例如谷歌、Facebook、亚马逊等知名互联网公司都在相应产业具有垄断性地位，消费者们也乐于接受这种现状，因为这确实降低了他们当下享用产品或服务的成本。但必须指出的是，享有垄断地位的现状并不是为垄断行为辩护的正当化理由，更不应当成为某些互联网公司限制竞争、打击竞争对手的武器。我们需要尊重互联网经济的特点，但更需要认清经济社会发展的普遍规律。无论如何，孕育国际知名的企业离不开核心竞争力，而核心竞争力的提升离不开自由竞争市场环境的倒逼。总之，一个只具有垄断能力却缺乏竞争实力的企业不大可能成为一个享誉世界的跨国公司，更不可能成为一个改变世界、引领时代、变革社会的伟大企业。

朱艺浩
庚子鼠年三月二十日

告别语

告　别

张　平

世间万物总有始终，善始善终应是一种追求。人的生命如此，做事亦如此。在清醒时写遗嘱，在恰好处做结束。

但，与自己心爱之物告别总有不舍。《网络法律评论》诞生于 2001 年 10 月，始于我 1999 年开设"网络法律问题研究"课程之后萌发要为这一年轻学科做一些积累的想法，于是，优选北京大学法学院硕士研究生的课程论文形成了本文集的第 1 卷。承蒙当时诸位知名教授厚爱，郑成思教授、吴志攀教授、郑胜利教授为第 1 卷作了序言，贺卫方教授写了跋。这些教授的期望激励着这本集刊一路成长。而今，在第 22 卷结束之后，我要将主编之事移交给杨明教授了。告别培养了 20 年的《网络法律评论》，犹如自己孩子成人后的转身。这是我的主张，也是我的乐见。

这一文集也是我开启网络法律研究的起点。第 1 卷中的卷首语"写在北大讲坛之外"，讲述了文集的缘起：因授课而开始"探索"。也恰是因为这本文集的"成果"，我有了能够被聘为北京大学较早开始的讲席教授的基础。2005 年，我成为"雅虎 - 方正讲席教授"——这应该是国内第一个专门为互联网法律研究方向设立的讲席，可见北京大学法学院在这一学科建设上的远见。作为讲席教授的义务之一便是主持北京大学互联网法律中心的日常研究工作。而这个中心的主要研究成果都汇聚在《网络法律评论》中了。《网络法律评论》记录了我国互联网法律研究的历程，也呈现着北京大学法学院在互联网法律研究方向人才培养的硕果。《网络法律评论》作为理论与实践相结合的研究平台，有一个特殊的编辑部，每一卷都由一位同学作为责任编辑，经过严格筛选招聘其他同学作为编辑部成员。编辑部的同学们不仅审查作者文章，也都能对每一个问题有深刻的认识，有时编辑同学的退稿回复都可以成为一篇小论文。铁打的营盘，流水的编辑部，《网络法律评论》走到今天，凝聚着每一届编辑部成员的心血，也记载着他们愉快的回忆，这在每一卷后面的编辑手记中都被如实记录下来。我在《网络法律评论》中设立编辑手记的初衷，就是准备在结束时做一集手记汇编，那应该是非常专业的、有趣味的读物。本卷结束后，我可以做这一终结工作了，连我自己都很期待阅读那些过往的美好时光。

在此，特别列出历卷《网络法律评论》编辑部的同学，以致谢忱，亦为纪念。

《网络法律评论》历届编辑部成员如下：

第 1 卷　执行编辑：刘永沛；编辑：周晓冰、朱理、李柳杰、唐向阳

第 2 卷　执行编辑：李柳杰；编辑：朱理、孙秋宁、李佳

第 3 卷　执行编辑：刘晓春；编辑：王晶、赵启杉

第 4 卷　执行编辑：赵启杉；编辑：郑小鸿、廖文杉

第 5 卷　执行编辑：廖文杉；编辑：郑小鸿、张金恩、陶中怡

第 6 卷　执行编辑：张金恩；编辑：陶中怡、刘朝、韩金榜

第 7 卷　执行编辑：陶中怡；编辑：王小莉、刘煜、李太阳

第 8 卷　执行编辑：赵晓力；编辑：欧树军、刘晓春、毛晓秋、刘晗

第 9 卷　执行编辑：刘晓春；编辑：孟兆平、刘朝、何怀文、马翔翔

第 10 卷　执行编辑：孟兆平；编辑：刘晓春、刘晗、都兰、任启明

第 11 卷　执行编辑：赵晓力；编辑：孟兆平、左玉茹、张霁爽、任启明

第 12 卷　执行编辑：左玉茹、孟兆平；编辑：刘晓春、张霁爽、彭泽津、杨彧、崔丹妮、杨帆、宋朝钦

第 13 卷　执行编辑：程艳；编辑：孟兆平、陈琦茵、周辉、张霁爽

第 14 卷　执行编辑：陈琦茵；编辑：孟兆平、程艳、周辉、张霁爽

第 15 卷　执行编辑：周辉；编辑：孟兆平、李含

第 16 卷　执行编辑：颜晶晶；编辑：孟兆平、胡晶晶、张金平、俞祺

第 17 卷　执行编辑：张金平；编辑：俞祺、周倩、崔亚冰

第 18 卷　执行编辑：胡洪；编辑：张金平、周倩、崔亚冰

第 19 卷　执行编辑：石丹；编辑：蔡培如、李琳、刘红雨、谢富勇、段定定、严明雯

第 20 卷　执行编辑：朱艺浩；编辑：黄宇宸、邓卓行、徐美玲、许一君、傅哲明。

第 21 卷 执行编辑：朱艺浩；编辑：胡翔、邓辉、赵申豪、许一君、邓卓行、邱遥堃、徐美玲、季冬梅、孙点婧

第 22 卷 执行编辑：朱艺浩；编辑：邓辉、芮晨宸、黄宇宸、邓卓行、邱遥堃、金飞艳、徐美玲

也要感谢法律出版社孙志华主任、韦钦平编辑，北京大学出版社孙战营编辑，知识产权出版社卢海鹰主任、王祝兰编辑。在他们热心的支持下，才有 22 卷《网络法律评论》呈现给读者。

再见《网络法律评论》，我和我的小伙伴们都会想念你，也会祝福你。

2020 年 9 月 1 日